**해파랑길**을 여자 **혼자 완보**하다

* 이 책에 사용한 지도는 웹사이트 **두루누비**(https://www.durunubi.kr) 해파랑길에서 발췌하였습니다.

걸어서 부산에서 강원도 고성까지 33일 간의 도전
2021년 4월 19일부터 5월 21일까지 750km 도보여행기

# 해파랑길을 여자 혼자 완보하다

글·사진 **민경랑**

통일전망대
49코스 ○ 통일안보공원
　　　　● 거진항
　　　　　아바이마을
　　　　● 하조대
　　　○ 사천진리해변
39코스 ● 솔바람다리
　　　　정동진역
　　　● 묵호등대
　　　● 추암해변
　　　　죽변항

21코스 ○ 축산항
　　　　● 영덕해맞이공원
　　　　강구항
14코스 ○ 호미곶
　　　　● 구룡포항
　　　　감은사지
　　　　문무대왕릉
　　　　간절곶
1코스 ○ 미포
　　　● 오륙도해맞이공원

오늘의 문학사

## 차례

**프롤로그**

제2의 인생을 설계하다 **010**
직업학교에 다니다 **012**
나를 바로 세우기 위한 도전을 하다 **014**
해파랑길을 소개하다 **017**

**부산 구간** (1코스 오륙도해맞이공원 ~ 4코스 진하해변)

오륙도 해맞이공원에서 해파랑길 첫발을 내딛다 **022**
(1코스: 오륙도~미포항)

아름다운 달맞이 길을 따라 오시리아 해안길로 **032**
(2코스: 미포항~대변항)

어느 쪽 방향으로 가야 하나? **041**
(3코스: 대변항~임랑해변)

길들여지고 있는 나를 발견하다 **051**
(4코스: 임랑해변~진하해변)

**울산 구간** (5코스 진하해변 ~ 9코스)

아름다운 길을 걷는 기쁨을 맛보다 **058**
(5코스 진하해변~6코스 선암호수)

아름다운 솔마루길을 따라 태화강으로 **064**
(6코스 선암호수공원~7코스 번영교)

태화강과 역사가 있는 대왕암 둘레길 **073**
(7코스 번영교~8코스 일산해변)

함께 걸으면 발걸음도 더 가벼워져 **081**
(9코스: 일산해변~정자항)


## 경주 구간 (10코스 정자항 ~ 12코스 양포항)

히치하이크로 문무대왕릉을 영접하다 **088**
(10코스 정자항~11코스 감은사)

식당 찾아 삼만리 **099**
(11코스 감은사~12코스 양포항)


## 포항 구간 (13코스 양포항 ~ 18코스 화진해변)

청보리밭의 아름다움을 만끽하다 **112**
(13코스 양포항~14코스 호미곶)

호미반도 해안둘레길의 매력에 빠지다 **122**
(15코스 호미곶~16코스 도구해변)

포항제철 담장을 돌고 돌아서 **130**
(16코스 도구해변~17코스 칠포해변)

여행 동반자를 찾으러 가는 길에 천사를 만나다 **137**
(18코스: 칠포해변~화진해변)

## 영덕 구간 (19코스 화진해변 ~ 21코스 고래불해변)

나라를 지킨 학도병에게 감사하다 **148**
(19코스: 화진해변~강구항)

영덕 블루로드를 따라 새로운 세상을 보다 **158**
(20코스 강구항~21코스 축산항)

## 울진 구간 (22코스 고래불해변 ~ 27코스 부구삼거리)

목은 이색산책로를 걷다 **172**
(22코스 축산항~23코스 후포항)

세 식당에서 문전박대를 받다 **181**
(24코스: 후포항~기성버스터미널)

대게의 본고장 울진 망양정 바람에 휘날리며 **195**
(25코스: 기성터미널~수산교)

은어의 배 속을 헤엄쳐 남대천을 건너다 **205**
(26코스 수산교~27코스 부구삼거리)

## 삼척 ~ 동해 구간 (28코스 부구삼거리 ~ 34코스 한국여성수련원)

길을 잃고 헤맨 갈령재 **216**
(27코스 부구삼거리~28코스 용화레일바이크역)

국가 보물 213호 죽서루를 찾아서 **226**
(30코스 용화역~32코스 죽서루)

애국가 배경 촛대바위 아름다움에 빠지다 **236**
(32코스 죽서루~33코스 묵호항)


**강릉 구간** (34코스 한국여성수련원 ~ 40코스 주문진해변)

파란 바다와 파도 소리랑 벗하다 **248**
(34코스 묵호역~35코스 정동진역)

괘방산과 사랑의 도피 정감이숲길 **258**
(36코스 정동진~37코스 오독떼기전수회관)

씩씩한 유치원생의 자연현장체험 **269**
(38코스 오독떼기전수회관~39코스 경포대)

경포호와 젊은이가 몰려오는 한류스타의 촬영지 **279**
(39코스 경포대~41코스 남애항)


**양양 ~ 속초 구간** (41코스 주문진해변 ~ 45코스 장사항)

주룩주룩 장대비를 헤치며 **292**
(41코스 남애항~42코스 하조대)

가랑비 속을 걷는 것도 고맙다 **298**
(43코스 하조대~45코스 대포항)

속초해변과 영랑호 둘레길을 지나 **309**
(45코스 대포항~46코스 천진항)

## 고성 구간 (46코스 장사항 ~ 50코스 통일전망대)

관동팔경 청간정에서 전통 왕곡마을로 **320**
(46코스 천진항~48코스 남천)

환상적인 화진포호수와 화진포해변 **331**
(48코스 남천~49코스 통일안보공원)

최북단 재진검문소까지 걷다 **341**
(50코스: 통일안보공원~재진검문소)

통일전망대에서 해금강을 보다 **348**
(50코스: 통일안보공원~통일전망대)


## 에필로그

해파랑길이 나를 일깨워 준 것들 **355**
해파랑길을 완보하고 **359**

볼리비아 라구나 꼴로라다(붉은 호수)

## 제2의 인생을 설계하다

　직장 생활 약 42년을 마치면서 나름 퇴직하면 어떤 일들을 할지, 하고 싶은 일들을 몇 가지 적은 나만의 버킷리스트를 만들었다. 가장 먼저 할 일은 그동안 시간 제약을 받는 직장 생활에서 벗어난 만큼 2년간은 자유롭게 배낭을 메고 세계여행을 떠나는 것이다. 떠나고 싶은 장소는 1순위로 조금이라도 젊은 나이에 또 가슴 떨릴 때 먼 곳부터 여행하자는 생각으로 우리나라의 반대 방향에 있는 남미를 선정하였다. 다음으로 아프리카로 여행을 떠나겠다는 나름대로 계획을 세웠다. 조금이라도 젊다고 생각될 때 먼 곳부터 여행하는 것이다.

　두 번째 버킷리스트로 코이카 봉사단원이 되어 남미의 한 국가로 해외 교육 봉사활동을 떠나기, 셋째, 동남아 국가에서 교육 봉사활동 하기, 이 세 가지 버킷리스트를 우선 실천하고 나머지는 자유인으로서 배우고 싶은 것을 하나씩 배우면서 봉사활동도 하고 여행도 하면서 제2의 인생을 만들어가는 것이다.

　이런 나의 새로운 꿈에 도전하는 부푼 기대가 있어서 퇴직하는 것이 시원섭섭하지 않냐고 주변 사람들이 물을 때 서슴없이 시원하기만 하고 미련과 섭섭함은 하나도 없다고 대답한다. 퇴직 전에 며칠이라도 휴가 내고 하고 싶은 것을 할 수 있었지만 마무리할 일들이 자꾸 생겨서 마지막 날까지 출근하여 나의 42년 직장 생활에 종지부를 찍었다.

　퇴직한 다음 날 2020년 3월 1일 남미로 떠나는 리얼 배낭여행 프로그램에 합류하여 페루에 첫발을 내디디고 코로나 환자가 한 명도 없는 코로나 청정지역인 남미에서 여행할 수 있는 것에 감사하면서 행복해했다.

　남미로 출발할 즈음에는 대구에서 코로나가 많이 확산하는 시기였고, 코로나 청정지역이 유일하게 남미라는 보도를 접하였을 때이다. 페루에서 가장 방문하고 싶었던 마추픽추와 티티카카호를 방문하고 볼리비아에서 우유니 사막의 신비로움에 감탄하였다.

　남미에서도 코로나가 번지기 시작하여 칠레에서 아르헨티나에 가려던 팀이 입국 거절당했다는 소식을 들었다. 우리 팀도 볼리비아에서 칠레에 입국이 제대로 될지 걱정하면서 입국 심사를 받았다. 다행히 입국이 허용되어 모두 신났다. 하지만 칠레에 도착해서 이틀 뒤에 TV 뉴스를 보니 코로나가 많이 번진 듯 무척이나 긴급상황으로 보였다. 스페인어로 TV 자막에 학생들 등교 중지라는 자막이 나오는 것이다. 그제야 남미에도 코로나 감염자가 많아졌나 보다 생각했다. 칠레에서 아타까마 사막을 구경하고 수도인 산티아고 시내를 자유롭게 돌아보고 숙소로 돌아오니 우리 팀의 인솔자가 회의를 소집했다. 칠레에서 이틀 후인 18일부터 나라를 봉쇄한다고 하는데 여행을 포기하고 한국으로 돌아갈 것인지, 이곳에서 남을 것인지에 대한 의견을 물었다. 모두 돌아가겠다고 의견 일치를 보였다.

　곧바로 산티아고 공항으로 가서 브라질로 가는 비행기 표를 개인적으로 구입하고 다음 날 이른 아침 브라질에 도착하여 호텔에 짐만 놓은 채 남은 시간 재미있게 보냈다. 우선 브라질 전통 식당에서 멋진 점심을 먹고 그 유명한 코파카바나 해변을 산책한 후 오후 늦게 다시 짐을 챙겨 공항으로 출발했다. 미국 뉴욕행 비행기에 몸을 싣고 다시 LA를 거쳐 여행한 지 20일 만에 한국으로 돌아온다.

　이 모든 일이 007작전처럼 일사천리로 이루어졌다. 전 세계적으로 코로나 환자가 많아지자 코로나 팬데믹 상황으로 희망에 부풀었던 나의 인생 2막의 시작은 이렇게 모두 일그러졌다.

위 좌_ 우유니사막    위 우_ 마추픽추    아래 좌_ 쿠스코에서    아래 우_ 티티카카호 갈대로 만든 우로스섬

## 직업학교에 다니다

남미 여행 도중에 귀국하여 2주간 자가격리로 말 그대로 집에만 머물면서 소통하는 것은 SNS뿐이다.

페루에서 만난 스웨덴 친구는 캐나다를 통해서 귀국하겠다고 하였는데 비행기 표를 구하지 못하여 페루에 머물면서 가끔 페북에 사진을 올렸다. 그 친구가 올린 사진은 호스텔에서 친구들과 있는 사진, 그리고 길거리에 사람 한 명 없이 간간이 군인들이 보초 서듯이 지키고 있는 모습의 사진이다. 봉쇄란 국경봉쇄만이 아니고 아무도 길거리에 돌아다니지도 못하는 도시 전체 봉쇄인가 보다. 나는 2주 동안 집 안에 있는 것도 답답하고 힘들었는데 타국에서 숙소에 묶여있다는 상상만 해도 참으로 끔찍하다.

목공 작업

선배가 직업학교에서 목공을 배운다는 이야기를 듣고 예전부터 목공을 배우고 싶었던지라 곧바로 직업학교에 등록하러 갔다. 하지만 여자는 목공이 어려워서 하기 어렵고 현재 빈자리도 없으니 도장반을 등록하면 바로 시작할 수 있다고 한다. 도장이 무엇인지도 몰라서 물으니 페인트칠 공부라는 것이다.

집에서 특별히 하는 일 없이 보내는 것보다 무엇인가 배우는 것이 좋을 것 같아서 안전교육을 받고 바로 도장반에 등록하였다. 배우는 학생 신분으로 돌아가서 매일 아침 9시에 등교하고 4시경에 하교하는 규칙적인 생활을 하게 된 것이다. 매일 어디로 갈 곳이 있다는 것이 참으로 나에게 활력을 주고 행복하였다. 또 도장반에서 색깔을 배합하여 합판에 여러 디자인을 그리고 칠하는 활동도 재미있어서 하루가 어떻게 지나가는지 모를 정도이다. 도장기능사 국가자격 시험도 응시하여 자격증도 획득했다.

3개월 과정이 끝나고 목공반에 자리가 있어서 등록하여 톱질과 끌질 기본부터 배웠다. 몸으로 하는 일이라 때로는 팔과 어깨도 아프고 병원에 가서 물리치료를 받기도 하였다. 몸은 고달프고 아프지만 하고 싶었던 일이라 한 시간 일찍 등교하여 톱질 연습을 하였다. 여러 작품의 도안을 그리고 나무를 잘라 완성하였을 때 정말 대단한 성취감으로 마냥 기뻤다. 마지막에는 나에게 필요한 몇 가지 소품을 스스로 설계하여 만들었다.

목공반 3개월 과정이 순식간에 끝나고 문화센터에서 배우고 싶은 과정을 등록하였지만 모든 과정 운영은 코로나로 인하여 연기되다가 결국 중단하여 다시 집에 머물게 되었다.

### 나를 바로 세우기 위한 도전을 하다

그럭저럭 특별히 하는 일 없이 집에서 뒹굴고 TV 보고 책은 보는 둥 마는 둥 하는 나의 모습을 보니 '이러다가 큰일 나겠구나' 하는 생각이 들었다. 그래서 예전부터 제주올레길을 완주하고 싶었는데 조금 앞당겨서 가기로 했다. 인터넷으로 원룸을 한 달 살기로 계약하고 비행기표를 예매했다. 12월 중순에 제주행 비행기를 타고 제주 한 달 살기를 시작하였다.

제주올레길이 어디 있는지 어떻게 길을 찾는지 모르는 상태로 제주 올레 여권을 구입하였다. 올레 출발점까지 버스노선을 검색한 후 매일 작은 배낭에 물과 간식을 넣고 버스를 타고 올레길을 걷고 다시 버스 타고 원룸 집으로 돌아왔다. 올레길 걸으면서 가끔 올레꾼을 만나

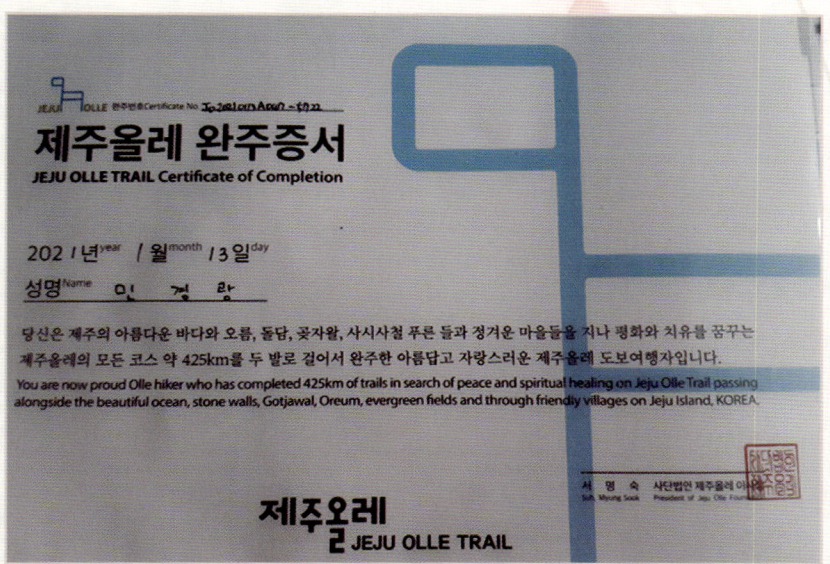

제주올레 완주증서

동행하기도 하였다. 올레길에서 만난 한 올레꾼에게 해파랑길 이야기를 처음 들었다. 서로 해파랑길에 대해 도전해보고 싶다는 희망도 말했지만 길 안내가 잘 표시되었을지 걱정도 하였다. 매일 올레길을 찾아 출근하듯이 걷고 스탬프를 찍었다. 눈이 많이 온 날은 집에서 쉬면서 충전하고, 그렇게 하여 26개 코스 425㎞의 제주올레길을 완주하여 인증서를 받았다.

다시 집으로 돌아와 1월 중순부터는 문화센터 프로그램을 배우러 다니려고 등록하였다. 하지만 내 생각대로 되지 않고 코로나로 인해 연기한다는 문자만 계속 받다가 결국 프로그램 종료 시점까지 개강조차 하지 못하였다. 또다시 나의 일상은 집안일 하다가 TV 보면서 뒹굴다가 가끔 산책하곤 하였다. 어떤 때에는 문밖을 나가지 않더니 급기야 나흘 동안 현관문 밖을 나가지 않는 것이다. 내가 생각해도 점점 나태해지는 내 모습이 나의 건강과 마음마저 망가뜨리는 것 같은 생각이 들었다. 과거에 성실하고 끈기 있게 일하던 나의 모습은 찾아보기 어려웠다. 한순간 이러다가 '내가 폐인이 될 수도 있겠구나'라는 생각이 들자 눈이 번쩍 뜨였다. 나의 현재 모습은 게으르고 의욕도 없으며 계획은 세우면서 실천하지 않았다.

　이런 나 자신을 되살려야겠다는 생각으로 올레길에서 한 번 들은 해파랑길을 도전하기로 하였다. 해파랑길에 대한 정보도 없고 제주 올레길처럼 길 안내가 잘 되었을지 걱정스럽기도 하였다. 그래서 인터넷 검색을 하여 해파랑길 스탬프 여권을 구입하고, 여권에 있는 내용을 한눈에 보기 쉽게 해파랑길을 코스별로 정리하고 두루누비 앱도 내려받았다. 오직 해파랑길 코스별 시작점과 종점까지의 거리만 알고 출발하였다. 기차표도 예매하고 모든 준비를 마쳤는데 출발 1주일 전에 몸살이 났다.

　포기할까 하는 생각도 들었지만, 다행히 몸살 기운이 사라졌다. 가족과 지인들한테 배낭 하나 짊어지고 부산에서 강원도 고성까지 걷는 국토종단을 하고 오겠다고 광고 아닌 자랑도 하였다. 그렇게 해야 나 자신과의 싸움에서 이겨낼 수 있을 것 같았다. 사실 마음 한편으로는 미지의 세계로 떠나는 길이라 걱정이 많이 되었지만 이미 광고 아닌 자랑을 해서 안 떠날 수도 없는 처지가 되었다. 여행하는 동해안 대부분 지역은 낯설어 걱정도 되지만 외국어가 아닌 한국어로 모든 일을 해결할 수 있다는 점에 용기가 생겼다. 어려운 일이 닥치면 그때그때 해결하면서 헤쳐나가기로 하고 출발하기로 하였다.

## 해파랑길을 소개하다

문화체육관광부는 2010년 9월 15일 동해안 탐방로 이름으로 해파랑길을 선정하였으며, 2016년 5월에 정식 개통하였다. 해파랑길은 '태양과 걷는 사색의 길'이란 의미를 부여하여 '떠오르는 태양과 푸른 바다를 바라보며 바닷소리를 벗 삼아 함께 걷는 길'이란 뜻이다.

부산 오륙도 해맞이공원에서 시작하여 강원도 고성 통일전망대까지 해안길, 숲길, 마을길로 이어지는 750㎞ 도보 여행길로 총 10개 구간 50개 코스로 이루어져 있다. 각 지역별로 부산 구간, 울산 구간, 경주 구간, 포항 구간, 영덕 구간, 울진 구간, 삼척·동해 구간, 강릉 구간, 양양·속초 구간, 고성 구간으로 총 10개 구간 50코스로 나누어져 있다. 해파랑길은 위험 요소 제거 및 사유지 통과 금지가 될 경우 거리가 변경되기도 한다. 2021년에 구입한 해파랑길 여권에 제시된 거리는 정확히 741.3㎞로 나타난다.

**해파랑길 부산 구간 총 68.5㎞**
1코스 오륙도해맞이공원 ~ 미포항(17.8㎞) 스탬프: 해파랑길관광안내소 옆
2코스 미포항 ~ 대변항(15.2㎞) 스탬프: 해운대 종합관광봉사센터 내
3코스 대변항 ~ 임랑해변(16.5㎞) 스탬프: 대변항 입구 교차로
4코스 임랑해변 ~ 울산 진하해변(19.0㎞) 스탬프: 임랑행정봉사실 옆

**해파랑길 울산 구간 총 82.2㎞**
5코스 진하해변 ~ 덕하역(17.6㎞) 스탬프: 진하해변 동쪽 끝
6코스 덕하역 ~ 태화강전망대(15.7㎞) 스탬프: (구)덕하역 입구
7코스 태화강전망대 ~ 염포삼거리(17.5㎞) 스탬프: 태화강 전망대 앞
8코스 염포삼거리 ~ 일산해변(12.4㎞) 스탬프: 염포산 입구

9코스 일산해변 ~ 정자항(19.0km) 스탬프: 일산해수욕장 북쪽 광장

**해파랑길 경주 구간 총 44.3km**
10코스 정자항 ~ 나아해변(13.7km) 스탬프: 정자천교 우측
11코스 나아해변 ~ 감포항(17.1km) 스탬프: 나아해변 '해변슈퍼' 건너편
12코스 감포항 ~ 양포항(13.5km) 스탬프: 감포항 남쪽

**해파랑길 포항구간 총 102.8km**
13코스 양포항 ~ 구룡포항(19.4km) 스탬프: 양포항 서쪽 공영주차장 옆
14코스 구룡포항 ~ 호미곶(14.1km) 스탬프: 근대문화거리 건너편(미르공원)
15코스 호미곶 ~ 흥환보건소(12.9km) 스탬프: 해맞이광장 동쪽 끝
16코스 흥환보건소 ~ 송도해변(19.2km) 스탬프: 흥환마트 입구 벽면 부착
17코스 송도해변 ~ 칠포해변(17.9km) 스탬프: 송도해변추억의우체통 앞 잔디
18코스 칠포해변 ~ 화진해변(19.3km) 스탬프: 해양스포츠클럽 입구

**해파랑길 영덕 구간 총 62.5km**
19코스 화진해변 ~ 강구항(15.8km) 스탬프: 화진해변 북쪽 공중화장실 앞
20코스 강구항 ~ 영덕해맞이공원(17.8km) 스탬프: 강구항, 강구교 입구
21코스 영덕해맞이공원 ~ 축산항(12.8km) 스탬프: 영덕해맞이공원 입구
22코스 축산항 ~ 고래불해변(16.1km) 스탬프: 축산리정류소와 축산택시 사이

**해파랑길 울진구간 총 77.6km**
23코스 고래불해변 ~ 후포항입구(11.9km) 스탬프: 고래불해변주차장 인도
24코스 후포항 입구 ~ 기성버스터미널(18.2km) 스탬프: 한마음광장화장실 입구
25코스 기성터미널 ~ 수산교(23.2km) 스탬프: 기성면 보건지소 우측 옆
26코스 수산교 ~ 죽변항 입구(12.9km) 스탬프: 수산교 입구
27코스 죽변항 입구 ~ 부구삼거리(11.4km) 스탬프: 죽변버스정류소 화장실옆

**해파랑길 삼척 · 동해 구간 총 95.1km**
28코스 부구삼거리 ~ 호산버스터미널(10.7km) 스탬프:부구삼거리 대가돌솥밥 옆
29코스 호산버스터미널 ~ 용화레일바이크역(18.3km) 스탬프: 호산버스정류장 앞
30코스 용화레일바이크역 ~ 궁촌레일바이크역(7.0km) 스탬프: 장호초 맞은편 냇가

31코스 궁촌레일바이크역 ~ 덕산해변입구(8.8km) 스탬프: 궁촌공영주차장 입구
32코스 덕산해변 입구 ~ 추암해변(22.9km) 스탬프: 맹방해수욕장 입구 팔각정 옆
33코스 추암해변 ~ 묵호역(13.6km) 스탬프: 추암역 계단 아래
34코스 묵호역 ~ 한국여성수련원 입구(13.8km) 스탬프: 묵호역 뒤 향로봉길입구

### 해파랑길 강릉 구간 총 80.4km

35코스 한국여성수련원 입구 ~ 정동진역(9.7km) 스탬프: 여성수련원 입구
36코스 정동진역 ~ 안인해변(9.4km) 스탬프: 괘방산 등산로 입구
37코스 안인해변 ~ 오독떼기전수관(15.6km) 스탬프: 안인항 입구 공중화장실 옆
38코스 오독떼기 전수관 ~ 솔바람다리(17.2km) 스탬프: 오독떼기전수회관 앞
39코스 솔바람다리 ~ 사천진리해변공원(16.1km) 스탬프: 솔바람다리 입구
40코스 사천진리해변공원 ~ 주문진해변(12.4km) 스탬프: 사천해변 남쪽 입구

### 해파랑길 양양·속초 구간 총 61.4km

41코스 주문진해변 ~ 죽도정입구(12.2km) 스탬프: 주문진여름파출소 맞은편(해변)
42코스 죽도정 입구 ~ 하조대해변(9.9km) 스탬프: 하조대농협 앞
43코스 하조대해변 ~ 수산항(9.5km) 스탬프: 하조대해수욕장 남쪽끝(하륜교 북쪽)
44코스 수산항 ~ 설악해맞이공원(12.3km) 스탬프: 문화마을 정류장 옆
45코스 설악해맞이공원 ~ 장사항(17.5km) 스탬프: 해맞이공원 공영주차장 입구

### 해파랑길 고성 구간 66.5km

46코스 장사항 ~ 삼포해변(15.2km) 스탬프: 장사항 북쪽 입구
47코스 삼포해변 ~ 가진항(9.7km) 스탬프: 삼포해변 행정봉사실 옆
48코스 가진항 ~ 거진항(16.6km) 스탬프: 가진항 남쪽 입구
49코스 거진항 ~ 통일안보공원(12.3km) 스탬프: 수협바다마트 앞
50코스 통일안보공원 ~ 통일전망대(12.7km) 스탬프: 출입신고소 앞
　　　　　　　　　　　　　　　　　　　　　　통일전망대 화장실 옆

출처 : 해파랑길 여권 1, 2

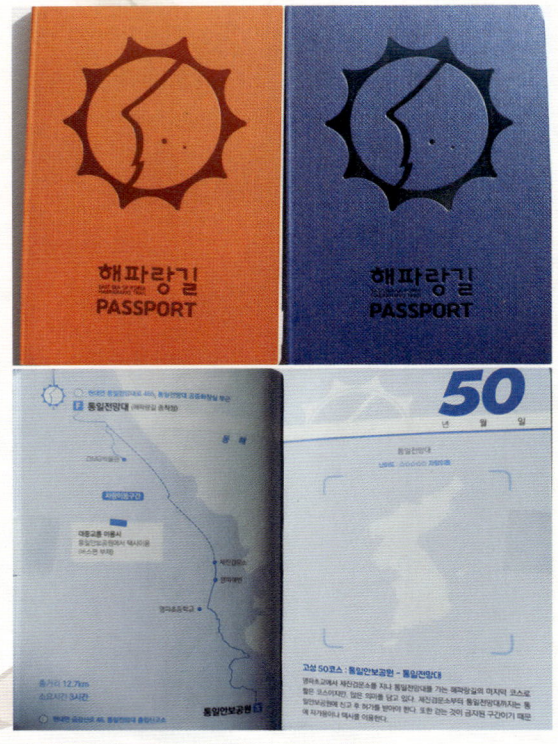

**위** 해파랑길 여권　**아래** 해파랑길 여권 내지　　　해파랑길

## 오륙도 해맞이공원에서 해파랑길 첫발을 내딛다

1코스: 오륙도 ~ 미포항

첫째 날
2021년 4월 19일(월) 햇볕 쨍쨍, 도보 거리 19.5㎞

해파랑길을 걷겠다는 생각으로 새벽부터 일어나 빵 한 조각 먹고 5시 30분에 10kg 되는 배낭을 메고 집을 나선다. 오늘따라 꽃샘추위로 날씨가 싸늘하여 겹겹이 옷을 입는다. 열차표를 예매할 때 'KTX로 갈까? 무궁화호로 갈까?' 고민을 많이 했다. 항상 다른 도시로 갈 때 빨리 달리는 KTX를 이용하면 순식간에 목적지에 도착하여 빠른 것에 대한 감사하는 마음을 갖곤 했다. 하지만 이번 여행은 걷기에 도전하는 만큼 출발부터 천천히 가는 무궁화호 열차를 예매했다. 대전역에서 6시 20분 부산행 무궁화호 기차를 타고 출발하여 차창 밖으로 보이는 아름다운 경치를 바라본다. 여유를 부리며 낯선 여행길을 어떻게 할지 생각해 보는데 갑자기 가장 중요한 해파랑길 스탬프 북을 챙기지 않았다는 사실을 알게 된다.

출발하기 1주일 전부터 해파랑길 스탬프 북을 보고 코스별로 지나는 주요 지점과 거리를 기록한 인쇄물만 넣고 그 수첩은 잘 보관한다면서 서랍 속에 넣은 것이다. 스탬프 북은 인터넷으로만 살 수 있으니 지금으로서는 새로 살 방법은 없다. 그렇다고 집으로 돌아갈 수도 없고 어찌하면 좋을까 생각한다. 다른 종이에 해파랑길 코스별로 스탬프를 찍어서 '한국의 길과 문화' 사무처로 보내도 완보증을 받을 방법이 있어서 그리하기로 한다. 이제 마음 놓고 차창 밖으로 보이는 시골 풍경과 점점 초록이 진하게 물드는 나무들, 잔잔히 흘러가는 강물 모

좌_ 해파랑길 스탬프 함    우_ 해파랑길 시작점 오륙도

두가 한가롭게 느껴진다. 아침 일찍 출발하는 무궁화호 열차는 출·퇴근하는 승객들이 많이 타는 듯하다. 작은 도시의 역에서 승객들을 모아 큰 도시의 역에 도착하면 승객들이 우르르 내린다. 이런 풍광을 바라보다 보니 어느새 부산역에 도착하였다는 방송이 흘러나온다. 오전 10시경 부산역에 도착해서 해파랑길 스탬프 찍을 종이를 몇 장 사기 위해서 문구점을 가려고 검색해 보니 거리도 멀어 부산역 안내소에서 백지 6장을 구한다. 안내소 직원이 이유도 묻지 않고 백지 6장을 주시는 데 정말 고마웠다.

부산역사에서 밖으로 나오니 부산의 거센 바람이 나를 맞이한다. 모자가 날아가려 하여 꼭 잡고 버스정류장을 찾아 발걸음을 옮긴다. 어느 방향에서 오륙도 해맞이공원을 가는 27번 버스를 타는지, 지나는 사람한테 물어서 오륙도 해맞이공원 방향으로 가는 버스에 탄다.

11시경 오륙도 해맞이공원에서 버스를 내리니 확 트인 바다와 오륙도 섬이 나를 반기는 듯하다. 오륙도 안내소에 방문하여 스탬프 찍는 곳을 물으니 안내소 직원은 밖에 우체통이 있다고 말한다. 주변을 둘러보아도 우체통이 없어 한참을 두리번거린다. 해파랑길 1코스 안내판과 그 옆에 새집 모양의 스탬프 보관소가 있다. 스탬프도 고정식이어서 종이를 겹겹이 접어 아랫부분에 넣어 스탬프를 찍었는데 뚜렷하지 않아 다시 찍었으나 똑같다.

 해맞이공원 근처에서 이른 점심을 먹고 출발하려 했던 계획은 일그러졌다. 근처에 식당이나 먹을 것을 파는 곳이 없는 것이다. 오륙도 배경으로 사진도 찍고 해맞이 공원의 긴 의자에 앉아 간식으로 가져온 오트밀바와 오렌지로 출출해진 배를 채운다.

 이기대길을 11시 30분경에 출발한다. 강아지와 걷는 사람도 있는 것을 보니 이 근처에 사는 주민들이 산책나온 것 같다. 가끔은 관광객인 듯한 차림의 사람들도 있다. 왼쪽으로 아름다운 숲이 있고 오른쪽에 푸른 바다가 아름답게 빛나고 있어서 가슴이 뻥 뚫리는 듯한 시원함을 선물 받은 느낌이다.

 그 유명한 오륙도가 있는데 오륙도 길도 아닌 '이기대길'이란 이름이 무슨 뜻일까 궁금했었는데 그 이름에 대한 유래를 적어 놓은 표지판이 있다.

 조선 시대 좌수영의 좌수사 이형하1850년 재임가 동래영지東來靈地라는 역사와 지리를 소개하는 책에 '이기대는 좌수영의 남쪽으로 15리에 있고 위에 두 기생의 무덤이 있어서 그리 말한다.'라고 기록하였다고 한다. 향토사학자 최한복1895~1968은 임진왜란 때에 왜군이 수영성을 함락시키고 축하연을 열었는데 수영성의 두 기녀가 잔치에서 왜장에게 술을 권하고 술 취한 왜장과 함께 물에 빠져 죽었다는 것이다. 그 두

이기대길에서 바라본 광안대교와 해운대

  기녀가 이곳에 묻혀 있어서 이기대二妓臺라고 한다고 기록하였다는 것이다.
  왜장을 죽음에 이르게 하면서 함께 몸을 던진 두 기녀를 기리기 위해 이기대라는 지명을 부여하여 이곳을 지나가는 사람들이 한 번쯤 두 기녀를 기리며 생각하게 한 것은 의미 있는 일인 것 같다.
  몇 년 전 친구들과 이 길을 걸을 때는 아름다움을 감탄하면서 걷는 이기대길이 짧게만 느껴졌는데 지금은 까마득하고 멀게 느껴진다. 배가 고프다는 생각이 머릿속에 가득 차서 풍광을 감상하면서 걷는 것이 아니라 '얼마를 더 걸어야 식당이 있을까?' 하면서 무거운 발걸음을 옮긴다. 쉼터를 만날 때마다 오트밀바, 물과 오렌지를 먹고 에너지를 충전한다. 게다가 대전에서 출발할 때 꽃샘추위로 옷을 겹겹이 끼

좌_ 이기대 구름다리   우_ 광안대교

어 입었는데 남쪽으로 오니 차가운 바람은 없고 기온도 높다. 남쪽 지역에서 걷다 보니 땀도 나고 덥기까지 하여 패딩 조끼를 벗어 배낭에 매달고 나니 옷도 무거운 짐이 된다. 다리에 힘이 빠져서 후들후들한다. 그래서 다리에 힘이 빠지면 구경도 못 다니니 '가슴 뛸 때 구경 다녀라.'라는 말에 공감이 된다.

 동생말전망대에 오니 광안대교와 해운대 초고층 아파트가 보인다. 몇 년 전에 부산 해운대에 왔을 때 초고층 건물이 공사 중이었는데 이제 완공되어 해운대의 스카이라인을 바꾸어 놓았다. 식당이 나오길 바라면서 풀린 다리에 힘을 내어 걸으니 어느덧 이기대길 5.8㎞가 끝나고 광안대교가 나타난다. 힘들었지만 이곳까지 걸어왔다는 사실에, 이제 다시 희망이 보이는 것 같다. 시계를 보니 2시이다. 11시 반경에 출발하여 5.8㎞ 거리를 두 시간 넘게 걸은 것이다. 보통 때 같았으면

좌_ 광안리해수욕장    우_ 수영만 요트경기장

한 시간 반이면 충분히 걸었을 텐데 밥심의 중요성을 깨닫는다.
 해안가에는 횟집들이 있었지만, 한식을 먹고 싶어서 이 식당들을 지나치고 큰 메가마트로 갔다. 이런 곳에는 시식 코너가 있어서 골라 먹을 수 있는 즐거움이 있기 때문이다. 하지만 이곳에 다양한 음식은 없어서 나의 허기를 달래 줄 따끈한 떡만둣국을 주문한다. 시장이 반찬이라고 따끈한 떡만둣국을 보니 그저 행복하다. 약간 짠듯하지만 그것도 괜찮다. 배부르게 먹고 나니 힘이 생기는 것 같다. 2시 45분에 다시 광안리해수욕장으로 출발한다. 모래밭에 광안리라는 한글을 풀어서 세운 글자와 많은 사람이 글자와 인증사진을 찍는다. 나도 그곳에서 다른 사람 사진을 찍어주고 나도 글자와 사진을 찍는다. 많은 지역 이름을 영어로 표기한 것을 자주 보았는데 한글로 된 광안리 이름표가 더욱 정감이 가고 고맙게 여겨진다.

좌·우_ 영화인의 거리

　다시 힘을 내어 씩씩하게 해파랑길 표식을 따라 걸어가니 수영만 요트경기장이다. 이곳에서 부산 아시안게임 요트 경기가 펼쳐졌다. 정박된 많은 요트를 보니 우리나라에도 요트 소유자들이 꽤 많다는 사실을 새롭게 알게 된다. 요트의 돛이 올려져 있었더라면 바람에 펄럭이고 더욱 아름다웠을 것인데 조금 아쉽다.

　요트경기장을 지나니 해운대 영화 거리가 나온다. 우리나라 부산국제영화제가 유명한 만큼 해운대 인근에 해운대 영화의 거리가 조성되어 있다. 영화 촬영하는 조형물이 세워져 있고, 방파제 난간벽에는 유명한 영화배우들의 사진과 손 모양 동판이 붙어있다. 미국 LA 영화인의 거리는 유명 영화인들의 이름과 손과 발 프린팅한 블록을 바닥에 깔아놓고 또 명예의 전당에 오른 영화인들 이름이 별 모양에 새겨져 있는데 이곳은 약간 다르다. 유명한 한국 영화의 포스터와 인상적인

APEC 정상회담이 열린 누리마루

장면, 그리고 그 영화에 대한 설명이 방파제 벽에 사진처럼 선명하게 붙어있다. 또 영화뿐만 아니라 한류를 이끈 드라마의 장면도 부착해 놓아서 그 영화들에 대한 기억을 새롭게 떠올릴 수 있어서 매우 좋다.

몇 년 전에 친구들과 동백섬을 걷고 누리마루 APEC 회담 장소까지 들어가 보았기에 지친 몸을 이끌고 또다시 동백섬을 걸을지 아니면 지름길인 해운대로 곧바로 향할까 갈등한다. 해파랑길을 완주하겠다고 나 자신과 약속하고 온 첫날부터 많이 지쳐있는 상태라서 꿋꿋할 줄 알았던 나의 정신까지 흔들리고 있다. 시작이 좋아야 마무리도 잘 할 수 있으니 해파랑길을 제대로 완주하려면 힘들어도 본래 코스대로 가야지 하며 마음을 다잡는다. 나의 발걸음도 부산시민이 힘차게 걷고 있는 동백섬을 향한다. 몸은 힘들지만 울창한 숲 사이로 산책로를 조성해 놓은 곳에서 산책 나온 사람들을 따라 숲길을 걸으니 피로도

해운대 모래조각 작업하는 장면

풀리는 듯하다. 새들이 지저귀는 소리에 발걸음을 멈추어서 어떤 새가 이리 아름다운 소리를 내는지 찾아보기도 한다. 약 4살 정도의 아이와 그의 어머니도 나무 위를 바라보며 새를 찾아 이야기를 주고받는 모습이 참으로 행복해 보인다. 어느새 APEC 정상회담을 했던 누리마루에 도달한다. 코로나19 영향으로 내부는 구경할 수 없게 문이 굳게 닫혀있다. 바닷가 갯바위에 황옥공주 인어상이 쓸쓸히 혼자 파도를 바라보며 앉아있다. 아름다운 동백섬 산책길을 걷다 보니 드디어 해운대해수욕장에 도착한다.

해운대해수욕장은 모래조각 작업이 한창이다. 몇 년 전에 이곳을 방문하였을 때 거대한 모래 조각상을 보고 그 아름다움과 규모에 감탄하면서 사진도 찍고 어떻게 만들었을까 궁금했다. 그런데 오늘 그때의 궁금증을 풀어주는 모래 조각상 작업하는 장면을 내 눈으로 직접 볼 수 있게 된 것이다. 포크레인으로 모래를 옮겨 쌓기도 하고, 또 다른 모래더미에는 모래가 단단해지도록 나무틀 같은 것으로 고정해 놓고 모래에 물을 뿌리고 있다. 또 한쪽에서는 단단해진 모래 위에서 작가가 형체를 만들어가는 모습도 보인다. 이러한 노력으로 오랜 기간 작업을 하여 거대하고 아름다운 모래 조각상이 형체를 드러내는가 보다.

해운대 근처에 있는 많은 호텔을 보니 이곳에서 숙소를 정하고 빨리 쉬고 싶다. 하지만 1코스의 종점이 미포항이니 그곳까지 가서 첫날 스탬프를 찍기로 한다. 미포라는 간판을 보니 미포항에 다 왔다는 생각에 무거운 발걸음이지만 한 발씩 힘을 내어 걷는다. 그런데 스탬프함이 안 보인다. 그것을 찾기 위해 계속 해파랑길 안내 표식을 좇아 고난도의 오르막길을 올라가니 문탠로드라는 표지석이 있다.

문탠로드는 해파랑길 2코스라서 도로 미포항으로 내려온다. 이 근처에서 숙소를 정하기로 하고 최근 그랜드 오픈이란 현수막이 붙어 있는 호텔에 체크인을 한다. 가격도 적당하고 방도 아주 깨끗하며 바다도 보인다. 배낭을 내려놓고 문탠로드 오를 때 보았던 미호식당으로 돌솥밥을 먹으러 나간다. 연잎 돌솥밥을 주문하니 정갈하게 1인용 나무 쟁반에 내 취향의 음식이 제공된다. 바닷가 지역이라서인지 반찬은 간간하여 나에게는 약간 짜다. 그래도 밥을 먹으니 힘이 생긴다. 숙소로 돌아와서 씻고 나니 배낭을 메었던 어깨가 매우 아프다. 준비해 온 파스를 어깨에 붙인다. 온몸이 피곤하여 일찍 잠을 청했지만 잠이 잘 오지 않는다.

스탬프 함이 어디 있는지 준비해 온 자료를 살펴보니 해운대 관광안내소 내부에 있는 것이다. 스탬프 함을 건물의 내부에 놓은 관계자들이 원망스럽고 나 자신에 대해 매우 실망한다. 미리 알았더라면 내 몸이 쉬라고 신호를 보냈던 해운대해수욕장 근처에서 숙소를 정하였을 것이다. 그랬다면 지친 몸을 이끌고 1㎞ 정도 더 걷지 않았을 것이고 스탬프도 찍고 해운대에서 머물 수 있었을 텐데 이중으로 고생했다. 더는 움직이기 어려우니 내일 아침에 스탬프 찍으러 다시 해운대까지 가기로 하고 하루를 마무리한다.

## 아름다운 달맞이 길을 따라 오시리아 해안길로

2코스: 미포항~대변항

둘째 날
2021년 4월 20일(화) 맑고 기온 높음, 도보 거리 17.9㎞

첫날의 과도한 피로가 잠을 깊게 잘 수 없게 만들어서 계속 뒤척이다가 새벽 3시를 지나 어렴풋이 잠이 들었다. 아침 먹기 위해 밖으로 나가 미포항의 아침 모습을 구경하러 간다. 노천에서 좌판을 펼쳐놓은 조그만 어시장이 열렸다. 10명도 안 되는 상인들이 방금 잡아온 여러 종류 싱싱한 물고기를 큰 대야에 놓고 판매하고 있다. 해운대해수욕장 동쪽 끝에 있는 아주 작은 미포항에서 아침 일찍 반짝 시장이 열린다는 사실이 참으로 재미있고 정겹다.

어제 저녁때에 호텔 근처에 있는 식당 중에서 아침 식사 가능한 해운대 대구탕집으로 8시경에 아침 먹으러 간다. 아침으로는 선택의 여지도 없이 대구탕을 주문한다. 이미 많은 분들이 식사하고 있다. 이곳이 '맛집인가?' 식당 내부를 살펴보니 2008년부터 많은 방송사에서 맛

미포항 아침 어시장

집으로 여섯 번 촬영을 했다는 사진이 붙어있고 또 한쪽 벽에는 유명한 연예인들의 방문 사인이 붙어있다.

대구탕의 맛은 약간 비린 듯 하지만 시원한 것이 일품이다. 무 한 조각과 대구 세 조각이 크게 들어 있어서 시원한 맛을 내나 보다. 밥은 푸석하지만 밥심이 얼마나 중요한지 알았기에 오늘 걷기를 잘하기 위해 밥 한 톨도 남기지 않고 다 먹는다.

9시경에 2코스 시작 스탬프 찍으러 역방향인 해운대 관광안내소까지 1㎞를 걸어 가서 안내소 안에 있는 스탬프 함에서 백지에 스탬프를 찍고 다시 호텔로 돌아온다. 오늘 걸어야 하는 거리는 15.2㎞인데 벌써 2㎞를 추가로 걸었다. 짐을 배낭에 넣으면서 어제 새벽에 추워서 입고 왔던 오리털 패딩 조끼는 따뜻한 남쪽 지역에서 필요하지 않을 것 같다. 짐을 줄이기 위해 버리고 배낭의 무게를 줄이기로 한다.

10시 20분경 퇴실하여 문텐로드라는 이정표가 있는 언덕을 향해 걷는다. 몇 년 전에 이곳에 왔을 때는 달맞이고개라고 했는데 왜 문텐로드인지 궁금증이 발동한다. 시멘트로 포장된 차도 옆 오르막 인도로 걷는데 아침부터 헉헉댄다. 오른쪽으로 고개를 돌리니 바다와 해운대해수욕장 그

바다 위를 달리는 모노레일

리고 고층 건물들이 한눈에 보이고 멀리 광안대교가 보인다. 오르막의 힘든 과정을 멋진 풍광이 한 번에 씻어 주는 것 같다. 문텐로드라고 숲으로 들어가는 길은 아늑하고 가끔 이야기가 적혀있다.

문텐로드는 '달빛을 받으며 가볍게 걷는 길'이란 뜻으로 '선탠'이란 말에서 '문탠'이란 단어를 만들었다고 한다. 꽃잠길, 가온길, 바투길, 함께길, 만남길 5개의 테마길로 총 2.2㎞를 걸으면 출발점으로 돌아올 수 있게 만들어졌다. '가온'이란 말은 '온도를 더한다는 뜻'이고, '바투'는 '두 세상이 아주 썩 가깝게'라는 순우리말이라고 안내판에 설명해 놓았다. 이처럼 아름다운 우리말로 지은 작은 숲길 이름이 더욱 빛난다. 그런데 이 길의 통합된 이름은 '문텐로드'라고 영어도 우리말도 아닌 이상한 조합어를 돌비석에 써 놓아서 5개의 작은 테마길을 우리말 이름으로 만들려고 한 노력이 퇴색되는 것 같다. 이 표지석을 보는 많은 사람이 '문텐로드'가 무엇일까 나처럼 궁금해 할 것 같다. 본래 달맞이고개라는 이름이 있으니 순우리말로 '달맞이길', '달빛길', '달빛맞이길' 등으로 하였다면 이 길의 이름이 더욱 빛을 발하지 않았을까?

문탠로드의 숲길은 산책하기 좋다. 이 길을 걸으면서 몇 명의 산책하는 사람도 만난다. 바다 위에는 미포항에서 청사포까지 달리는 모노레일이 승객을 태우고 천천히 움직인다. 모노레일을 타고 바다 위를 달리는 기분이 어떠할까 생각해 본다. 한쪽은 바다이고 다른 한쪽은 숲으로 되어 가슴이 뻥 뚫리면서 아늑한 기분이 들 것 같다. 다시 달맞이고개로 올라와 청사포 송정해안 방향으로 향한다. 산길에서 청사포 이정표를 보고 바다를 보니 청사포 다릿돌전망대가 보인다. 전망대까지 갈 수는 없고 앉아서 바라보는 것으로 만족하며 휴식을 취한다.

송정해안이 바로 코앞 550m인데 해파랑길 화살표는 산으로 오르도록 되어있다. '어느 쪽으로 갈까?' 약간 갈등하기도 하였지만 내가 이 해파랑길을 걸으려고 한 목적이 무엇인지 다시 생각한다. 나 자신을 바로 세우자는 생각으로 도전하는 것인데 지름길로 가서 스탬프를 찍기만 하면 해파랑길을 완주해도 나에게 큰 의미가 없을 것 같다. 해파랑길 리본을 따라 2㎞ 이상 되는 산길을 따라 걷는다.

오르막길을 100m 정도 걸으면서 이 길로 계속 걸어야 하는지 스스로 질문하면서 돌아갈까 망설인다. 그러다가 다시 오르막길을 헉헉대며 걷는다. 이 산길이 힘이 들 때마다 멈춰서서 뒤돌아가서 지름길로 가고 싶은 마음과 힘들어도 산 위로 가는 본래 코스로 가고자 하는 두 마음이 강하게 충돌한다. 그래도 본래 코스로 가자는 마음이 되돌아서 지름길로 가고자 하는 마음을 누르고 산으로 계속 걷는다. 해파랑길 리본이 보이지 않으니 이 길이 맞는 길인지 걱정되어 또다시 되돌아갈까 갈등한다. 그래도 직진하면서 걷다 보니 길이 이제 돌아가느니 차라리 앞으로 가는 게 낫다는 지점에 이르자 더는 돌아가고자 하는 갈등은 사라진다.

한참을 올라가니 오르막길이 끝나고 평지길이 나와서 다행이라는 생각을 하면서 긴 의자에 앉아 쉬고 있는데 옆 긴 의자에 산책 나온 부부도 앉아서 쉰다. 산책하는 사람을 보니 낯선 산길을 혼자 걷는 두려움이 사라지고 안도감이 든다. 송정해안까지 아직도 1.2㎞라는 표지가 있다. 그래도 평평한 길에 내리막길이라 힘이 안 든다.

마지막 송정해안 근처로 내려와 해파랑길 안내를 따라 걷다 보니 어느 식당 앞에 사람들이 많이 몰려있다. 이 식당이 맛집인 것 같아 들어가니 대기표를 받고 20분 정도 대기실에서 기다려야 한다. 이 식당의 메뉴를 보고 송정소고기비빔밥을 주문한다. 비빔밥은 단출하게 콩나물, 고사리, 부추, 버섯, 다진 소고기, 고추장 이렇게 고명으로 아름답게 모양이 올려져 있다. 모든 재료를 비벼서 먹었는데 고추장이 달아서 비빔밥의 고유 맛보다는 단맛만 강하게 느껴진다. 나에게는 그 식당이 맛집이 아닌 듯하다. 그 집의 대표 음식을 주문했어야 하는데 내가 좋아하는 비빔밥을 주문했나 하는 아쉬움도 생긴다. 이 식당에서 '국수를 먹었어야 맛집인 걸 알 수 있었나?' 후회되기도 한다.

송정 해안으로 걸어가니 이 지역은 코로나 상황과 별개의 세상처럼 관광객들이 꽤 많고 서핑을 배우는 사람들이 바다에 가득하다. 4월이라 바닷물이 차가울 텐데 개의치 않고 서핑을 배우는 열정이 아름다워 보인다. 해운대에 이어 송정 해안도 영어로 송정이란 이름표를 세워놓았다. 여기가 한국인데 소수의 외국인을 위해서 영어로 이름을 세웠는지 아니면 한국인이 영어를 읽게 하기 위함인지 누구를 위한 것일까 다시 생각해 보게 한다. 외국인들도 한국어로 씌어있는 푯말에서 기념 촬영하여 한국에 왔다는 사실을 자랑하고 싶을 것 같다.

나도 해외 나가면 그 나라 언어로 된 표지판 앞에서 사진을 찍고 내가 다른 나라에 왔다는 인증사진을 찍곤 했기에 그런 생각이 더 든다.

송정해변의 한 화가

송정 해안 끝에는 한 화가가 해변을 바라보며 그림을 그리고 있는 모습이 한 폭의 그림처럼 아름답다. 해안 끝자락에 죽도공원이 있는데 가장 전망이 좋은 곳에 송일정이 자리 잡고 있다. 이곳에서 발걸음을 쉬게 하고 싶지만 갈 길이 멀어 그럴 수 없다. 공수항을 지날 때는 빨래 널 듯이 미역을 긴 줄에 길게 걸어 건조하고 있다. 미역을 자연 건조하는 모습을 처음 보는 장면이라 더욱 신기하다.

바다를 끼고 해파랑길 안내 표식을 따라 해동용궁사 방향으로 걷는데 본래 해파랑길이 공사 중이라 큰 벽이 세워져 있다. 그 벽 옆으로 샛길이 있어서 가도 될 것 같은 데 가다가 길이 막혀있으면 어쩌나 하는 우려 때문에 큰 도로를 따라 공사장 높은 장벽을 끼고 걷는다. 동부관광단지 조성사업 공사를 진행하고 있는 교차로에 오니 멀리 기장군 프리미엄아울렛 건물이 보인다. 8차선 도로가 뚫려있는 교차로 주변이 모두 대규모 공사 진행 중이다. 디귿 자 모양으로 꺾어서 걷는데 얼마를 더 가야 해동용궁사 가는 길이 나오는지 걱정이 되어 공사를 하시는 분에게 길을 여쭈었더니 큰길을 따라 계속 걸으라고 한다.

알려준 대로 계속 걷다 보니 용궁사 들어가는 길 안내 표시가 있다. 용궁사 길 안내를 따라 좀 더 걸으니 해파랑길 안내표가 나온다. 이 사

좌_ 해동용궁사   우_ 오시리아 해안 산책로

잇길로 왔다면 더 빨리 왔을 텐데 공사 장벽 때문에 약 2㎞를 더 돌아서 오게 된 것이다.

몇 년 전에 해동용궁사에 왔을 때는 관광객이 너무 많아서 사진 찍기 위해 줄 섰는데 지금은 관광객이 많이 줄었지만, 코로나19로 마스크를 쓰고 방문한 관광객은 여전히 많다. 관광객의 수가 줄어들어 사진 찍고 구경하기는 복잡하지 않아서 좋다. 절에 들러서 이번 여행 안전하게 무사히 마칠 수 있도록 기도하고 사람들을 따라 행운의 동전도 던졌지만 골인은 안 되었다.

오시리아 해안 산책로는 2.1㎞로 다양한 모양의 갯바위와 거북바위, 오랑대, 용왕단이 있고 찰싹이는 하얀 파도를 바라보며 편안하게 걸을 수 있어서 정말 아름다운 길이다. 마을에 카페와 식당이 있는데 카페에서 음악이 흘러나오고 야외 테이블마다 사람들이 가득하다. 또

**좌_** 오시리아 해변의 오랑대　**우_** 오시리아 해변의 용왕단

　　산책로를 운동하듯이 빠르게 걷는 사람들, 휠체어에 어르신을 모시고 함께 걷는 사람들, 연인들끼리 여유를 가지고 천천히 걷는 사람들, 많은 사람이 수없이 오가는 모습으로 오시리아 해안 산책로를 더욱 빛나게 한다. 다시 이 아름다운 길을 걷고 싶다.
　　갯바위 위에 작은 용왕단이 세워져 있다. 이 용왕단을 보니 친구들과 부산 여행 와서 이곳을 방문했던 기억이 떠올랐다. 갯바위 위에 있는 작은 용왕단을 보기 위해 좁은 돌계단을 올라갔는데 지금은 그러고 싶지 않다. 용왕단을 바라보는 오랑대공원 그네 의자에 앉아서 간식도 먹고 쉬면서 바다를 보며 앉아있다. 아무 생각이 없으니 몸과 마음이 모두 편안해지는 듯하다. 몇몇 사람이 용왕단에 올라간다. 나처럼 혼자 여행하는 사람도 지나간다. 더 쉬고 싶지만 5시가 넘었으니 얼마 남지 않은 마지막 종점 대변항까지 가기 위해 일어선다. 멀리 큰 배들이 정박된 곳이 대변항일 것 같다.

대변항

　대변항에 와서 우선 숙소부터 정하기로 하고 몇 개의 모텔 중에서 괜찮을 듯한 한 모텔로 숙소를 정한다. 짐을 숙소에 내려놓고 사장님한테 식당을 추천받고 스탬프 함을 찾아 나선다. 내가 검색해 온 것에는 ○○카페 앞이라고 했는데, 지도상에는 그 자리가 분명한데 그 카페가 다른 상호 이름으로 바뀌었다. 주변을 잘 살펴보니 맞은편에 해파랑길 안내도와 스탬프 함이 보인다. 반갑게 그곳에 가서 스탬프를 찍는데 4명의 도보 여행자가 스탬프 찍으러 온다. 그들도 해파랑길을 걷는 도보 여행자들이다. 서울에서 왔고 이번 여행에 5개 구간만 더 걸으면 해파랑길을 완주한다는 것이다. 그들이 참 부럽다. 나는 겨우 이틀 걸었는데 그들은 마무리 단계에 있으니 그들이 대단하다는 생각이 든다.
　내일 3코스를 걷는다고 하여 9시에 이 해파랑길 안내도가 있는 이 장소에서 만나 함께 걷기로 하고 헤어진다. 나는 근처의 맛집으로 소개받은 식당에서 저녁을 먹는데 음식도 깨끗하고 맛도 아주 좋다. 내일 아침도 먹고 싶어서 아침 식사 가능한지 물으니 내일 휴업이다.

오늘의 거리는 15.2㎞이지만 스탬프 찍으러 해운대 관광안내소까지 다녀오니 약 2㎞ 거리이고 공사 현장을 돌아서 2㎞ 추가 거리를 걸었으니 약 19㎞를 걸은 셈이다. 숙소에 들어와서 가장 먼저 한 일은 걷느라고 땀에 젖은 옷을 세탁하고 몸도 씻고 나니 피로가 풀린다. 숙소가 오래된 듯 낡아 보이지만, 지친 몸을 쉬게 해주는 이곳이야말로 바로 따뜻하고 고마운 나의 보금자리이다.

## 어느 쪽 방향으로 가야 하나?

3코스: 대변항 ~ 임랑해변

셋째 날
2021년 4월 21일(수) 햇빛 쨍쨍, 도보 거리 22.7㎞

아침에 일어나서 창밖으로 대변항을 바라보니 멀리 산 위에서 해가 떠오르고 항구 주변에는 사람들이 오고 가는 모습이 보인다. 오늘은 혼자 걷지 않고 어제 만난 서울에서 온 팀과 함께 9시에 출발하기로 했으니 일찍 배낭을 챙기고 8시에 아침 먹으러 대변항 인근으로 나온다. 쨍쨍 햇살이 아침부터 뜨겁다. 4월인데 29도까지 올라가는 여름 날씨란다. 아침부터 대변항 주변에는 천막을 쳐놓은 상가들이 줄지어 있고 많은 상인들이 여러 생선을 손질하면서 장사를 시작하기 위해 좌판을 펼치는 작업을 하고 있다. 각 천막에는 상호가 붙어있고 어

대변항의 아침

떤 곳은 중매인 번호가 적혀있다. 저마다의 가게에는 갓 잡아 온 듯한 생멸치 상자가 층층이 쌓여있고 멸치를 손질하기도 하고 또 가자미 등의 생선을 건조대 위에 널어 햇볕에 말리는 작업도 한다. 젓갈 상점은 젓갈이 가득 담긴 통을 가지런히 진열해 놓는다. 이렇게 다양한 크기의 멸치를 보는 것도 처음이다. 대변항은 무척 큰 항구인 듯 매우 커다란 배도 여러 척이 있고 작은 어선들도 매우 많다. 막 조업을 끝내고 들어오는 배도 있다. 아침 일찍부터 매우 바쁜 하루를 시작하는 모습을 보니 항구가 활기가 넘치는 것 같다.

  대변항 주변에는 식당 몇 개와 건어물 상가들이 줄지어 있다. 전날 저녁을 먹었던 식당은 오늘은 휴업이라 다른 식당에서 아침을 먹어야 한다. 대변항 주변을 걸으면서 식당을 찾아 나선다. 몇 개 안 되는 식당은 굳게 문이 닫혀있고 그중에 문이 열려 있는 한 식당에 들어간다.

좌·우_ 대변항의 아침

　한창 음식 준비 중인 할매횟집은 9시부터 아침 식사가 시작된다는 것이다. 9시에 서울팀을 만나서 함께 3코스 출발하기로 했는데 약속 시간을 지키려면 그 이전에 식사를 마쳐야 한다. 그분들도 9시 출발하려면 아침 먹으러 나왔을 텐데 이 대변항 주변에는 그들의 모습이 보이지 않는다. 연락처도 받지 않아서 연락할 방법도 없다. 숙소에 들어가서 9시에 아침 먹으러 나와야 하나보다 생각하고 대변항 둘레 식당을 모두 기웃거리다가 발길을 돌린다.
　실망하면서 돌아오는데 모퉁이 꺾이는 곳에 해동횟집의 '아침 식사 됩니다.' 라는 글을 보고 들어간다. 이곳도 아침 식사가 9시부터 가능하다. 내가 걱정하면서 되돌아서려는데 식사 준비할 테니 들어오라는 말이 들려 정말 고맙다. 8시 20분 아침을 먹을 수 있게 된 것에 감사한다. 아침 메뉴는 멸치찌개만 가능하단다. 조금 전에 들렀던 할매횟집도 아침 식사는 멸치찌개만 가능하다고 했다. 이곳 대변항에서 주로 멸치를 잡아 오니 아침은 무조건 멸치찌개만 하는가 보다. 멸치 쌈밥은 남해에서 먹어보았는데 멸치찌개는 처음 듣는 메뉴이다. 사장님이 "멸치찌개는 2만 원인데 혼자니까 양을 적게 해서 15,000원에 해줄게요." 한다.

"고맙습니다. 안 짜게 해주세요."

음식이 준비되는 동안 메뉴판을 본다. 이 식당은 횟집이라서 메뉴에는 단품인 탕 종류가 없다. 좀 전에 갔던 할매횟집도 그러했다.

멸치찌개는 처음 맛보는데 우거지와 함께 아주 잘 어우러지는 맛이다. 반찬도 맛있는데 특히 김장김치는 아삭하고 시원한 맛을 낸다.

"내가 직접 김장한 김치라 아주 맛있어." 사장님이 말씀하신다. "밥 한 공기 더 드셔." 하면서 밥 한 공기를 가져다주신다.

"고맙습니다." 멸치찌개도 짜지 않아 맛있고 다른 반찬도 아주 맛있어서 밥 두 공기를 깔끔하게 먹는다. 내 생애 처음 밥 두 공기 아침을 먹었다. 내가 이리 대식가인 줄 오늘 처음 알게 되었다. 오늘은 허기져서 걸을 힘이 빠졌다는 말은 할 수 없을 것 같다.

어제 만난 4명의 해파랑길 동행자와의 약속을 지키려고 부지런히 준비해서 해파랑길 안내도 앞으로 나온다. 내가 숙소로 돌아갈 때도 이곳에 아무도 없었고 내가 내려온 9시 10분경에도 아무도 나타나지 않는다. 그래도 혹시 몰라서 10분 정도 더 기다린다. 그들이 먼저 갔는가 보다 하여 9시 20분경 나도 출발한다. 그런데 이곳에 갈림길이 대변항 방향과 기장군 방향 어느 길로 가야 할지 안내표지가 없다. 한 어르신이 계셔서 기장 쪽으로 가려면 어느 길로 걸어가는지 여쭈었더니 큰 도로 쪽으로 가라고 알려주신다. 큰 도로 쪽으로 조금 걸어도 해

좌_ 대변항 멸치광장   우_ 미역건조장

파랑길 리본 하나 보이지 않는다. 아무래도 이상하다는 생각이 든다. 해파랑길은 이처럼 큰 도로로 안내하지 않을 것 같은 생각이 들어서 처음 출발한 곳으로 돌아온다.

  해파랑길 따라가기 기능이 있는 두루누비 앱을 켰다. 첫날 이 앱을 켰지만 잘 작동하지 않아서 사용하지 않았는데 오늘은 꼭 작동을 시켜야 한다. 다행스럽게 앱이 작동되고 가는 길을 안내해 주어 따라가기로 한다. 대변항 둘레로 가다가 아침을 먹은 식당 옆 골목길로 안내한다. 그곳에 해파랑길 안내 이정표도 세워져 있다. 아침에 식당 찾으러 다닐 때 이곳을 지나갔는데 이 이정표가 눈에 들어오지 않았다. 사람은 같은 곳을 지나가도 자신이 필요로 하는 것만 눈에 보이는가 보다. 아침에 이 이정표를 보았다면 반대편 길로 헛걸음해서 시간 낭비하지 않았을 것이다. 해파랑길 안내표지를 따라 사잇길로 올라가니 여러 사람이 아침 일찍부터 산 아래 무척 넓은 밭 위에 그물망을 친 틀

위에 미역을 펼쳐놓는 작업을 하고 있다. 이곳이 미역을 자연 건조 시키기 위한 미역건조장이다. 오르막길에 기장 미역건조장에서 건조작업 중인 모습이 몇 곳 더 보인다.

산길을 따라 오르막으로 올라가는데 갈림길에 이정표가 제대로 붙어있지 않아 넓은 길을 선택하여 걸어가니 따라가기 앱에서 경로를 이탈했다는 메시지가 나온다. 다시 돌아와서 앱을 보면서 좁은 길을 찾아 따라 걷는다. 봉대산 정상으로 가라는 해파랑길 표식을 따라 산길을 걷는다. 항상 오르막길은 힘이 들고 숨이 찬다. 봉대산 정상에 올라가니 쉴 수 있는 긴 의자와 운동할 수 있는 체육시설이 있어서 주민 몇 분이 올라와 운동하는 모습을 볼 수 있다. 나도 긴 의자에 앉아 간식을 먹고 휴식을 취한다. 산책하는 한 주민을 만나 얘기하면서 갈림길까지 간다. 산길을 혼자 걸을 때는 이 길이 맞는지 걱정될 때도 있는데 주민들을 만나면 '이 근처에 마을이 있겠구나.' 하는 생각이 들어 조금 안심이 된다.

이제 기장군 문화원 방향으로 가면 된다. 죽곡지 저수지 옆을 지나 산을 내려가니 기장군청과 보건소 등의 관공서가 있다. 도시의 한복판에 온 듯했는데 6차선 기장대로 변으로 안내한다. 대형차들이 쌩쌩 달리는데 야간 무서운 느낌도 든다. 도로 위에 있는 이정표를 보니 울산을 향하는 도로이다. 큰 도로 주변에 한 주유소가 있고 그 옆에 왕자문구점이 보여 스탬프 찍을 작은 수첩을 살 생각에 반갑게 문구점으로 들어간다. 몇 달 전에 산 스탬프 북을 가져오지 않아서 A4용지에 스탬프를 찍었는데 작은 수첩을 사서 스탬프 북으로 사용하면 좋을 것 같다. 다행히 스탬프 북과 비슷한 크기의 작은 수첩을 찾았다.

좌_ 일광해수욕장   우_ 일광해수욕장 해녀상

　빛과 물 그리고 꿈의 도시 기장 일광해수욕장이란 커다란 아치형 간판 아래를 지나 작은 길로 들어서니 일광해수욕장이 나타난다. 일광해수욕장은 해운대나 송정해수욕장과는 달리 작고 사람도 몇 명 없어 아주 여유롭다. 나도 해변을 걷다가 그 옆에 있는 작은 별님공원에 앉아서 피곤한 발을 일광욕시키면서 점심 대신 간식을 먹는다.
　종점인 임랑해수욕장까지 9㎞ 남았으니 두 시간 반 정도 걸으면 4시경에 충분히 도착할 듯하여 느긋하게 쉰다. 해안을 따라 도로로 걷는데 아름다운 카페와 식당들이 있고 많은 젊은이들이 줄을 서서 기다리는 모습을 볼 수 있다. 대부분 사람은 평일이라 일하는 시간인데 이곳에 온 젊은이들은 고급 차량을 몰고 와서 멋진 카페에서 여유롭게 즐기고 있는 것을 보니 부유층의 젊은이들 같다. 반면에 나는 무거운 배낭을 메고 고행길을 나섰으니 참으로 대조적이다. 나도 이 멋진

좌_ 신평소공원 배 조형물    우_ 임랑항 물고기 등대

  풍광을 즐기기 위해 벤치에 앉아 바다를 바라보며 한동안 쉬다가 다시 걷는다.
  동백항에는 건어물을 파는 천막으로 만든 상점들이 줄지어 있는데 몇 상점은 문을 닫아 놓고 손님도 별로 없어 한산하다. 신평소공원은 작지만 배 조형물이 있어서 배 위에 올라가 바다 전망을 볼 수 있다. 두 젊은이가 배의 키를 잡고 체험하는 모습이 보인다. 칠암항은 등대가 독특하여 눈길이 머문다. 갈매기등대라고 하는데 빨간 원 안에 갈매기 세 마리가 날고 있는 모습이다. 흰색 등대는 방파제 등대로 방파제 모양을 본뜬 것 같다. 많은 젊은이가 사진 찍으러 몰리는 제주도 이호테우에 빨간색과 흰색 커다란 말 모양의 이호테우 등대가 떠오른다. 요즘 특색있는 등대를 설치하여 하나의 명소로 만드는 것이 참신하다.
  임랑해수욕장에 도착하니 TV로만 보았던 고리원자력발전소가 이

**칠암항 갈매기등대와 방파제등대**

곳에 있다. 해수욕장은 작고 많은 민박이 해안도로를 따라 자리 잡고 있다. 스탬프가 있는 임랑행정봉사실 앞에 가서 스탬프를 찍고 온라인스탬프 찍는 것도 성공한다.

어제 대변항에서 만난 4명의 도보 여행자가 행정봉사실 건물 계단에 앉아 쉬고 있다. 아침에 함께 출발하기로 했는데 나보다 먼저 출발했는지 궁금해서 몇 시에 출발했는지 물었다.

"아침에 몇 시에 출발했어요?"

"10시에 출발했어요."

"나는 9시에 안 나오셔서 20분경에 출발했고 나를 앞지른 사람도 없었는데 어떻게 나보다 일찍 도착했어요?"

"어려운 길은 택시나 버스를 타는데 오늘은 기장군까지 택시를 탔어요."

그들은 봉대산 길을 걷지 않고 평지 길만 걸은 것이다. 4시경이라

해파랑길 안내도와 스탬프 함

시간이 있어서 임랑해수욕장에 민박만 있어서 월내역까지 가면 모텔이 있을 것 같아서 2km를 더 걷는다. 월내역 근처에서 쉬고 있는 주민들에게 이 근처에 숙소가 있는지 물었더니 월내역 근처에는 없고 임랑해수욕장에 숙소가 있다는 청천벽력 같은 소리를 듣는다. 다시 2km를 뒤돌아 걸어갈 생각을 하니 힘이 빠진다. 임랑해수욕장으로 돌아오는 길에 서울에서 온 4명의 도보 여행자를 만나서 숙소 이야기를 했더니 버스 타고 울산 쪽에 가서 머물겠단다.

저녁이라도 좋은 식당에서 맛있게 먹고자 가장 근사한 건물로 된 홍해식당에 들어간다. 멍게비빔밥을 주문해서 정말 깔끔하고 맛있게 먹었다. 이제 오늘 밤 묵을 곳을 찾아야 한다. 이곳엔 모텔은 없고 펜션과 민박집만 있다. 몇 개의 펜션과 민박집에 적혀있는 연락처로 전화를 했지만, 지금은 운영을 중단했단다. 영업하고 있는 바다슈퍼에 가서 묵을 수 있는 집이 어디인지 묻는다. 코로나 때문에 모두 문을 닫고 현재 영업 중인 집은 선 민박집이란다. 이 민박집은 헛간을 개조해서 만든 방인 듯하다. 이 방에는 싱크대가 있고 추녀 밑을 연결하여 만든 화장실과 샤워 시설이 되어있다. 이 방은 도로와 인접하여 작은 창문을 통해 해수욕장과 바다를 바라볼 수 있는데 방바닥이 도로보다 낮아 파도가 철썩이는 소리가 더욱 크게 들린다. 민박집 할머니는 수건, 비누, 냄비, 휴대용 가스버너, 김치를 주시면서 아침 먹을 식당이 없으니 슈퍼에서 먹을 것을 사라고 하신다. 탁자 위에 놓인 이부자리는 누군가가 여러 번 사용한 듯 냄새가 나서 깨끗한 이불로 바꾸어 달라고 했다. 주인은 내가 까다롭다고 불평하면서 세탁 향이 나는 사용하지 않은 이불을 건네주신다. 숙소가 좋은 곳이든 아니든 간에 내가 편안하게 쉬고 내가 필요로 하는 것을 해결할 수 있도록 최상으로 사용하면 된다. 방은 보잘것없지만, 이곳에서는 전기 패널 난방으로 되어있으니 따뜻한 방바닥에 누워 자는 것을 즐기고 따뜻한 방바닥에서 세탁한 옷을 말릴 수 있어서 좋다.

## 길들여지고 있는 나를 발견하다

4코스: 임랑해변 ~ 진하해변

넷째 날
2021년 4월 22일(목) 맑고 바람 솔솔, 도보 거리 19㎞

임랑해변 민박집에서 눈을 뜨니 귓가에서 차알싹, 차알싹 파도 소리가 잠을 깨운다. 창 너머가 바로 바다라서 바다와 같이 누워 잠든 것이다. 바다 위에 구름이 가득하여 떠오르는 태양을 볼 수 없어서 안타깝다. 따끈따끈한 온돌 방바닥에서 자고 나니 몸의 피로가 풀린 듯 개운하다.

아침은 라면을 끓여 햇반과 김치로 조촐한 식사를 맛있게 한다. 종일 걷기 위해 탄수화물을 충분히 보충해 줘야 하니 햇반까지 곁들여서 먹는다. 조금이라도 체력을 보전하기 위해 어제 2㎞ 걸어갔던 월내역까지 버스로 이동하기로 한다. 두루누비 앱을 켜서 해파랑길 따라

좌_ 미나리밭   우_ 신고리원전

가기를 보면서 걷는다. 철길 아래로 지나서 봉대산 숲길을 걷는데 지나가는 사람 하나 없어 두려워지기 시작한다. 그래서 라디오를 켜고 들으면서 걸으니까 무섭거나 외롭지 않다.

  봉대산 숲길을 지나니 미나리 수확이 한창인 녹색의 미나리 들판이 눈을 시원하게 해준다. 어마어마하게 커다란 엎어진 반 원통형이 여러 개 있는 신고리원자력발전소 사잇길을 지나 신리마을에 도착한다. 양쪽 도롯가에 마치 주차장처럼 많은 차량이 주차되어 있다. 회사 내에 주차장이 부족해서 담장 밖에 주차해 놓았나보다 생각하면서 걷는데 어디에선가 커다란 음악 소리가 나온다. 소리 나는 쪽을 바라보니 천막이 몇 개 세워져 있고 마을 주민들이 모여 있다. 현수막에는 '고리 5, 6호 원자력발전소 건립 취소 투쟁'이란 글이 적혀 있다. 이런 원자력발전소가 있어서 주민들에게 피해가 있어서 이런 시위를 하는가 보다. 정부에서 탈원전 정책으로 이미 중단된 것으로 알고 있었는데 아

나의 의자가 되어 준 갯바위

직 결정이 안 되었나 보다. 신리마을 회관을 지나 골목 오솔길을 따라가니 바다로 안내한다.

바닷가에 저마다의 특징을 뽐내는 멋진 갯바위들이 있고 마을 쪽에는 테트라포드로 제방이 쌓여있다. 바닷물이 마치 푸른 물감을 풀어놓은 것보다 더욱 아름다워서 발길이 저절로 멈추어진다. 하얗게 부서지는 파도 모습을 사진으로 몇 장 찍어서는 표현이 안 될 것 같다. 그래서 두 개의 바위가 마치 의자 형태로 만들어진 바위가 있어 배낭을 내려놓고 바위에 기대어 앉는다. 바다를 구경하고 파도치는 소리를 감상하면서 걷느라고 수고한 나의 발에 일광욕을 시킨다. 얼굴이 까매지는 것은 신경 쓸 필요 없이 따뜻한 햇볕을 받으며 즐긴다. 출렁이는 바닷물 소리를 감상하며 파란 바닷물을 보고 있자니 무거운 배낭에 아팠던 어깨의 피로감이 살랑이는 바람을 타고 모두 날아간다. 멀리 테트라포드 위에는 몇몇 낚시꾼이 월척을 기대하며 시간을 낚고

좌_ 간절곶  우_ 내 키보다 큰 간절곶 소망우체통

있는 모습이 보인다.

어느덧 시간이 많이 흘러 12시 25분 점심때가 되었다. 점심 먹을 식당을 찾아 서생면 해안가를 따라 걸어도 마땅한 식당이 없다. 지나가는 두 젊은 여성에게 식당이 있는 곳을 물으니 서생초등학교 옆을 지나면 돼지국밥집이 있고 근처 칼국숫집도 있다고 알려준다.

식당 찾아가는 도중에 두 개의 식당이 있어서 문 열고자 했는데 굳게 닫혀있고 폐업 중이다. 두 여성이 알려준 대로 칼국숫집에 도착하여 식당에 들어가니 손님들이 꽤 있다. 사골 떡국을 주문해서 남김없이 싹싹 깨끗하게 먹는다. 경상도의 간간한 사골 국물이지만 힘내기 위해 모두 먹는다. 서생면 소재지를 지나니 나사해수욕장이 아담하게 있다.

드디어 그 유명한 간절곶 소망우체국에 도착한다. 유명한 이름 때문인지 젊은 커플들이 멋진 포즈로 사진을 찍고 친구들, 가족과 온 사

좌_ 진하해수욕장   우_ 해파랑길 안내도

람들도 많다. 사진 찍기 위해 차례를 기다려야 했으니 이곳이 관광 명소가 맞는 것 같다.

그 중에서 눈에 띈 60대 정도의 두 남성이 있어서 사진 찍어달라고 부탁한다. 두 남성은 전기자전거로 대구에서 출발해서 경주 울산을 거쳐서 부산까지 갈 것이란다. 자전거 여행하는 두 분이 더욱 멋져 보인다. 간절곶 표지석과 내 키보다 두 배 이상 커다란 소망우체통 앞에서 사진을 찍고 이곳저곳 둘러보며 시간을 보낸다. 인근에 드라마 세트장인 유럽풍 양식의 대저택이 있어 구경하러 들어가는 사람들도 있는데 나는 갈 길이 멀어 해파랑길을 따라 열심히 걷는다. 멀리 보이는 해수욕장이 진하해수욕장인 것 같아 마지막 종점에 다 왔다는 생각에 발걸음을 재촉한다.

진하해수욕장은 매우 크고 높은 건물도 많고 모텔도 많아 숙소 걱정은 덜었다. 해수욕장 주변 산책로도 잘 조성되어 있다. 우선 해수욕장 동쪽 끝에서 스탬프를 찍고 우체국을 찾아간다. 배낭에서 무게를 조금이라도 줄일 생각으로 점점 따뜻해지는 날씨에 더 필요 없는 두꺼운 옷을 집으로 보냈다. 배낭에서 1.4kg을 빼내니 가방이 한결 가벼워졌다. 이제 가벼워진 만큼 간식거리를 사서 배낭에 넣는다.

많은 모텔 중에서 해안가에 있는 크고 깨끗해 보이는 모텔에 체크인한다. 방도 크고 깨끗하며 창문을 여니 바다가 눈앞에 있다. 여사장한테 저녁 먹을 수 있는 식당을 물었더니,

"여기는 한식 뷔페식당이 여러 개 있어요. 온산산업단지가 근처에 있어서 손님들이 많아요."

온산산업단지가 있어서 모텔도 많고 식당도 많고 투숙객들도 계속 드나드는가 보다. 식당 찾아 번화가로 가니 한식뷔페 식당이 세 곳이나 있어서 그중 손님이 가장 많은 식당으로 들어간다. 회사 작업복을 입은 손님들이 대부분이다. 음식값은 선불이라 돈을 내는데 수십 개의 수첩이 꽂혀있는 통이 있다. 매일 식사하는 사람들이 이 식당에서 매식하고 적어 놓는 수첩인 것 같다. 음식도 꽤 많이 제공되어 나도 내가 좋아하는 음식을 골라서 맘껏 배부르게 먹는다. 손님들로 북적거리고 술 한잔하면서 이야기로 시끌시끌하던 식당을 나오니 가슴이 뻥 뚫리는 것처럼 해방감을 느낀다. 아침 식사가 가능한 시간을 확인하고 모텔로 돌아온다. 방도 깨끗하고 침대도 좋고 공간도 넓어서 완전 호텔급이다. 오늘도 무사히 한 코스 완주할 수 있어서 감사하는 마음으로 하루를 마무리한다.

태화강 국가정원

대왕암

## 울산 구간 (5코스 진하해변 ~ 12코스)

선암호수공원

진하해변

지도출처 https://www.durunubi.kr/haeparang-travel.do

## 아름다운 길을 걷는 기쁨을 맛보다

5코스 진하해변 ~ 6코스 선암호수

다섯째 날
2021년 4월 23일(금) 구름 낀 아침에서 오후 햇빛, 도보 거리 22㎞

이제부터 하루 걷는 거리는 코스 구간으로 마무리하지 않고 숙박할 곳이 있는 곳을 목적지로 하여 걷기로 한다. 지난 3코스에서 숙소 찾다가 2㎞를 되돌아와서 민박하는 어려움을 겪었기에 각 코스 종점에 숙박업소가 있는지 확인하고 숙소가 있는 곳까지 찾아가 멈추기로 계획한다. 해파랑길 5코스 진하해변에서 덕하역까지 18㎞이다. 걷기에 적당하지만 덕하역 근처에는 숙박업소가 없어서 6코스 일부를 더 걸어서 덕하역에서 울산 선암호수공원까지 4㎞ 총 22㎞를 걷고 그 근처에서 묵을 곳을 정하기로 한다.

창밖을 내다보니 파도가 출렁이면서 아름다운 소리를 만든다. 백사장에는 이른 아침이라 한두 사람만 산책로를 걷는다. 내가 걷기를 하지 않는다면 아침 일찍 해변을 걷고 왔을 텐데 오늘 약 22㎞ 이상을 걷기 위해 내 다리를 쉬게 해 주어야 한다.

8시경에 아침 식사하러 밖으로 나간다. 어제 갔던 식당의 맞은편 한식뷔페 식당으로 간다. 벌써 많은 사람이 식사를 마치고 자리를 떠난다. 아침 식사 시간으로 늦은 시간이라서인지 사람들이 북적거리지 않고 어수선하지 않아 좋다. 반찬과 밥을 가져와 먹는데 나물류는 너무 짜서 양배추 채 썰어 놓은 것과 섞어서 먹는다.

해파랑길 6코스 시작점에서 두루누비 따라가기를 설정하고 진하해수욕장 상징물 사진도 찍는다. 바다에서 내륙으로 걷다 보니 하천을 따라 길이 아주 아름답게 만들어져 있다. 약 4㎞ 하천길을 따라 걷는

좌_ 진하해변의 하트 만든 두 손    우_ 강양항 보도교

데 참으로 평화로워 쉼터에서 쉬기도 한다. 하천을 따라 곧게 뻗은 길이 참으로 아름다워 지나가는 주민에게 내가 배낭을 메고 걷는 뒷모습 사진을 찍어 달라고 부탁한다. 반듯한 길이 너무 아름다워 국토 종단하는 나의 모습을 사진으로 남기고 싶었다.

이 곧고 아름다운 하천길을 지나서 해파랑길을 걷는 두 여성분을 만났다. 혼자 해파랑길을 걸으면서 외로웠는데 두 여성을 만나니 무척 반갑다. 반가워서 내가 먼저 인사하고 이야기도 나눈다.

"어디에서 오셨어요?"

"울산에서요."

"끝까지 계속 걸으시나요?"

"일주일에 두 번씩 해파랑길을 걷고 오늘은 5코스만 걸어요."

"그럼 어떻게 오셨어요?"

"울산에 살아서 덕하역에 승용차를 주차하고 대중교통으로 진하해

좌_ 회야강변 해파랑길  우_ 회야강 둔치길

변까지 와서 걷는 거예요. 어디서 오셨어요?"

"대전에서 와서 부산에서부터 5일째 걷고 있어요."

"우리도 강원도 쪽 해파랑길을 걸을 때는 배낭을 메고 숙소에 머물면서 걸어야 할 거예요."

그들은 걸음도 참 빠르다. 함께 걷다 보니 나의 걸음도 빨라진다. 울산 회야강 둔치길에서 난 간식도 먹고 두꺼운 옷도 하나 벗어서 배낭에 넣기 위해 그들에게 먼저 가라고 했다. 그들과 헤어진 후에 나 혼자 여유 있게 구경하면서 가는 것이 나에게 잘 어울리는 것 같다.

내가 걷고 있는 이 지역이 울산 산업지대인지 작업복을 입은 많은 사람들이 점심 먹고 오가는 모습이 보인다. 시계를 보니 12시경 배가 고프지 않아 더 걸어서 1시경에 먹기로 한다. 그런데 해파랑길은 도심이 아닌 시골길로 안내한다. 하천을 따라 걸으니 이제 시골 들판 길로 식당 하나 보이지 않는다. 배도 고파오는데 미리 점심 먹지 않은 것을 후회하면서 걷는다.

들판 끝 멀리에 한 주택이 보이는데 몇 명의 사람들이 서 있는 모습이 보인다. 가까이 가보니 그 집 지붕에 추어탕이라고 커다랗게 적혀있어서 감사하는 마음으로 식당 안으로 들어간다. 몇 테이블에 식사하는 사람들이 있다. 추어탕이 나왔는데 지금까지 먹어본 추어탕과는 약간 다른 맛이다. 비린 맛이 나서 산초를 뿌려 산초 향으로 비린 맛을 덮

해파랑길 안내

으며 시래기탕 같은 추어탕을 먹는다. 그래도 상추 겉절이와 부추나물, 버섯무침 내가 좋아하는 반찬들이라서 맛있게 먹는다. 추어탕은 시래기만 건져 먹고 나니 입안이 짜서 물을 많이 마셔야 했다.

점심 식사를 마치고 힘을 얻어 다시 덕하역을 향해 출발한다. 덕하역을 4㎞ 정도 남기고 두루누비 걷기에서 완주 인증이란 문자가 뜨더니 길 안내가 안 보인다. 해파랑길 안내 표식도 잘 보이지 않아 길을 찾을 수 없어서 따라가기 안내를 새로 시작해서 걷는다.

다행히 2시 30분경에 구 덕하역에 도착하니 온라인스탬프가 찍혔다. 구 덕하역 앞에서 종이 스탬프도 찍는다. 덕하역 근처에 숙소도 없고 아직 해가 지기까지는 시간이 많이 남아서 본래 계획대로 4㎞ 떨

어진 선암호수공원까지 걷기로 한다.

솔마루길이란 이름의 길은 약간 오르막이 있지만 걷기 편한 숲길이라 좋다. 앞쪽에서 걸어오는 한 남성을 보니 약간 겁도 난다. 50대 후반으로 보이는 남성이 먼저 인사한다. 찔레꽃 순을 손에 들고 있으면서

"이거 찔레순인데 이런 것 먹어봤어요? 하나 먹어보세요." 하면서 찔레꽃 순을 꺾어준다. "요즘 어린이들은 이런 맛을 모르고 자라서 안타까워요." 덧붙인다.

"시골에서 자라서 어렸을 때 찔레꽃 순을 먹어봤어요."라고 나는 대답한다.

"난 회사 다니다 명퇴하고 원룸 임대업을 하는데 지금은 어린이집 운영하는 지인이 어린이집 버스 운전해 달라고 해서 운전하지요." 그리고 금강산 다녀온 일 등 이야기를 나에게 들려준다. 나도 해파랑길 시점인 부산 오륙도에서 걷기 시작해 5일째 걷고 있다는 얘기를 했다. 응원해 주는 말을 듣고 헤어져 나는 솔마루길을 계속 혼자 걷는다.

선암호수공원 가는 길에 작은 돌탑 예닐곱 개와 작고 하얀 그네가 큰 나무에 매어져 있다. 쉬고 싶어도 쉴만한 의자가 없었는데 나를 쉴 수 있게 해준 그네가 고맙게 여겨진다. 그네에 앉아 쉬다가 내 배낭도 혼자 그네를 타게 한다. 무거운 짐 가득 담아 내 등에 매달려 이동하느라 가장 고생한 배낭이기에 고마운 마음을 담아 사진도 찍어준다.

선암호수공원에 도착하니 많은 사람들이 산책하러 나와 있다. 호수도 크고 호수 주변을 걸을 수 있도록 데크길도 설치해 놓았다. 아름다움을 감상하기보다는 빨리 숙소를 찾아야 한다는 생각에 마음이 조급

좌_ 그네 타는 배낭   우_ 선암호수공원

하고 다리도 더 무겁다. 핸드폰으로 검색을 해보니 가장 가까이에 있는 모텔까지 20분 이상 걸어야 한다. 20분 거리가 아주 멀게만 느껴진다.

 야음시장이라는 간판을 보고 가장 가까운 모텔에 들어간다. 주인이 없어서 또 다른 모텔로 간다. 열쇠를 받고 방문을 열어보니 담배 냄새가 나를 역겹게 한다. 그래서 이곳에서 담배 냄새 때문에 머물 수 없다고 하니 돈을 돌려준다. 조금 더 걸어가니 몇 개의 모텔이 모여 있어서 그중에 대중탕이 함께 있는 모텔이라면 조금 더 나을 듯해서 체크인한다. 여사장이 매우 친절하다. 방이 깨끗하고 냄새가 없어서 다행이라 생각한다. 배낭을 내려놓고 저녁 먹으러 나간다. 근처의 한 식당에서 저녁을 먹고 내일 아침을 먹을 수 있는 식당을 찾아 놓는다. 잠을 자려하니 모기가 윙윙거린다. 불을 켜서 모기를 찾아보려 했지만 안 보인다. 모기 잡는 일은 포기하고 피곤한 몸이라 그냥 잠이 든다.

## 아름다운 솔마루길을 따라 태화강으로

**6코스 선암호수공원 ~ 7코스 번영교**

여섯째 날
2021년 4월 24일(토) 화창하나 세찬 바람, 도보 거리 20㎞

숙소 찾아 선암호수공원까지 걸어왔기에 오늘은 6코스 선암호수공원에서 태화강 전망대까지 약 12㎞와 7코스 태화강 번영교까지 약 8㎞를 걸어서 그 근처에서 숙소를 찾을 예정이다. 그러면 총 20㎞ 정도 걸을 계획이다.

잠에서 깨니 어젯밤 윙윙 거리던 모기가 내가 잠든 사이 오른손등을 6방 이상 물었다. 물린 자국이 가려워 약을 바르고 어제 저녁에 봐 둔 다정식당에 간다. 여사장님이 혼자 미스터트롯 사랑의 콜센타에서 나온 노래를 핸드폰으로 크게 틀어놓고 있다.

"어떤 메뉴를 먹을 수 있나요?"

"아침 메뉴는 한가지 정식만 해요."

테이블에 앉아 있는데 새로 들어온 손님이 반찬을 스스로 담아 간다. 그리고 여사장과 사적인 이야기도 나누는 것을 보니 단골인 것 같다. 주변을 두리번거리다가 '반찬은 셀프'라는 글자를 발견하여 나도 자리에서 일어서서 좋아하는 나물 위주로 반찬을 담아온다. 사장님이 달걀프라이, 밥과 국을 가져다 주신다. 맛있게 밥 한 공기를 모두 먹고 숙소로 가서 짐을 챙겨 9시 20분에 출발한다. 오늘 울산 대공원길을 걸어야 하는데 주변에 식당이 없을 것으로 파악되어 가는 길에 점심 먹을 수 있도록 김밥 한 줄을 산다. 어제 야음초교 옆으로 지나와서 그곳에서 좌회전하면 될 것이라 예상하고 걸었는데 정문과 후문에서의 길이 다르다. 다시 검색하여 걸어왔던 길의 반대 방향으로 따라가니 어제 지나온 길이 나타난다.

　선암호수공원 인근에 보탑사가 있어서 잠깐 오르막 길을 올라가 대웅전 앞에서 '건강하고 안전한 여행을 할 수 있게 해주어 감사합니다.'라고 기도한다. 선암호수공원 근처에는 벌써 많은 사람들이 산책을 하고 있다. 나는 해파랑길 리본을 보고 보현사 입구 쪽을 향해 발걸음을 옮긴다. 이 길이 울산대공원으로 연결되는 길이다. 이 길의 이름이 '솔마루길'로 소나무가 울창한 산등성이를 연결하는 등산로라는 의미라고 설명해 놓았다. 이름대로 주변에 소나무가 많고 오르막 내리막이 자주 있는 능선이라 걷기에 좋은데 가끔 오르막이 많아서 힘이 들 때도 있다. 주말이라서 울산 시민들이 많이 온 것 같다. 시민들이 산책하는 모습을 보니 무섭지 않고 길을 즐기면서 걸을 수 있어서 좋다. 이 산책로에 가끔 파란 고래 모형이 세워져 있어 귀엽기도 하다. 안내 표시도 고래 모형에 글자를 새겨 놓아서 이 도시의 상징이 고래인가보다 생각한다. 1960~1970년대에 울산의 장생포에 포경업이 왕성하였던 시기가 있어 고래는 곧 울산을 연상시킨다. 나의 예상과 마찬가지로 울산 남구가 우리나라의 대표적인 고래 도시임을 홍보하기 위해 고래 모형을 등산로변에 설치하였다는 친절한 설명도 해놓고 있다.

　이 솔마루길 주변 곳곳에 쉴 수 있는 곳과 체력을 단련하도록 체육시설이 갖추어져 있다. 시민들이 올라와 운동하는 모습도 볼 수 있고 주로 산책하는 사람들이 많다. 울산 대공원까지 6.2㎞ 남았다는 안내판을 보고 울산대공원까지만 오르락내리락하면 울산대공원부터는 힘들지 않게 평지를 걸을 수 있을 것으로 기대하였다. 하지만 울산대공원은 나타나지 않고 울산대공원 남문을 향하는 이정표와 태화강 국가

좌_ 등산로변의 고래 모형   우_ 해파랑길 안내 표시

정원까지 6.2km라고 적힌 이정표만 나를 맞이한다. 울산대공원 주변은 산길이 아닌 평지일 거라 추측했던 내 생각과 달리 계속 이어지는 숲길을 오르락내리락하며 나를 안내한다.

끝이 보이지 않는 산 능선길이 나를 지치게 한다. 두 모녀가 올라오면서 나에게 울산대공원 가는 길을 묻는다. 나는 이방인임에도 불구하고 조금 전에 본 이정표에 나타난 남문 가는 방향을 알려준다. 계속되는 산 능선길을 따라 걸으니 배가 고파서 밥 먹을 곳을 찾는다. 나무 둘레를 빙 둘러싸고 있는 둥근 의자와 주변에 평상 시설이 있는 곳을 발견한다. 그곳에 울산대공원에 대한 안내판이 있다.

그 안내에 따르면 울산대공원은 우리나라 최대 규모364만㎡의 자연생태공원으로 대규모 광장, 산책로, 호수, 수영장, 나비관, 장미공원, 동물원 등과 각종 레포츠 시설, 자연학습원으로 조성되었다고 한다. 울산대공원이 대단히 넓은 공원이라는 생각이 든다. 여러 의자가 있는데 그중에서 나무를 에워싸고 있는 둥근 의자에 배낭을 내려놓는다. 맞은편 평상에 앉은 60대 이상으로 보이는 남성이 말을 건넨다. 내가 사진 찍는 모습을 보고 시민이 아니라 여행객으로 판단한 것 같다.

"어디에서 왔어요?"

"부산 오륙도부터 해파랑길을 따라 6일째 걸어왔어요."

"집은 어딘데?"

"대전요."

"어디까지 갈 건데요?"

"강원도 고성 통일전망대까지 가려고요."

"대단해요. 남자들이 걷는 것은 몇 번 보았는데 여자는 처음 봐요. 힘내서 끝까지 잘 걸으세요. 응원할게요"

"고맙습니다." 인사하고 이 아름다운 숲속의 나무 아래에 앉아 김밥을 펼쳐놓고 따뜻한 차와 점심을 먹는다. 새소리를 들으며 연한 녹색으로 돌아나는 나뭇잎과 초록으로 짙어지는 잎을 감상하면서 먹는 김밥은 더없이 맛있다. 나 자신을 이 숲속에 맡긴 듯한 기분이다. 다시 태화강 국가정원을 향해 숲길을 걷기 시작한다. 울산시는 해파랑길 안내 표시를 잘해 놓아서 따라가기 앱을 쳐다보지 않고도 방향을 쉽게 찾아갈 수 있어서 감사한 마음이 저절로 생긴다.

큰 도로 위를 가로질러 산과 산을 연결해 주는 '솔마루하늘길'이란 예쁜 이름의 나무다리가 있다. 이 솔마루하늘길이 있어서 산 아래로 내려갔다가 다시 올라가는 불편함을 없애주고 확 트인 전경을 볼 수 있어서 시원한 느낌이 든다. 다리 앞에는 소를 타고 피리를 부는 소년 상이 있어서 눈길을 끌고 한 번 더 바라보게 한다. 솔마루하늘길을 지

좌_ 솔마루하늘길    우_ 솔마루 산성

나니 작고 귀여운 솔마루 산성 누각이 있는데 솔마루산성 누각 아래에 아치 모양의 출입구가 있다. 역사적인 산성 모양을 본떠서 작게 만들어 솔마루길을 지나가는 사람들이 이 문을 통과하도록 해놓은 것이다. 그래서 성문 옆에 성벽이 없고 나무숲으로 되어있다. 성문을 통과하는 기분이 새롭다.

  솔마루 산성에서 한 시간 정도 걸으니 솔마루정 전망대가 있다. 이곳에서 아래로 내려다보니 태화강 줄기와 울산의 명소 십리대나무숲길이 한눈에 보인다. 나도 모르게 '우와!'하는 감탄사가 저절로 튀어나온다. 가슴이 확 트이고 끝없이 펼쳐진 대나무숲을 빨리 가서 걸어보고 싶은 심정이다. 그동안 계속 해안가 길만 걸어서 바다를 보고 시원한 느낌을 받았는데 이렇게 대나무 숲을 보고도 막혔던 가슴이 뻥 뚫리는 듯한 느낌을 받을 줄 나도 몰랐다.

  솔마루정에서 보이는 태화강전망대까지 바로 내려갈 수 있을 것 같

태화강 십리대숲 국가정원

아서 잠시 쉬다가 내려오는데 세 개의 갈림길이 있는 곳의 긴 의자에 앉아있는 한 어르신이 나에게 묻는다.

"어디서 왔어요?"

"부산에서 해파랑길을 따라 걸어오는데 태화강전망대에 가려고요."

"태화강전망대에 가는 길은 이 길로 가다가 갈림길이 나오는데 거기에서 길을 잘못 들지 않도록 해야 해. 나는 76살인데 매일 이 길을 걸어. 사는 데는 어디여?"

"대전요."

"며칠 전에 대전서 온 남자를 만났는데 그 남자도 부산에서 걸어왔대."

그 말을 듣고 '해파랑길 걷는 사람들이 많이 있구나' 생각하며 아직 동행자를 만나지 못해 나 혼자 걷고 있는 것 같이 생각하였을 뿐이다. 이야기가 길어져서 이참에 쉬자는 생각으로 그 여성의 맞은편 긴 의자에 앉아 간식을 먹는다. 그 어르신은 매일 이 길을 걸어서인지 내가 보아도 60대 중반 정도의 건강한 체력을 지닌 듯하다. 또 이야기하는 것을 무척 좋아하시는 듯 가족여행 다녀온 이야기를 해주신다.

"우리 딸이 현대자동차에 다니는데 지난 주에 휴가 내고 지리산 둘레길을 걷고 왔지." 또 해외 여행 다녀온 이야기도 해 주신다. 며칠 과일을 먹지 못하여 그 여성분이 먹고 있는 사과가 정말 먹고 싶어서

"저 사과 한 쪽만 주실 수 있어요?"

"자, 여기." 하시며 사과 반쪽을 잘라 주신다. 참으로 구세주처럼 고마웠다.

"떡도 있는데 이것도 줄게." 하시며 시루떡을 건네주신다.

"아니에요. 떡을 먹으면 저녁을 못 먹게 되고, 가지고 다니면 변질될 수 있어요."라고 거절했다. 사과를 한입 물었더니 완전 꿀맛으로 나의 피로를 사르르 녹여주는 것 같다. 이야기가 끝나고 태화강전망대 쪽으로 함께 걷는다. 내 생각으로는 솔마루정에서 태화강전망대까지 곧바로 내려올 것 같았는데 다시 산길을 한동안 오르락내리락하며 걷는다. 때로는 갈림길도 있어서 잠시 머뭇거리자 그 어르신이 계속 내 뒤를 따라오면서 길을 안내해 주셔서 갈림길에서도 헤매지 않고 태화강전망대를 향해 바르게 걸을 수 있었다. 드디어 기나긴 솔마루 숲길을 걸어서 태화강전망대에 도착한다. 7코스 시작하는 스탬프를 찍는 기쁨도 만끽한다.

태화강을 사이에 두고 양쪽 길에는 달리는 사람, 걷는 사람, 자전거 타는 사람들이 바쁘게 움직인다. 강 건너 대나무숲 공원에도 많은 사람들이 나들이 온 모습을 보니 도시가 활기차게 살아있는 듯하다. 울산시가 시민들을 위한 여가활동을 보낼 수 있는 시설을 잘 만들어 놓

위_ 태화강이 보이는 전망대    아래_ 태화강 십리대나무숲

은 것 같다. 10여 년 전에 출장으로 울산에 두 번 온 적이 있는데 그 당시에 차량으로 도시를 지나가고 산업단지를 보면서 참으로 삭막하다는 느낌을 받았다. 이번에 해파랑길을 걸으면서 울산시 도심 가까이에 선암호수공원과 울산대공원 숲길, 태화강 십리대숲 국가정원이 아름답게 있어서 울산 시민들이 언제든지 자연과 함께 할 수 있는 축복을 받은 것 같다.

십리대숲 사잇길로 걸음을 옮긴다. 곳곳에 사진 찍을 수 있는 곳도 있고 쉴 수 있는 곳도 있어 대나무 숲에서 미로찾기 연습하는 듯한 느낌으로 걷는다. 잠깐 앉아서 사진도 찍고 쉬면서 수많은 시민이 오가는 것을 보니 울산이란 도시가 매우 살기 좋고 따뜻하게 느껴진다.

대나무 숲길을 걸어서 태화강 둔치 길로 걸어가는데 주변의 높은 건물과 깨끗한 강물이 아름답게 빛난다. 둔치 길에서 시민들이 산책하는 모습이 참으로 평화롭게 보이고 강변의 유채꽃은 나의 무겁던 발걸음도 가볍게 만들어준다. 강가에는 강태공들이 고기와 세월을 낚는 모습이 태화강의 아름다움을 더해준다. 오늘 내가 걸어가야 할 곳은 번영교까지 가면 된다. 다리 세 개를 지나면 번영교이다. 멀리 강줄기를 바라보며 생각 없이 걷다 보니 점점 피로가 몰려와서

'저 앞에 있는 번영교까지 어떻게 가지? 많이 지치고 힘이 드는데.'

'이 근처에 숙박업소들이 보이니 이곳에서 머물도록 하자.'

생각하면서 강가 긴 의자에 앉아 검색한다.

'아뿔싸!' 번영교만 바라보면서 걸었는데 이미 지나쳤다. 나의 부주의가 나를 더 피곤하게 만들었다. 강둑으로 올라가 숙소 있는 곳을 살펴본다. 중앙전통시장이란 커다란 간판이 보인다. 시장 근처는 한 번 묵어보았기에 멀어도 다른 곳으로 가서 깨끗한 곳에서 자고 싶다. 내 핸드폰에 호○스닷컴 앱이 있어서 묵을 곳을 검색한다. 중앙전통시장에서 강 건너에 있는 호텔 중에서 괜찮을 것 같은 곳으로 예약한다. 오늘이 주말이라서 빈방이 거의 없는 상태이다. 약 900m를 걸어와서 숙소에 체크인한다. 젊은 사장이 참 친절하다. 방은 깨끗하고 태화강이 보여서 피로를 모두 떨쳐버릴 수 있을 것 같다. 배낭을 내려놓고 근처 한식뷔페로 가서 내 마음대로 골라 맛있는 저녁을 먹는다. 내일은 얼

마나 걸어야 숙소가 나올지 검색하여 계획을 세운 후 하루를 마무리 한다.

## 태화강과 역사가 있는 대왕암 둘레길
7코스 번영교~8코스 일산해변

일곱째 날
2021년 4월 25일(일) 화창함, 도보 거리 22.6㎞

좌_ 태화강의 강태공들    우_ 선적을 기다리는 자동차

　호텔에서 제공하는 토스트와 시리얼로 아침 식사를 맛있게 먹는다. 숙소 밖에 나가서 아침 식사하면 시간이 오래 걸리는데 숙소에서 아침을 먹을 수 있으니 여유롭다. 오늘 걸어야 할 코스를 다시 살펴보고 7코스 태화강 번영교에서 염포산 입구까지 약 10.2㎞이고, 8코스 염포산 입구에서 숙소가 있는 일산해변까지 12.4㎞로 총 22.6㎞ 걸어야 한

울산대교

다. 숙소에서 번영교까지 약 1㎞를 걸어가야 하니 실은 23㎞ 이상 걸어야 한다.

숙소를 9시 30분경에 출발해서 태화강의 인도교인 배달의 다리를 건너 해파랑길을 걷기 시작한다. 태화강을 보면서 울산은 참 복 받은 도시라는 생각이 다시 든다. 많은 시민들이 산책하고, 자전거 타고, 낚시를 즐길 수 있는 이 태화강의 둔치 길은 정말 끝없이 길고 아름답다. 강태공들이 아침 일찍부터 강가에서 낚시를 즐기고 있다.

울산교를 건너서 우리나라 산업발전을 이끈 선두주자 현대그룹의 故고 정주영 회장의 호로 명명한 아산로를 따라 걷는다. 이 아산로는 현대자동차에서 건설한 도로라는 설명이 덧붙여져 있다. 나는 정주영 회장이 불모지에서 세계적인 기업을 만들어내신 훌륭하신 분으로 기억하고 감사하고 싶다.

아산로를 따라 걷다 보니 아산로 양쪽에는 현대자동차 공장이 있고 아산로 종점의 양쪽에는 수많은 자동차가 선적을 기다리고 있는 듯 나열된 모습이 장관이다. 바다와 인접한 곳에 멀리 울산대교가 보인다. 울산대교는 남구 매암동과 동구 일산동을 연결하는 1800m의 현수교로 2009년 착공해 2015년 6월 1일 개통하였다. 40분 걸리던 거리를 20분으로 이동시간이 단축되었다. 멀리서 보아도 울산대교가 대단하게 멋있어 보인다.

염포삼거리를 지나 7코스 종점인 염포산 입구에서 12시경에 도착하여 스탬프를 찍는다. 염포산 근처에 식당이 있으려니 생각하였는데 내 예측은 빗나갔다. 그렇다면 염포산을 지나가면 식당이 있을 것이라 생각하고 산을 올라간다. 염포산 정상 근처에서 쉬면서 간식을 먹고 부지런히 걷는다. 그런데 이 염포산의 능선이 왜 이리 길게 느껴지는지 음식점은 보이지 않는다. 걷다가 지쳐서 간식이라도 먹기 위해 이미 긴 의자에 앉은 사람이 있는 그 옆에 앉는다. 그분이 화정삼거리에 가면 식당이 있을 것이라고 말해주어, 희망을 안고 모든 힘을 모아 열심히 걷는다. 화정삼거리는 염포공원 삼거리라는 안내표만 있고 상점도 없다.

　　울산대교 전망대에서 울산대교를 바라본다. 울산대교는 바다와 맞닿은 태화강을 연결하는 가장 긴 현수교이다. 우람하고 그 아래 미포조선소와 다른 많은 회사들이 태화강을 따라 줄지어 있다. 시계를 보니 두 시가 넘었다. 낮은 산이라 금방 지나가리라 생각했는데 높지는 않지만 매우 긴 능선을 가진 산이다. 산책하기 좋은 산이지만 배고픈 나에게 환영받지 못하는 산이다. 이곳에 울산대교 전망대도 있고 봉수대 같은 볼거리가 있어서 시민들이 방문하는 모습을 종종 볼 수 있다. 나도 봉수대가 있는 곳을 둘러보고 서둘러 염포산 아래로 내려가 시내로 접어든다.

　　산 아래에는 건물이 있어서 나의 관심사는 식당을 찾는 것이다. 방송에서 많이 들어본 낯익은 이름 방어진에 왔다. 방어진에 도착한 시각을 보니 오후 3시 20분이다. 방어진의 상징 조형물 앞에서 사진도 찍고 항구 옆에 한 식당에 들어간다. 점심시간이 한참 지나서 손님들이 거의 떠나고 식당 주인이 식사하고 있다. 방어진의 별미인 도다리쑥국이란 현수막을 보고 도다리쑥국을 주문한다. 도다리쑥국은 이름 그대로 도다리 한 마리와 쑥을 넣어 끓였는데 그 맛이 시원하고 맛이 있다. 쑥이 나오는 봄철에만 먹을 수 있는 별미가 맞는 것 같다.

봄의 보양식이라는 도다리쑥국을 먹고 힘을 내서 걷기 위해 남기지 않고 깨끗이 먹는다. 방

슬도의 새끼 업은 고래 형상

어진항 주변은 생선을 말리기 위해 다듬는 사람과 생선이 널려있는 모습이 어시장임을 알려주고 있다. 말리고 있는 생선과 생선 가게 등 방어진항을 구경하면서 관광객이 많이 있는 슬도로 향한다.

슬도는 '방어진항으로 들어오는 파도를 막아주는 바위섬으로 갯바람과 파도가 바위에 부딪칠 때 거문고 소리가 난다.' 하여 슬도라 불린다. 슬도에 '반구대 암각화' 중에서 다산과 풍요를 상징하는 '새끼 업은 고래'를 입체적 형상을 만들어 놓고 슬도를 방문하는 모든 이들의 안녕과 행복을 기원하고 있다. 고래상과 등대가 명소인지 많은 사람이 와서 사진을 찍는다. 나도 고래 형상과 사진을 찍고 '슬도'라는 글자 앞에서 사진 찍는 젊은이들에게 부탁해서 글자와 함께 사진을 찍는다. 나도 젊은이의 감성으로 슬도와 인생 사진을 찍어 남긴다.

슬도에서 대왕암까지 걷는 길은 대왕암 둘레길이라는 이름이 부여

대왕암 둘레길

되어 있다. 이 길을 따라가는데 청보리밭과 아직 남아 있는 유채꽃밭에 많은 사람이 저마다 인생 사진을 찍느라고 바쁘다. 멀리 바다 위에 커다란 황토색 바위의 위용을 보니 감탄사가 저절로 나온다. 바위가 이렇게 아름답다니 대왕암 가까이 가니 더욱 웅장하고 멋있다. 이곳, 저곳 살펴보면서 마구 사진을 찍는다. 아쉬운 것은 대왕암 건너가는 다리의 보수공사로 대왕암까지 갈 수 없다는 사실이다. 다리 건너에서 대왕암을 바라보고 문무왕의 나라를 수호하려는 정신을 되새겨 본다.

더 머물고 싶지만 다른 사람들 사진 찍도록 자리도 비워줘야 하고 아직 2㎞ 남은 일산 해변까지 가서 숙소도 정해야 한다. 더 늦기 전에 일산 해변을 향해 걷는다. 일산 해변에서 스탬프 함이 있는 곳을 찾아

대왕암

간다. 스탬프를 찍고 있는데 나처럼 배낭을 멘 남자분을 만났다. 대왕암에서 사진 찍는 그의 모습을 보았을 때 아마도 해파랑 길을 걷는 사람일 수도 있겠다 생각했다.

"스탬프 찍으세요." 하며 자리를 비켜주었다.
"스탬프는 안 찍고 해파랑길을 걷기만 해요."
"내일 몇 코스 걸으세요?"
"9코스 걷고 서울로 가야 해요."
"저도 내일 9코스 걷는데 같이 걸을까요?"
"그래요. 그럼 몇 시가 좋을까요?"
"내일 9시에 이 자리에서 만나지요. 그런데 숙소는 구했어요?"
"인터넷으로 예약했어요?"
"난 호○스탓컴으로 예약하는데 어느 앱으로 사용해요?"
"야○자 앱으로 해요."

그리고 혹시 어긋날 때를 대비하여 전화번호를 교환하고 헤어졌다.

간식거리를 사러 마트에 갔더니 오늘 휴업이다. 일산해변은 유명한 곳인가보다. 모텔도 무척 많고 도시도 매우 큰 듯하다. 인터넷으로 예약한 모텔을 찾아가 체크인하고 배낭을 놓고 저녁 먹으러 나온다.

모텔 맞은편에 있는 한 가정식 뷔페식당으로 들어간다. 이 식당은 '6시 내 고향'에 방영된 식당이라는 홍보물이 부착되어 반가운 마음에 이 식당으로 들어갔는데 오늘 영업 종료하여 정리하는 중이다. 아쉬움을 뒤로 한 채 저녁 먹을 수 있는 식당을 찾아 나선다. 코다리를 요리하는 음식점이 있어서 들어갔더니 혼자 먹을 수 있는 메뉴가 없다고 하여 밖으로 나온다. 중국음식점 가서 짬뽕 먹을까 하다가 '산내암소마을' 식당이 있어서 들어간다. 다행히 혼밥하는 사람을 위한 단품 메뉴가 있어서 반갑다. 한우 '뚝배기 불고기 정식'을 주문해서 먹을 수 있는 기쁨을 느끼면서 맛있게 저녁을 먹는다. 행복한 마음으로 내일 아침 먹을 식당이 있는지 찾아본다.

주변에 아침 일찍 여는 식당이 없어서 모텔 앞 편의점에서 내일 아침 식사용으로 사골 컵라면 하나를 산다. 이제 여행하면서 먹고사는 방법을 조금 터득한 것이다. 내일은 9코스 일산해변에서 정자항까지 19㎞만 걸으면 숙소도 있어서 무리하게 장거리를 걷지 않아도 되니 다행이다.

## 함께 걸으면 발걸음도 더 가벼워져

9코스: 일산해변 ~ 정자항

여덟째 날
2021년 4월 26일(월) 구름 한 점 없는 화창함, 도보 거리 19㎞

어제 만난 도보 여행자 C와 9시에 만나기로 하여 짐을 챙겨서 9코스가 시작되는 일산해변 북쪽으로 간다. 도보 여행자 C는 이미 나와서 기다리고 있다. 9코스 두루누비 따라가기를 실행하고 일산해변을 출발한다. 차도 옆 인도를 따라 걷다 보니 해안이 아닌 담장을 따라 끝없이 걷는다. 무슨 담장이 끝도 없는가 생각하며 걷는데 출입문에 현대중공업이란 간판이 있다. 해안을 끼고 어마어마하게 넓은 부지 위에 현대중공업이 있어서 해파랑길은 해안이 아닌 담장을 따라 걷게 된 것이다.

남목 생활공원에 나무로 만든 말 가족 조형물이 있다. 말이 의미하

좌_ 남목생활공원 말 조형물    우_ 남목마성 이정표

  는 것이 무엇일까 궁금하여 표지판을 보니 '남목마성'은 조선 시대에 나라에서 필요한 말을 기르기 위해 주로 해안과 섬 등에 200여 개의 목장을 설치했는데 그중 하나가 남목에 설치되었다. 말이 도망가는 것을 막기 위해 목장 둘레를 돌로 막아 쌓은 담장이 마성이다.

  남목마성을 지나 봉대산 주전봉수대에 올라가니 봉수대의 모습이 거의 온전히 남아있다. 봉수대란 조선 시대 군사 통신기지로 낮에는 연기를 이용하고 밤에는 횃불을 이용하여 교신하던 시설이다. 봉수대 외부 계단으로 올라가서 봉수대 내부로 내려가니 작은 창이 있다. 그곳을 통해 바깥도 보고 옛 병사들의 교신하는 모습을 상상해 본다. 봉수대 앞은 새파란 바다가 아름답게 펼쳐져 있고 오른 쪽은 조금 전에 지나온 현대중공업 공장 부지가 해안을 끼고 있다. 커다란 규모에 마냥 놀랄 뿐이다.

  주전마을을 지나는데 해안에 있는 남일횟집으로 점심 식사하러 12

좌_ 주전봉수대에서 본 현대중공업    우_ 봉대산 주전봉수대

시 40분경에 들어간다. 물회를 주문하니 두 사람이 주문했다고 매운탕을 서비스로 준다. 이런 좋은 점이 있다니 그런데 밥을 먹으려고 뚜껑을 열었는데 밥이 한쪽은 먹은 듯하여 완전히 채워진 밥그릇으로 바꾸어달라고 했다. 종업원의 말은 먹다 남긴 밥이 아니고 밥을 마지막으로 풀 때 조금 퍼서 엎어놓은 것이라며 다른 공기밥으로 바꾸어 준다. 한참 맛있게 먹는데 종업원이 미안하다면서 조랭이 미역국을 덤으로 준다. 그 미역국 맛이 최고였다. 이렇게 여행할 때는 동행자가 있어도 개별로 음식값을 지불하는데 C가 점심값을 지불했다. 저녁은 내가 사기로 한다.

어느덧 주전몽돌해변에 도착하였다. 까만 몽돌해변을 걷는데 몽돌이 푹푹 들어가 걷기가 불편하다. 하지만 밀려오는 파도가 몽돌을 스치고 지나가는 소리가 마치 몽돌과 화음을 만들어 낸 음악처럼 '사르륵사르륵' 아름답게 들린다. 하얀 파도가 몰려와 까만 몽돌을 깨끗이

**주전몽돌해변**

씻어 주고 가는 모습도 아름답다.

주전몽돌해변을 지나 해안을 따라 걸으니 당사해양낚시공원이다. 그 옆에 용바위가 있어서 계단으로 올라가니 주물로 만들어진 커다란 용 조형물이 있다.

이 용바위의 전설에 의하면 큰 뱀과 거북이가 앙숙이라서 옥황상제가 지상으로 내쫓았는데 거북이가 계속 모함과 음모를 꾸며대는 것이 밝혀졌다. 그래서 큰 뱀은 용으로 승천하게 되는데 이날 천둥과 번개가 치고 바위가 둘로 갈라지면서 큰 뱀은 용이 되어 하늘로 올라가고, 바위로 막혔던 물길이 뚫려서 그 이후 용바위라고 불리게 되었단다. 재미있는 전설이다.

강동축구장 옆으로 오르막길을 오르는데 이 길의 이름은 강동사랑길이다. 평지를 걷다가 오르막길을 걸으려니 숨이 차고 헉헉대게 만든다. 우가산은 해발 173m로 아주 낮은 산인데 나를 힘들게 한다. 우

주전 용바위 위에 주물로 만든 용

가산 까치봉을 오르니 소식을 전하는 편지 봉투 틀을 이용한 까치전 망대는 포토존으로 바다가 봉투 안에 담기고도 넘친다. 이곳에서 사진도 찍고 간식도 먹으면서 쉰다. 둘이 걸으니까 셀카가 아니라 사진을 서로 찍어 줄 수 있어서 포토존에 멋지게 사진을 남길 수 있어서 좋다.

 이제 어려운 오르막은 끝난 듯하다. 옥녀봉을 지나 정자항까지 내리막길이라 걷는 길이 희망적이다. 매일 걷고 있지만 오후가 되면 체력이 고갈되는 듯하고 오르막길은 고난의 행군으로 체력 소모가 많이 나타난다. 순식간에 내리막길이 끝나고 해안길을 걷는 발걸음도 가볍다. 정자해변수변공원에 포토존이 있어 정자항에 거의 도착했음을 알려주는 듯하다. 포토존을 통해서 바라보니 정자항의 빨강색과 하얀색 고래가 솟아오르는 듯한 모양의 두 등대가 보인다. 정자천교를 건너자 해파랑길 9~10코스 안내판과 스탬프 함이 나를 맞이한다. 9시에 출발하여 19㎞ 거리를 4시 50분에 도착하였다. 조금 이른 시간이지만 C에게 저녁 같이 먹자고 한다. 하지만 현재 기관사로 일하는 C는 서울 가는 열차를 타기 위해 경주역까지 가야 해서 저녁 먹을 시간은 없단다. 경주에서 열차 타고 서울로 가서 내일 출근해야 한다는 것이다. 다음 주 휴무에 다시 정자항부터 걸을 것이란다. 오

까치전망대 포토존

늘 둘이 함께 걸었기에 먼 거리를 지루하지 않고 힘들지 않게 걸을 수 있어서 좋았는데 C가 떠나야 한다니 아쉽다. 곧 버스가 도착할 시간이라 C는 버스정류장으로 떠나고 나는 호텔을 찾아 나선다.

　건물이 모여 있는 곳을 바라보니 고층 아파트 단지가 많고 아파트 가기 전 해안에 가장 높고 눈에 잘 띄며 새 건물 같은 호텔이 있어서 그곳을 향해 간다. C호텔에 체크인하고 방으로 들어가니 방도 깨끗하고 무척 공간이 넓고 베란다에는 테이블도 있다. 베란다에 나가니 바다가 한눈에 보여서 가슴이 탁 트인다. 일출을 보러 밖에 나가지 않아도 된다. 카운터에 가서 저녁 먹을 수 있는 식당을 추천받아 성훈식당을 찾아 나선다. 손님들이 많이 있다. 메뉴는 백반 정식 하나라서 선택할 필요도 없다. 식사하고 나서 아침 식사 가능 여부를 물어보니 아침은 6시부터 가능하다고 한다. 내일 아침은 걱정 안 해도 되고 컵라면을 먹지 않아도 되어 행복하다.

## 히치하이크로 문무대왕릉을 영접하다

### 10코스 정자항~11코스 감은사

**아홉째 날**
**2021년 4월 27일(화) 맑음, 도보 거리 약 24㎞**

호텔에서 일출을 보기 위해 5시 30분에 알람을 맞춰놓았다. 그런데 5시경에 눈이 떠져서 창문을 열고 발코니로 나가 바다를 바라본다. 한참을 기다리니 바다 위로 붉은색이 서서히 물들면서 붉고 둥근 해가 수평선 위로 쏘-옥 얼굴을 내민다. 지금까지 본 일출은 대부분 수평선 위가 아닌 구름에서 나오는 태양의 모습만 여러 번 보았는데 오늘은 구름이 없이 수평선 위에서 둥글게 떠오르는 모습을 볼 수 있다는 게 정말 감사하고 감격스럽다. 떠오른 태양은 순식간에 솟아오르더니 구름 속으로 쏙 숨어서 주변을 붉게 물들인다.

전날 저녁 먹었던 성훈식당이 6시 30분부터 아침 식사 제공한다 하여 6시 50분에 도착한다. 코로나19로 방명록을 기재하는데 이미 많은 손님이 다녀간 것 같다. 벌써 식당 앞에는 식사를 끝내고 차를 마시는 분, 일터로 향할 준비를 하는 분들도 있다. 정말 부지런한 분들이 아침을 맞이하는 모습이다. 주인장의 설거지하는 소리를 들으며 나 혼자 아침 정식을 먹는다.

오늘의 일정은 해파랑길 10코스 정자항에서 나아해변까지 14.1㎞를 걷고 나아해변에 모텔이 하나 있지만, 점심 무렵에 나아해변에 도착할 것이기 때문에 10㎞ 정도 떨어진 감포읍 대본1리까지 걷기로 계획한다. 호텔로 돌아와 짐을 싸고 7시 40분경에 숙소를 나서서 정자해변의 몽돌 백사장에서 해가 비쳐서 반짝이는 바닷물을 한참 바라본다. 이 반짝반짝 빛나는 윤슬을 바라보고 있으면 그냥 생각 없이 멍해

정자해변의 일출

지면서 윤슬과 하나가 되는 느낌이다.

　정자해변을 지나니 울산 화암 주상절리가 나오고 경주시 양남면 주상절리 파도소리길을 따라가면 여러 형태의 주상절리가 바다에 펼쳐져 있다.
　주상절리는 화산활동으로 인해 뜨거운 용암이 식으면서 만들어지는데 주로 오각형 또는 육각형 모양의 틈이 생겨서 만들어진 것이다. 냉각 수축 작용으로 생긴 틈이 수직 방향으로 연장되어 발달하면 기둥 모양의 틈이 생기게 되는데 이를 주상절리라 한다. 내가 그동안 보았던 주상절리는 주로 육각 수직형으로 높낮이가 다른 주상절리만 보았다. 그런데 경주시에서 만난 주상절리는 마치 장작을 쌓아놓은 듯한 모양의 누워있는 형태도 있고, 바다 위로 솟아오른 수직형 형태도

울산 화암 장작더미 모양 수평의 주상절리

있으며 부챗살 모양으로 된 주상절리가 있어서 더욱 아름답고 매우 인상적이다. '어떻게 용암이 저런 다양한 모양을 만들 수 있을까?' 마치 자연의 신비를 만난 것 같다. 다만 바닷물 속에 있어서 주상절리에 가까이 갈 수 없고 멀리서 바라보아야 한다는 점이 아쉽다.

　북아일랜드에 유네스코 세계자연유산으로 지정된 자이언츠 코즈웨이 해안에 있는 주상절리는 매우 커다란 다각형의 수직형이다. 해안에 있는 주로 육각형 기둥 모양의 주상절리가 모여 하나의 언덕을 만들어 관광객은 그곳을 계단처럼 밟고 오르락내리락하며 지나가게 된다. 자이언츠 코즈웨이의 주상절리는 거대하고 규모가 크고 경주 주상절리는 해안을 따라 작은 다각형 모양의 다양한 형태로 아기자기한 아름다움을 보여준다.

　이 아름다운 주상절리를 보기 위해 방문하는 관광객들이 꽤 있다.

경주시 양남면 부채살 모양의 주상절리

경주시 양남면 장작더미 같은 수평의 주상절리와 수직형 주상절리

주상절리 전망대 근처에 오니 더 많은 사람이 해안가 주상절리를 보기 위해 다가온다. 해파랑길을 나와 반대 방향에서 걸어오는 여성을 만났다.

"해파랑길 걷는 거예요?"

"예, 어디서 오시는 길인가요?"

"강원도 고성에서 시작해서 부산 방향으로 가고 있어요."

"그런데 배낭이 없이 걸어요?"

"한 번 오면 3~4일씩 숙소를 정해놓고 작은 배낭을 메고 가볍게 걸어요. 이번에 부산까지 열흘 동안 완주하고 싶은데 도중에 전화가 걸려오면 돌아가야 해요. 전화가 안 오길 바라고 있어요. 계속 걸을 수 있으니 부럽네요."

나는 그녀의 밝음과 젊음이 부럽다. 그 여성처럼 숙소를 정해놓고 며칠씩 묵으면서 걷는 것도 좋은 방법인 것 같다.

주상절리 전망대를 지나 파도소리길을 걷는다. 몽돌로 이루어진 관성해변과 주상절리 해안 길을 걸으면서 파도가 몽돌과 주상절리를 스쳐 지나가는 소리를 계속 들을 수 있기에 파도소리길이란 이름을 갖게 된 것 같다.

하서천에 놓인 보도 다리를 건너는데 멀리 방파제 끝에 빨간색 자물통이 커다랗게 우뚝 서 있다. 요즘은 지자체에서 관광 명소를 만들기 위해 여러 가지를 세워놓는가 보다 생각하고 하서항까지 간다. 저 멀리 방파제 끝에 있는 빨간 자물통까지 가까이 가보는 것을 망설인다.

이곳까지 왔는데 그래도 한번 방파제 끝까지 가서 '사랑의 자물쇠'를 살펴보러 발걸음을 옮긴다. 젊은이 한 쌍이 나처럼 사랑의 자물쇠가 궁금한지 앞서가고 있다. 방파제 벽면에 신라의 충신 박제상에 대한 일화가 짧게 적혀있다. 박제상이 왜구에 볼모로 간 내물왕의 왕자 마사흔을 구하러 갈 때 그의 아내가 무사히 돌아오라고 절규하는 소리를 뱃전에서 들었다. 그리하여 이 '사랑의 자물쇠'는 부부의 애틋한 사랑과

하서항 '사랑의 자물통'

재회를 기원하는 마음에서 세웠다고 한다. '사랑의 자물쇠' 하트모양으로 자물쇠통 가운데 구멍이 뚫려있고 그 안에 사랑의 자물쇠를 매달 수 있도록 만들어 놓았는데 수십 개의 자물통이 걸려 있는 것을 보니 연인들이 많이 방문하는 것 같다.

드디어 해파랑길 10코스 종점인 나아해변을 12시 30경에 지나다가 '정원'이란 식당이 보여서 들어간다. 다행히 문이 열려 있다. 식당은 테이블도 매우 많고 무척 큰데 방문자 명부를 보니 다녀간 사람은 몇 명 안된다. 코로나 유행이 많은 식당 운영자들을 어렵게 만들고 있다. 난 순두부를 주문한다. 배가 고파서 맛있는 것이 아니라 이 식당의 음식이 매우 맛있다. 밥을 먹으면서 '손님도 없는데 두 분이 나오셔서 식당을 운영하고 있으니 경제적 타격이 크겠구나.' 하는 생각이 들었다. 점심을 거의 다 먹을 때쯤에 음식 배달하는 바구니가 잔뜩 들어온다.

"웬 바구니가 이리 많아요?"

"원자력발전소로 매일 점심 도시락을 배달해서 바빠요."

그래서 손님이 없는데도 요리하시는 분이 두 명이 바쁘게 움직였나

월성원전

보다. 30여 개 바구니에 점심 도시락을 준비하여 원자력발전으로 배달한다고 하니 참으로 다행이다 싶다. 코로나로 인해 관광객도 급감하고 그로 인해 관련된 영업이 타격을 받고 있으니 걱정이 된다.

점심으로 에너지를 충분히 충당하였으니 다시 힘을 내서 걷는다. 나아해변에서 멀리 월성원자력발전소가 보인다. TV 뉴스와 교과서에서만 보았던 것을 직접 보게 되니 더욱 기쁘고 도보여행을 통해 새로운 것을 많이 배우는 것 같다. 나아해변 슈퍼 앞에 있는 해파랑길 11코스 시작 스탬프를 찍고 두루누비 앱 따라가기를 실행한 후 다시 11코스를 출발한다. 시내를 벗어나 2차선 31번 국도를 따라가면서 '차들이 많이 지나가는 이런 국도로 해파랑길을 인도하지는 않을 거야.' 생각하며 국도 바로 옆 샛길로 들어섰다. 내가 걸어가는 길이 해파랑길 노선과 멀리 벗어나면 길을 이탈했다고 앱에서 알려준다. 그럴 때마다 되돌아와서 또 다른 길로 들어선다. 여러 번 되돌아와서 결국은 해파랑길이 아니리라 생각했던 31번 국도 위로 올라서서 걸으니 따라가기 경로와 일치한다. 이 도로는 경주, 포항 방향으로 달리는 차량이 많고 쌩쌩 달리기 때문에 가장자리로 걸으면서도 위험하다는 생각이 든다. 이 코스는 변경해서 해파랑길을 걷는 도보 여행자가 안전하게 여행할 수 있도록 해주면 좋겠다는 생각까지 든다.

주위를 살펴보니 앞쪽은 봉길리 산이 가로막아 터널이 뚫리고 해안은 원자력발전 산업단지가 있어서 어쩔 수 없이 국도로 걷게 된 것 같다. 나 혼자만 위험하다고 생각했을 수도 있다. 해파랑길 3코스 기장대로를 걸을 때는 6차선 도로라 더 많은 차량이 쌩쌩 달렸지만, 인도로 걷기 때문에 위험하다는 생각이 들지 않았다. 국도변에 인도가 없으니 걷는 사람이 조심히 걸을 수밖에 없다는 결론이다.

31번 국도로 약 4㎞를 걸어가니 그곳에 버스정류장이 보인다. 걷는 것이 위험하여 그곳에서 버스를 타고 가려고 생각했다. 때마침 버스정류장 근처에 흰색 SUV 차가 비상등을 켠 채 정차하여 있다. 그것을 보고 나를 위해 차량이 멈춰있는 것 같은 착각을 하고 반가운 마음으로 빠르게 걸어간다.

도로 아래 오른쪽 하천에 한 스님이 담배를 피우고 있는 모습이 보인다. 그 스님의 차량이 분명하다는 생각이 들어서 올라오면 태워달라고 부탁해야지 하고 서서 차량을 보고 있었다. 검은색으로 강하게 선팅이 되어있는 차 조수석에 누군가 앉아있는 듯 움직임이 있다. 그래도 뒷자리가 여유 있으니 스님이 분명 태워주실 거야 하는 생각으로 스님을 기다린다. 한참을 기다려서 젊은 스님이 올라오기에 태워

해파랑길 11코스 31번 국도 봉길터널 앞

달라고 나의 상황을 이야기하며 간절히 부탁했는데 그 스님은 손사래 치면서 안된다고 하며 차 뒤쪽으로 이동하여 운전석에 올라탄다. 그 스님은 나를 태워주지 않고 유유히 떠나버렸다. '무슨 스님이 담배도 피우고 도움이 필요한 사람을 도와줄 줄도 모르지?, 가짜 스님인가보다.' 혼자 넋두리했다.

　　　　버스정류장 유리 벽에 「해파랑길을 걷는 분은 봉길터널 2.4㎞를 걷는 것은 위험하니 버스로 이동하시오.」라고 붙어있다. 이런 정보는 미리 알려주어야 나처럼 위험을 무릅쓰고 국도를 걷지 않았을 것이다.

　미리 버스 시간을 살펴보고 도보여행을 할 수 있었을 텐데 스탬프북 정리할 때도 그런 공지는 못 보았다. 그런데 버스 시간표도 보이지 않는다. 버스가 언제쯤 오려나 검색해 보니 출발도 안 했는지 버스가 없는 것으로 나타난다. 이처럼 버스도 없고 한없이 기다릴 수도 없으니 히치하이크를 하기로 한다. 지나가는 차들을 향해 손을 흔들고 태워달라는 신호를 보낸다. 승용차와 트럭 모두 쌩쌩 달려서 나를 지나친다. 히치하이크 신호를 한 지 시간이 꽤 흘러 30여 분이 지났다. 나를 태워주는 차가 없다면 터널이 위험할지언정 걸어서 통과하기로 마음먹는다. 2.4㎞ 거리니 30분이면 충분히 통과할 것 같은 생각이 든다. 그런 생각을 하고 다시 용기를 내어 손을 뻗어 히치하이크 신호를 보낸다.

'우와!' 감사하게 1톤짜리 트럭 한 대가 내 앞에 멈추는 것이다.

"문무대왕릉까지 태워주세요."

"타세요." 젊은 청년이 말한다. 나는 배낭은 짐칸에 놓고 조수석에 올라탄다.

"내가 포항까지 물건 배달하러 자주 다니는데 여기는 버스가 자주 안 다녀요. 버스가 없는 것을 알기에 태워주는 거예요."

트럭은 순식간에 봉길터널을 지나서 문무대왕릉이 있는 주차장 근처에 멈춘다. "고맙습니다." 인사를 하고 내린다. 그 젊은이는 나에게 정말 고마운 천사다.

그 젊은이의 도움으로 약 3km 거리를 순식간에 왔다. 문무대왕릉에 여러 관광객이 사진 찍으며 즐기고 있다. 학생들과 경주 수학여행을 오면 항상 문무대왕릉과 감은사가 있는 터를 방문하곤 했다.

삼국사기 기록에 의하면 신라 30대 문무왕이 「내가 죽은 뒤에 바다의 용이 되어 나라를 지키고자 하니 시신을 화장하여 동해에 장사를 지내라.」 유언하여 그의 아들 신문왕이 그 뜻을 받들어 바다의 큰 바위에 장사를 지내고 그 바위를 대왕암이라 불렀다. 또 그 은혜에 감사한다는 의미로 감은사를 세웠다고 한다. 죽어서도 나라를 지키려는 문무왕의 애국심은 정말 대단히 놀랍다.

나는 사진을 찍고 감은사 3층 석탑으로 걸어간다. 감은사지는 해파랑길에 포함되지 않지만 혼자 왔을 때 다시 가보고 싶다. 학생들을 인솔하고 왔을 때는 탑을 제대로 감상하지 못하고 항상 학생들 관리하기에 바빴는데 혼자 오니 여유 있게 사진도 찍고 탑의 아름다움도 감

좌_ 문무대왕릉    우_ 감은사 3층 석탑

상한다. 몇몇 가족도 어린아이를 데리고 이곳을 탐방하는 모습을 보니 내 마음이 흐뭇하고 우리 나라 미래가 밝게 보인다.

　이제 숙소를 찾아 떠나야 한다. 인터넷을 검색한 결과 '대본1리 대관음사에서 템플스테이를 하면서 일출도 보았다.'는 글을 보고 나도 그곳에서 템플스테이 하려고 지나는 길에 있던 모텔을 뒤로하고 절까지 갔다. 커다란 입상 불상이 있고 건물도 3층 높이로 매우 크고 바다를 향해 있다. 도롯가에 들어가는 입구가 잠겨있어서 바다 쪽에 있는 입구로 간다. 그곳도 굳게 잠겨있고 코로나로 인하여 출입문을 폐쇄한다는 메모가 문에 붙어있다. 코로나19가 템플스테이 운영도 멈추게 하고, 많은 사람을 불편하게 하고 있다.
　크게 실망하고 왔던 길을 뒤돌아 가서 모텔에 체크인한다. 내 앞 손님들은 살림살이를 가져와 한 달간 머무는 것으로 체크인한다. 이곳에 머물면서 근처에서 일한다고 말한다. 그래서 이런 시골에 숙박시설이 유지되는 것 같다. 방은 아주 깨끗하고 바다도 보인다.

짐을 놓고 저녁 먹으러 나가 회밥을 주문한다. 밥과 회비빔은 따로 나와서 미역국과 아주 맛있게 먹는다. 아침 식사를 할 수 있는지 물으니 식당 사장님은 10시 이후에 문을 열고 이 주변에 식당이 없으니 편의점에서 필요한 것을 사라고 친절히 알려주신다. 바로 옆 건물 펜션 아래에 편의점이 있어서 아침 식사를 위한 컵라면을 산다. 많이 피곤한 하루지만 주상절리의 아름다움을 살펴보고 고마운 사람도 만나고 역사체험도 하고 정말 감사한 하루이다.

## 식당 찾아 삼만리
### 11코스 감은사 ~ 12코스 양포항

**열째 날**
**2021년 4월 28일(수) 맑음, 도보 거리 20.5㎞**

본래 라면은 거의 먹지 않았던 음식인데 해파랑길을 도보 여행하면서 이제 식당이 없으면 컵라면과 햇반으로 아침을 먹는 것이 조금씩 익숙해진다. 오늘 걸어야 하는 거리는 10코스 감포항까지 약 7㎞, 12코스 양포항까지 13.5㎞로 모두 20.5㎞를 목표로 하고 출발한다.

배낭을 메고 8시 10분경 숙소를 출발하여 해파랑길을 따라 해변으로 내려오는데 강아지 두 마리가 따라온다. 조금 오다가 돌아가겠지 했는데 계속 따라오면서 내 신발을 물려고 하여 두려워진다. 뒤돌아 가라고 말하면서 손짓해도 막무가내로 꼬리를 흔들면서 따라온다. 이제 나의 무서움보다는 강아지들이 너무 멀리까지 와서 집을 찾아가지

나정고운모래해변

못하면 어쩌나 걱정이 된다. 또 강아지들이 자꾸 내 발 가까이 접근하려 해서 내가 물릴까 걱정도 되어 큰 개가 화난 듯한 울음소리를 냈다. 그랬더니 조금 뒷걸음질을 한다. 그것도 잠시 또 따라 오기에 더 큰소리로 개가 화난 소리로 '월, 월, 월' 짖는 소리를 냈다. 강아지들이 멈칫하는 사이에 나는 더 빠른 걸음으로 도망치듯 하여 해안을 빠져나와 강아지가 보이지 않는 곳으로 숨었다. 아침부터 강아지와 한바탕하느라 바다의 아름다움을 감상하지 못했다.

　나정고운모래해변의 산책로 양쪽에 커다란 소나무를 식재하여 해변을 더 아름답게 가꾸고 있다. 야영장에는 텐트 치고 여행을 즐기는 사람들도 있다. 나정고운모래해변에서 예쁘고 하얀 보도교를 지나니 전촌솔밭해변으로 이어진다. 이 해변에 오토캠핑장이 있어 많은 캠핑카가 주차되어 있고 텐트를 치고 여유 있게 즐기는 여행객들의 모습을 볼 수 있다.

　전촌항을 지나 세 여성이 해안의 멋진 갯바위가 있는 곳에서 함께 온 기념사진을 찍어 달라고 해서 찍어주고 나도 사진을 부탁해서 찍는다. 해파랑길 나무 데크길이 파손되어 두 기술자가 수리하고 있다. 참으로 고마우신 분들이다. 다행히 통행해도 된다고 하여 그곳을 지나 산 능선으로 올라간다. 능선으로 올라가는데 해안가에서 조금 전에 만났던 세 여성의 소리가 들린다. 커다란 용굴이 해안가에 있다. 오른쪽에 나무계단으로 내려갈까 말까 망설이다가 이곳에 또 오기 어려울 테니 힘들어도 용굴을 보러 내려갔다. 용굴 안쪽으로 들어가 보니 큰 바위에 두 개의 터널이 뚫려서 바닷물이 용굴을 넘나들고 있다. 규모는 작지만 용굴을 통해 멀리 지나가는 배를 감상하는 것은 정말 멋있다. 힘들어도 내려오길 잘했다는 생각이 든다. 낮은 능선길을 따라 보라색 키 작은 붓꽃이 예쁘게 많이 피었다. 꽃구경하면서 걸으니 오솔길을 걷는 기분은 참 좋다. 오솔길을 벗어나니 너른 바다가 시원하게 펼쳐져 있다.

　바다와 나란히 걷다 보니 한 어르신이 생선을 말리기 위해 그물망 위에 생선을 줄지어 나란히 펼쳐놓고 있다. 그 널어놓은 생선의 모양이 마치 자로 잰 듯 가로세로 규칙적으로 줄지어 있다. 멀리 감포항이 보여서 발걸음을 재촉하였다. 감포항에 도착하니 10시 20분 이른 시간에 도착했다.
　감포항의 반가운 해파랑길 안내도와 스탬프가 나를 맞이한다. 우선 수첩에 12코스 시작 스탬프를 찍고 주변을 둘러본다. 감포항은 꽤 커서 항구에 많은 배들이 있고 오고 가는 사람들도 꽤 많다. 감포항의 부

좌_ 길가에 핀 붓꽃   우_ 생선 말리는 모습

둣가 끝에 감은사 3층 석탑의 형상이 음각화 된 등대가 있는데 작지만 매우 인상적이고 이곳이 감포항이라고 말해주는 것 같다. 항구마을 감포 수산시장을 지나 송대말등대에 올라간다. 송대말등대에 올라가서 감포항을 바라보니 감은사 3층 탑이 음각된 등대가 더욱 아름답게 보인다. 송대말등대는 1933년 2월 등간을 설치하여 운영을 시작한 후 1955년 무인등대로 설치하였다. 2001년도 감포읍의 상징인 감은사지 3층 석탑 모형을 본떠서 한옥 건물과 등탑을 그 옆에 만들었다고 한다. 송대말등대 아래 갯바위에서 낚시를 즐기는 강태공도 있다.

　바닷가 척사길을 지날 때 바다에서 미역을 줍는 여인이 있다. 요즘 미역이 많이 나오는가 보다. 곳곳에 미역을 말리고 가자미 말리는 모습도 자주 보게 된다. 척사항에 많은 사람이 앉아있어서 가까이 가보니 커다란 비닐 깔개를 펼쳐놓은 위에 미역 무더기가 여러 개 놓여있고 그 주변에 여러 사람이 앉아있다. 그 옆에는 미역을 싣고 온 손수레

좌_ 감포항등대   우_ 송대말등대

들이 있다. 각 개인이 수확해 온 미역을 경매하기 위해 기다리는 중이란다.

점점 배가 고파온다. 시계를 보니 12시경 배꼽시계가 정확히 점심 먹을 때를 알려준다. 점심 먹으려고 고아라해변의 주변 식당을 보니 모두 문이 닫혀있다. 피서객이 없는 4월이라 식당 운영을 안 하는지 코로나19로 손님이 없어서 닫았는지 나에게는 무척 아쉬운 순간이다.

배고픔을 참고 식당이 나오기를 기대하며 연동어촌체험마을이라고 쓰어 있는 건물을 지나니 반가운 식당이 세 개나 나란히 있다. '어느 식당을 갈까?' 고르는 재미로 행복한 고민을 하고 맨 첫 번째 발코니에서 식사하는 사람이 있는 식당으로 들어간다. 들어서자마자 식당 주인이 나에게 말한다.

"식사 손님 안 받습니다."

"밖에 식사하는 사람이 있는데요."

**척사항 미역 공판장**

"그 사람은 우리 식구예요."
"식사하려면 어디로 가야 하나요?"
"조금 가면 칼국숫집이 있으니 거기로 가세요."

사장님 말씀에 밖으로 나온다. 그 옆에 있는 나머지 두 개의 식당도 이미 문을 굳게 닫아 놓았다. 영업한다는 칼국숫집에서 점심 먹을 것을 기대하면서 혹시 그냥 지나치지 않기 위해 주변을 열심히 살펴보면서 걷는다. 해변에서 도롯가로 나왔는데 식당은 보이지 않고 가끔 보이는 건물은 펜션뿐이다. 이 펜션들도 여름 손님 맞이하려고 보수공사하는 모습이 자주 포착된다. 이미 1시간을 걸었는데도 식당은 보이지 않고 기운이 점점 빠져서 군부대 앞에서 주스 한 캔을 마신다. 당이 충전되어 조금 더 빠르게 걷는 힘이 생긴다. 도롯가 주택에서 꽃을 심으시는 어르신께

"안녕하세요? 근처에 식당이 어디 있나요?" 묻는다.

"양포항에 가야 식당이 많고, 칼국수를 먹으려면 저기 보이는 식당 있네."

"고맙습니다." 인사를 하고 멀리 보이는 칼국숫집으로 향한다.

기쁜 마음으로 칼국숫집 출입문을 열려고 하니 굳게 닫혀있다. 칼국숫집은 내부에 불이 켜있는데 이상하다. 지금 시각은 오후 2시이니 아직 점심시간이다. 왜 문이 닫혀있을까 궁금해하면서 영업을 종료했으면 내부 불도 꺼놓았을 텐데 혹시 주인장이 가까운 곳을 나갔는지 주변을 살펴본다. 간판에 핸드폰 번호가 적혀있어서 전화했는데 응답이 없다.

주인장이 돌아오기를 기다리며 문 옆의 화단 경계석에 앉아서 배고픔을 달래기 위해 과자를 먹고 있는데 한 남성이 식당으로 와서 문을 열려고 하더니 큰소리로 2층을 향해 주인을 부른다. 그래서 내가

"주인이 없어요. 전화해도 안 받아요."

그 남성은 주인에게 전화하면서 통화 중에

"손님 한 명이 식당 앞에서 기다리고 있어."라고 전한다. 전화를 끊고, "주인이 점심 영업 끝내고 포항 가는 중이라니 다른 식당 찾아봐요." 한다.

오늘은 늦은 점심도 먹을 수 없고 과자로 점심을 때우고 양포항을 향해 갈 수밖에 없다.

힘을 내서 걷는데 해파랑길이 공사 중으로 막혀있어서 돌아가야 하는 난처할 때도 가끔 있다. 버스 길로 걸어가는 중에 반대편 차선에서 자전거 동호회원 10여 명이 오르막길을 올라온다. 일렬로 줄지어 페달을 밟아서 올라오는 그들의 모습이 정말 멋있다. 멀리 있는 그들에

자전거 동호회 라이딩하는 모습

게 "힘내세요." 큰 소리로 응원한다. 그들도 배낭 메고 걷는 나에게 응원한다.

"힘내세요." 그들의 모습이 정말 멋지다.

도로에서 해안으로 내려가니 호미반도 해안둘레길이라고 표시되어 양포항까지 1.75㎞ 남아있다. 이제 거의 다 왔다는 생각에 발걸음도 더욱 가볍게 아름다운 호미반도 해안둘레길을 걷는다. 양포항 가까이 가니 바다에는 어마하게 커다란 크레인이 바다 위에서 테트라포드를 바닷속에서 꺼내고 있다. 시멘트로 된 계단에는 내 키보다 더 크고 그동안 보아왔던 삼발이 테트라포드보다 세 배 이상 크고 모양도 다른 큰 테트라포드가 넉 줄로 줄지어 놓여있고 테트라포드 위에 또 다른 테트라포드가 차곡차곡 쌓여있다. 해파랑길이 이 계단을 통해서 가면 1㎞도 남지 않은 양포항을 갈 수 있는데 테트라포드가 내 갈 길을 가

좌_ 테트라포드 꺼내는 크레인    우_ 테트라포드 아래로 걸어가다

로막고 있다. 테트라포드가 없는 위쪽으로 방향을 돌리니 모래밭이다. 눈앞에 있는 차도로 나가려고 모래밭 가장자리까지 걸어간다. 모래밭 주위를 빙 둘러 철망으로 울타리를 세워놓아 나갈 구멍이 없다. 그렇다고 2m 높이의 울타리를 넘어갈 수도 없고 1km를 걸어서 뒤돌아갈 수도 없다. 도로 테트라포드 앞으로 돌아와서 어디로 가야 할지 고민하고 있는데 10여 명의 군인이 양포항 쪽에서 테트라포드 아래 터널에서 걸어 나오는 것이다. 테트라포드 터널 아래로 줄지어 걸어 나오는 군인들을 보니 정말 신기하고 마치 게임 속의 상황처럼 보인다. 계단과 테트라포드 위에 올려놓은 테트라포드 아래에 만들어진 터널은 계단 바닥에서 2m 이상 높이라서 머리를 숙이지 않고 반듯하게 서서 걸어도 된다. 군인들이 통과한 테트라포드 아래에서 셀카를 찍고 나도 테트라포드 삼발이 터널을 반듯하게 걸어서 통과한다. 순식간에 장애물을 통과하고 해파랑길 안내 리본을 따라 다시 걷는다. 양포 해

안은 다른 해변과 달리 소나무 숲이 없어 휑해서 그런지 작은 소나무를 줄지어 새로 심어 놓았다. 4시경에 양포항에 도착하여 스탬프를 찍고 숙소를 찾아야 한다. 바다 쪽에서 한 주민이 걸어오신다.

"이곳에서 잠잘 곳이 어디 있나요?"

"저기, 수협 건물 위층에서 숙박할 수 있어요. 내일 아침 일찍 저기 보이는 곳에 오면 경매하니 구경하러 와봐요." 한다.

고맙다고 인사하고 13코스 시작하는 스탬프를 찍고 수협을 찾아 나선다. 수협 2층 건물을 찾아가 카운터에서 주인을 찾으니 두 여성분이 나온다.

"방 있나요?"

"청소 안 된 방이 있는데 온돌방이고 남자들이 사용해서 냄새날 것이니 다른 숙소로 가봐요."라고 한다.

"어디에 있는데요?"

"위쪽으로 10분 정도 가면 모텔 있어요."

"청소하고 묵을 수 있는지 알아봐 주세요." 왔던 길을 되돌아서 걸어가기 싫어서 이렇게 말한다.

청소하는 것이 무척 귀찮은 듯 3층으로 올라가더니 10분을 기다려도 내려오지를 않는다. 이런 숙소에서 자고 싶지 않아 피곤해도 그들이 알려준 대로 10분 정도 걸어서 양포교 근처 수성천을 따라가니 산장여관이 있다. 3층 건물로 된 여관 앞에는 몇 대의 차량이 주차되어 있고 카운터에 아무도 없이 전화번호로 연락하라는 문구를 보고 전화한다.

"여보세요. 하루 묵으려는데 방 있나요?"

"지금 집인데 금방 갈 테니 기다려요." 여주인이 응답한다.

선택의 여지 없이 이곳에서 묵어야 한다. 여주인이 바로 도착하여 방 열쇠를 받아 들고 2층 방으로 들어간다. 담배 냄새도 안 나고 침대 시트도 깨끗하게 정돈되어 있다. 아주 만족하여 배낭을 내려놓고 여관 사장님이 추천해 주신 식당으로 저녁 먹으러 나선다. 시내 쪽에 있는 다정한정식 식당으로 들어가니 식당 주인이 요리하는 중이다.

"밥 먹으러 왔는데 어디 앉을까요?"

"예약했어요? 예약 손님만 받아요."

"한 사람 추가하면 안 되나요?"

"안 됩니다." 냉정하게 거절한다. '아침 식사 됩니다.' 문구를 보고

내일 아침 예약할게요."라고 말한 후 몇 군데 식당을 들렀다가 혼자 먹는 단품 요리가 없어서 결국 분식집에서 잔치국수로 저녁을 먹는다. 하나로마트에 가서 먹고 싶은 간식을 사고 약국에 들러서 배낭의 무게로 생긴 어깨통증과 발목에 붙일 파스도 산다. 오늘 하루를 되돌아보니 식당에서 내가 먹고 싶을 때 음식을 먹을 수 있다는 것이 얼마나 감사한 일인지 새로 알게 된 하루다. 돈만 있으면 모든 것을 다 할 것 같지만 현실은 그렇지 않다는 사실을 깨닫게 된다. 모든 사람이 각자 담당한 곳에서 맡은 일을 열심히 일하기 때문에 나는 오늘도 무사히 해파랑길을 걸을 수 있고, 식사할 수 있고, 잠잘 곳을 찾아 묵을 수 있다는 사실에 감사한다.

용굴

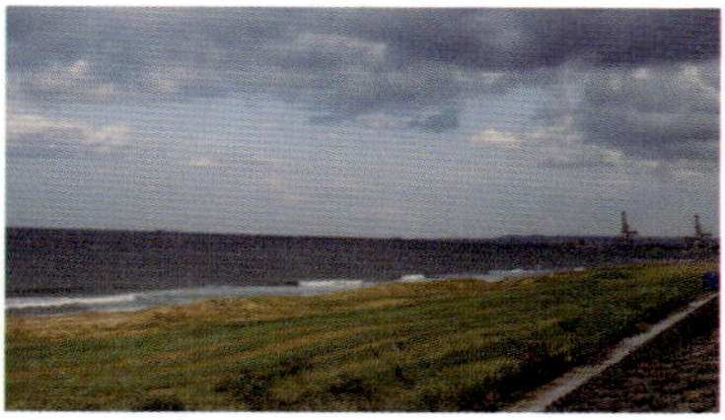

칠포해안길

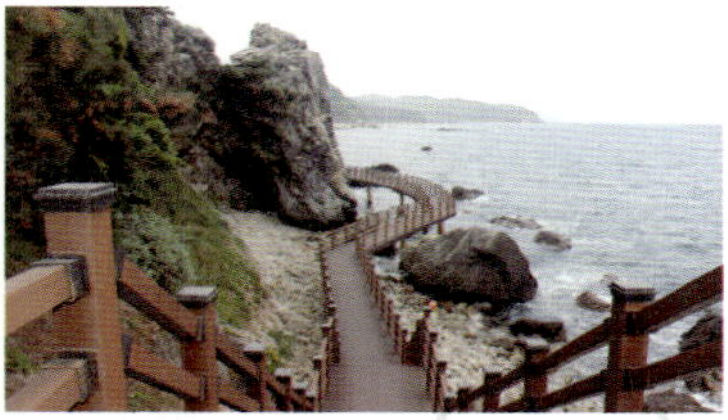

호미반도해안둘레길

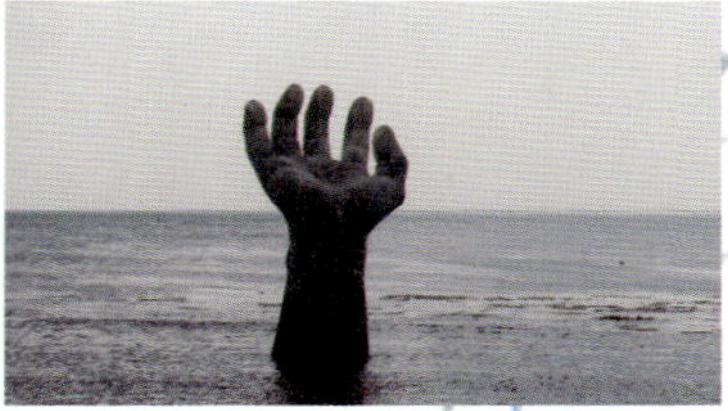

포항 상생의 손

# 포항 구간

(13코스 양포항 ~ 18코스 화진해변)

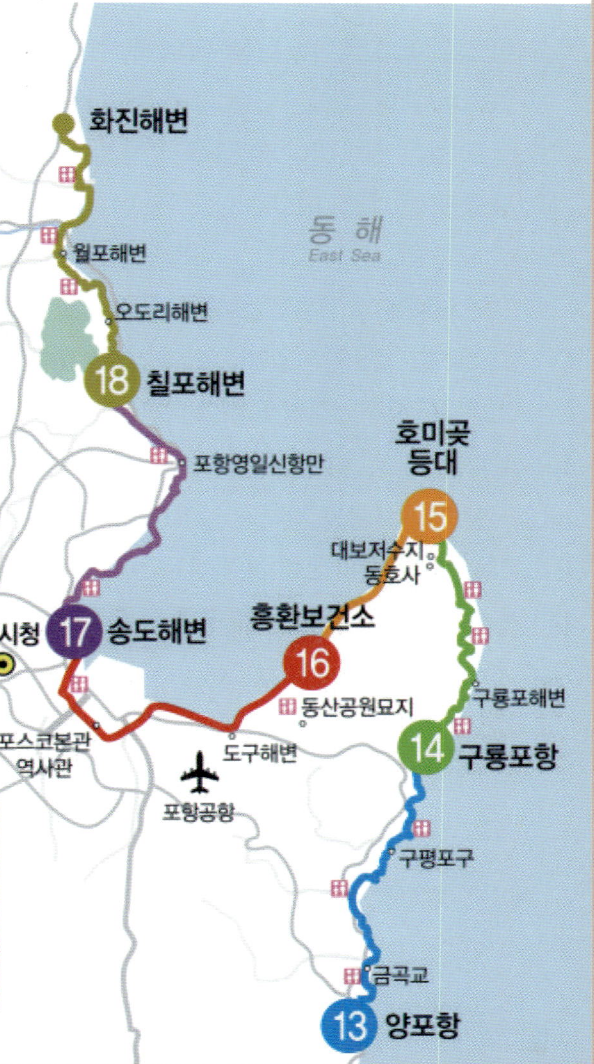


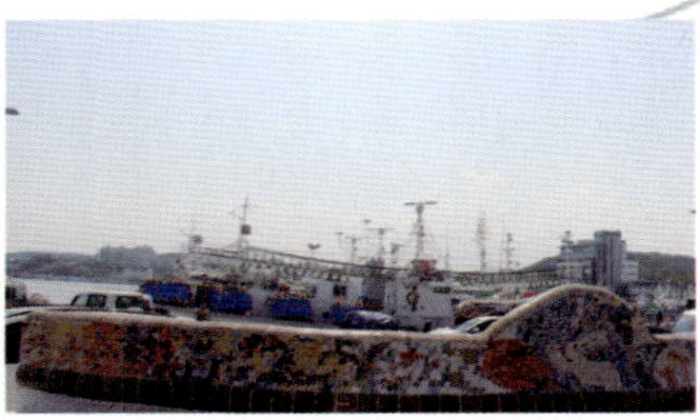

구룡포항

지도출처 https://www.durunubi.kr/haeparang-travel.do

## 청보리밭의 아름다움을 만끽하다

### 13코스 양포항 ~ 14코스 호미곶

열하루째 날
2021년 4월 29일(목) 흐림, 도보 거리 32㎞

일기예보를 보니 오후 3시경에 비가 내린다고 한다. 아침 일찍 출발하는 게 좋을 것 같아서 7시경에 어제 예약한 다정한정식 식당으로 아침 먹으러 간다. 몇몇 단체 손님인 듯한 손님들이 식사하고 있다. 이미 상차림이 되어있는 몇 개의 테이블도 있다. 나는 빈 테이블에 앉아 있으니 백반 한상차림을 차려주신다. 깔끔한 음식 담백한 맛으로 생선도 있는 백반이다. 항구에서 일하는 사람들이 있어서 아침 일찍 식사할 곳이 있으니 고맙다.

양포항에서 구룡포항까지 19.4㎞를 걸으면 두 시경에 도착할 수 있고 14코스 호미곶 근처까지 약 12㎞ 걸어서 모텔이 있는 곳까지 가기로 한다. 오후 3시경에 비가 내린다고 하여 8시 10분경에 숙소를 출발한다.

양포항 시내를 지나서 양포항 동쪽 양포공원을 지나니 양포항에 정박한 배에서 바쁘게 움직이는 어부들의 모습이 보이고 잡은 생선을 쌓아놓은 모습도 보인다. 부지런히 해파랑길을 안내대로 따라가 해안가에 도착했지만 데크길이 완전히 떠내려가서 수리 중이라 통행금지가 되었다. 신창해변까지 해안 데크길이 아닌 차도로 가는 방법뿐이다. 왔던 길을 뒤돌아서 양포공원까지 와서 차도로 방향을 돌린다. 차들이 가끔 지나가는 고갯길을 올라가려니 힘이 든다.

고개를 넘어가니 신창해변이 눈앞에 나타난다. 신창해변은 작은 해

일출암

변이라 주변에 숙소는 없고 펜션과 민박이 있는데 모두 굳게 닫혀있다. 신창1리를 지나 장기천 다리를 건너는데 눈에 확 띄어서 나도 모르게 발길이 끌려간 바위가 바닷가에 우뚝 솟아있다. 이름이 '일출암'이라고 적혀있다. 바위 틈새에서 소나무가 굳건히 자라고 있다. 이 소나무 사이로 아침 해가 떠오르는 절경을 보고 육당 최남선이 '장기 일출'을 조선 십경 중 하나로 꼽았다고 한다. 이 바위와 소나무 사이로 일출을 볼 수 없어서 안타깝지만, 그냥 보아도 매력적인 일출암이다.

　마을 앞 해안도로가 끝나고 가파른 언덕의 시작이다. 왼쪽은 대나무 숲이고 오른쪽은 오래된 소나무 사이로 바다가 내려다보인다. 조금 올라가니 땀이 나서 겹겹이 입은 옷 중에서 바람막이 옷을 벗는다. 물도 마시고 가방을 다시 싸는데 얼굴에 새까만 줄무늬 분장을 한 군인 세 명이 배낭과 긴 총을 들고 오는 것이다. 시커먼 얼굴을 한 군인을 직접 본 것은 처음이라 순간 겁이 덜컥 나서 먼저 "안녕하세요?" 하

호미반도 해안둘레길

고 인사하니 그중 한 명이 인사하고 지나간다. 이 해안은 군인 순시가 자주 있는 곳인 것 같다. 양포항 근처 군부대가 있어서인지 어제도 테트라포드 아래로 지나가는 군인 행렬을 만났고, 아침에 양포항 근처에서 군인 10여 명이 줄지어 집결해 있는 것을 보았는데 지금은 순시하는 군인을 만난 것이다.

언덕길에서 내려오는 길에 조금 전에 만났던 세 명의 군인이 깨끗한 얼굴로 바닷가 정자에서 쉬고 있다. 내가 보았던 시커먼 얼굴은 얼룩무늬가 있는 가리개로 얼굴과 목을 감쌌던 거다. 분장 안 한 모습을 보니 무섭게 느껴졌던 생각은 사라지고 어린 대학생들이라는 생각이 든다.

구룡포를 향해 쉬지 않고 해파랑길을 꿋꿋하게 걷는다. 영암리 마을 이정표를 따라 소나무 숲길을 걷는 기분은 정말 아늑하고 편안하

대진해변

다. 소나무 사이로 바위와 바다가 아름답게 펼쳐져서 이 길이 더 길어도 좋았을 텐데 하는 아쉬움을 안고 숲길을 내려간다. 해안에 있는 영암리 마을이 나오면서 바다를 따라 걷는 호미반도 해안둘레길이다. 힘이 들지 않고 차량도 별로 다니지 않아서 도보 여행자에게 걸음을 빨리 걸을 수 있어서 나쁘지 않다. 곧 대진리 어촌계 건물이 있고 대진리 해수욕장이 있는데 작은 해변이다. 이 해수욕장은 커다란 콘도와 방갈로 형태의 숙박 가능한 독채 형태의 건물이 나란히 있다. 현재는 여름철이 아니라서 운영하지 않는 것처럼 사람의 움직임이 하나도 없다. 바닷가에는 테이블이 달린 의자가 있어서 그곳에 앉아 물과 간식을 먹고 쉬는데 해변을 순시하는 군인들이 총을 들고 두 명씩 짝을 지어 줄지어 걸어가고 있다. 몇 명인가 세어보니 모두 12명이다. 해파랑길 13코스는 군부대가 있어서인지 군인들이 자주 순시하면서 해안 경비를 담당하고 있는 안전지역인 것 같다. 북쪽과 멀리 떨어져 있는데도 해안은 항상 경계를 늦추지 않는가 보다.

 잠깐 테이블에 앉아 쉬는데 빗방울이 하나 둘 떨어진다. 오후에 비가 내린다고 했는데 아침부터 하늘에 구름이 가득하더니 빗방울이 떨어지기에 더 쉬고 싶어도 가던 길을 재촉한다. 그래도 빗방울이 잠시 떨어지다 멈추어서 고맙다. 해안길이 끝나고 언덕길로 올라가야 한다. 해파랑길 표시가 된 안내 표시에는 살모사 바위 6.45㎞, 장길리 복합 낚시공원 4.95㎞라고 적혀있고 나무계단을 가리키고 있다. 나무계단으로 올라가면서 살모사가 많이 있어서 살모사 바위인가 약간 섬뜩한 이름이다. 더욱이 두려웠던 것은 예초 작업이 잘 되어있지 않아서 풀이 좁은 길을 뒤덮고 있어 길이 잘 보이지 않는다. 도보 여행자도 많이 지나가지 않아서 풀이 밟힌 흔적이 없다. 이러하기에 풀섶을 헤치며 걸을 때 뱀이 나타날까 두려워 두 개의 스틱으로 앞쪽을 툭툭 치면서 걷는다. 엎친 데 덮친 격으로 조릿대와 덩굴식물로 길을 구분하기 어렵다. 다만 조릿대가 땅에 누워있는 곳이 길인가 보다 하고 걷는다. 다행스러운 것은 살모사 바위 가는 방향을 알려주는 표시가 다시 억새 풀이 무성한 길을 통해 바다로 안내한다. 남은 거리를 살펴보니 400여 미터, 수풀을 헤치면서 걸었다.

 바닷가로 내려오니 몽돌해변 위에 어망, 플라스틱, 부표 등 해양쓰레기와 떠밀려온 미역과 나무토막 등이 널브러져 있다. 제주올레길은 걸어갈 수 있는 길을 양쪽 가장자리에 돌로 줄지어 놓아 돌위의 길을 쉽게 찾을 수 있다. 그런데 해파랑길은 길 표시가 하나도 없고 리본도 없다. 사람들이 많이 걸은 흔적도 보이지 않는다. 100 미터 정도 걸으니 다시 언덕으로 올라가는 계단이 있다. 이 계단으로 가는 길뿐이

좌_ 억새 풀로 덮인 해파랑길    우_ 쓰레기로 뒤덮인 해파랑길

니 계단으로 올라가면 되겠다고 생각한다. 허술해 보이는 계단을 올라가서 언덕길을 걷는데 두루누비 앱에서 길을 이탈했다는 메시지를 말한다. 주변을 둘러보아도 다른 길이 없어 한참을 헤매다가 왔던 길을 다시 뒤돌아서 바닷가로 내려온다. '도대체 어디로 가란 말인가?' 안내 표시도 없고 해변은 조금 전에 지나온 해변의 쓰레기보다 더 많은 해양쓰레기가 앞을 가로막고 있으니 누가 보아도 해파랑길은 아닐 것 같다. 길이 있는 계단은 해파랑길이 아니라서 돌아왔으니 이제 갈 방향은 오직 하나 쓰레기 사이를 조심히 피하면서 걸어야 한다. 쓰레기로 뒤덮인 해변을 무사히 걸어가니 포장된 도로와 양식장 같은 시설에서 온갖 물을 빼내는 사람을 보니 반갑다. 이제 길 같지 않은 길을 걸으면서 해파랑길인지 아닌지 헤매지 않아도 될 테니 안심이 된다. 마을 앞 해안도로를 따라가다 구평리 마을 안으로 들어가 집들의 담장을 끼고 때로는 밭길을 지나니 마음도 편안하다. 차들이 달리는 2차

선 도로를 걷지만, 차량이 많이 없어 나 혼자 도로의 주인인 것처럼 씩씩하게 걷는다.

　시계를 보니 11시쯤 되어 6km 남은 구룡포에 가서 점심 먹으면 되겠구나 생각하고 31번 국도를 빠르게 걷는다. 식당이 도로변에 없을 것으로 생각했는데 도롯가에 반가운 식당이 있다. 시각도 12시경 점심 때가 되고 배낭을 멘 어깨도 아파 휴식이 필요해서 경주식당으로 들어갔다. 메뉴는 한가지 정식이고 7,000원으로 착한 가격이다. 손님들도 일부는 밖으로 나가고 몇 테이블에 앉아있다. 주인은 점심 한상차림 쟁반을 내 앞의 식탁에 놓는다. 쟁반 위에 8가지 반찬이 있는데 그 중에 아구찜, 가자미 튀김, 그리고 밀치초무침이 있어서 놀랍다. 반찬 하나하나 모두 맛있어서 깨끗하게 그릇을 비운다. 한참 밥 먹고 있는데 외국인 근로자 10여 명이 우르르 들어온다. 이곳에 자주 오는 듯 알아서 테이블에 물컵, 물 등을 옮겨 놓는다. 이 해안에는 작은 항구도 많고 해산물 가공 공장이 있어서 외국인 근로자들도 많이 볼 수 있는 것 같다.

　점심 식사 후 12시 45분 식당을 떠나 14시 드디어 구룡포항에 도착한다. 멀리서 보아도 구룡포항은 무척 큰 항구다. 부두가 여러 개로 작은 어선들이 정박해 있는 부두와 큰 선박이 정박할 부두도 있는 큰 항구이다. 구룡포항 서쪽에 도착한 시간이 14시인데 항구 동쪽 스탬프 찍는 곳에 도착한 시각은 14시 20분이다. 20분이나 걸린 대단히 큰 규모의 항구이다.

　항구에 있는 미르공원은 아름다운 색깔 타일로 화단과 그 주변에 앉을 수 있는 자리를 만들어놓았는데 이것을 보면서 가우디가 설계한 스페인 구엘공원이 떠올랐다. 이곳에 앉아서 간식도 먹고 항구를

구룡포 미르공원

바라보며 쉰다. 길 건너에는 일본인 가옥 거리가 있다. 그러나 그곳을 둘러보지는 않았다. 다른 여러 도시에서 일본 가옥 거리를 많이 보았고 지금은 호미곶 근처까지 걸어가는 것이 우선이다.

해파랑길 14코스 스탬프를 찍는데 한 60대 후반 정도로 보이는 남성이 말을 건다. 그래서 스탬프 찍으시라고 자리를 비켜주었다. 스탬프는 찍지 않는단다. 자신은 수원에서 왔는데 저기 보이는 흰 탑차를 타고 왔다면서 주차장 쪽을 가리킨다. 그 탑차에 자전거를 싣고 와서 자전거도 타고 걷기도 하면서 구경한단다. 그 사람은 오늘 구룡포에서 묵을 것이라고 한다. 나는 "호미곶까지 갈 거예요."라고 말하고 헤어진다. 해파랑길을 걷는 사람들이 참으로 다양한 형태로 즐기는 것 같다.

구룡포항에서 14시 40분에 호미곶을 향해 출발한다. 호미곶 가기

구룡포 주상절리

전에 있는 해송모텔에서 숙박하려고 하니 10km 정도 걸어야 한다. 13코스에서는 길의 표시가 없어서 헤매는 고생을 했는데 14코스는 해안길을 따라 계속 바다만 바라보고 걸으니 힘들지 않아 걸음도 빠르게 움직인다. 조그만 항구가 있지만 모두 조용하고 가끔 주민들이 미역 말리는 모습을 볼 수 있고 갯바위에서 낚시하는 사람들이 보인다.

구룡포 삼정리 바다에 작은 주상절리가 아담하게 있다. 낮은 언덕에 올라가 바다를 내려다보니 주상절리가 여러 개의 낮은 산처럼 봉긋하다. 화산이 폭발하다가 바로 굳어버렸는지 매우 낮고 다각형의 수직형 모양인데 세로 윤곽이 뚜렷하지는 않다.

나에게 힘을 내게 해준 것은 청보리밭이다. 마을 밭에 청보리밭이 있는 것을 보니 무척 반갑다. 어릴 때 시골에서 자랐기에 보리밭을 많

**포항 청보리밭**

  이 보고 자라서 더 정겹다. 청보리밭과 바다가 함께 어우러지는 풍광은 나의 발길을 멈추게 한다. 아무리 바빠도 이 아름다운 청보리밭을 그냥 지나칠 수가 없어서 사진을 찍고 또 찍는다. 또 다른 청보리밭이 더 아름답게 보여 또 멈추곤 한다. 먼 거리를 걸어서 지친 몸이 이 아름다운 청보리밭을 보고 다시 힘을 얻고 청춘으로 돌아간 듯 가볍게 발걸음을 옮긴다.
  오늘 목표한 호미곶 3㎞ 정도 남겨놓은 곳에 있는 해송모텔에 17시 30분에 체크인한다. 방도 크고 깨끗하며 전망도 아주 좋다. 모텔 앞에는 커다란 소나무 사이로 큰 카페와 바다가 있어서 아름답지만, 밖으로 나가기보다 쉬는 것을 선택한다.
  체크인하여 방에 들어가자마자 오늘 입은 옷을 모두 세탁하고 침대 옆 방바닥에 널고 반신욕으로 피로를 푼다. 근처에 저녁 먹을 식당이 없어서 테이블에 놓여있는 광고를 보고 멕시칸 순살치킨과 맥주 작은 것 하나를 주문한다. 지난주에도 먹고 싶었는데 기회가 없었다. 20분 정도 지나니 배달이 왔다. 치킨 한 마리의 양이 많았지만 맥주 한 캔과 치킨 반을 정말 맛있게 먹는다. 맥주를 마셨더니 힘이 풀려서 아무것도 할 수 없다. 9시에 그냥 쓰러져 잠든다.

## 호미반도 해안둘레길의 매력에 빠지다
### 15코스 호미곶~16코스 도구해변

열둘째 날
2021년 4월 30일(금) 흐린 후 맑음, 도보 거리 23.9㎞

아침 5시 30분에 눈을 뜨고 창문을 열어 바다를 본다. 바다에 구름이 끼어 일출을 못 보나 했는데 구름 위로 아주 둥그런 태양이 솟아오른다. 정말 완전 둥근 모양의 태양이 구름 위로 솟아올라 소나무 사이에 걸쳐있는 모습이 참으로 아름답다. 내가 더 멋진 장면을 사진으로 포착하지 못하는 것이 안타깝다.

어제 세탁하여 방바닥에 널어놓은 옷들이 완전히 말랐다. 온돌 난방의 좋은 점은 드라이기를 이용하지 않고 세탁물을 말릴 수 있다는 것이다. 하루 과제를 드라이기 사용하지 않고 참 쉽게 완수하였기에 더욱 기쁘다. 오늘 일정은 모텔에서 호미곶 등대까지 약 3㎞, 해파랑길 15코스 호미곶에서 홍환보건지소까지 12.9㎞와 16코스 시작점인 홍환보건지소에서 도구해변까지 8㎞를 걸어야 하니 총 23.9㎞이다.

좌_ 호미곶반도 일출    우_ 상생의 손

　16코스 중간지점인 도구해변을 오늘의 종점으로 선택한 것은 홍환보건지소는 시골이라 숙박할 곳이 없다. 도구해변 근처에 숙박시설과 식당이 많아서 오늘의 종점으로 정하고 8시 50분 출발한다.
　숙소에서 호미곶 스탬프가 있는 곳까지 약 3㎞를 부지런히 해안길을 따라 걷는다. 포항의 상징인 바다에 있는 손 조형물이 눈앞에 보인다. 구름 낀 날씨라서 어둑한데 여러 사람이 사진 찍기에 바쁘다. 나도 여러 각도에서 사진을 찍어보는데 전문가용 카메라를 가진 사람이 있어서 나와 상생의 손을 넣어 사진을 찍어 달라고 부탁한다. 멋지게 사진을 찍어주어서 고맙다.
　이 손 조형물의 이름은 상생의 손이다. 포항의 상징으로 포항 뉴스 시간에 항상 배경 화면에 보여서 눈에 익숙하다. 상생의 손 중에 오른손은 바다에 있고 왼손은 광장 위에 있어서 서로 마주 보고 있다. 한동안 사진 찍고 상생의 손을 바라보고 해파랑길 15코스 스탬프도 찍는

모아바위

다. 10시에 15코스 홍환보건진료소를 향해 발길을 옮긴다.

　해안을 따라 낮고 작은 여러 갯바위에 갈매기들이 앉아 쉬기도 하고 바다에 유유히 헤엄치며 고기잡이하는 모습이 참으로 평화롭다. 호미반도 해안둘레길 이름대로 계속 바다를 끼고 해안길을 걷는다. 독수리 바위 옆에 정자가 있어 쉬어가려 다가갔다. 한 부부가 정자에 앉아 바다를 보고 있다. 한쪽에는 휴대용 가스버너와 먹을 것이 있다. 그 부부는 바닷가에 자주 와서 아침 식사를 요리해 먹고 바다를 바라보며 쉬는 것을 즐긴다고 한다. 자연과 함께 식사하는 즐거움을 누리는 여행인 것 같다. 그 부부가 여유 있게 정자에 앉아 쉬는 모습이 마치 이곳이 그들의 천국인 듯한 느낌을 준다. 도보 여행하는 나에게 성공적으로 완주하라고 응원의 말씀도 해주어 고맙다.

　해안도로를 따라 계속 가니 터널을 지나기 전에 오른쪽 바닷가 호미반도 해안 둘레길 중에서 구룡소길로 해파랑길을 안내한다. 이 길은 대부분 바다 위에 나무 데크길로 만들어져 여러 기암괴석을 구경

좌_ 호미반도 해안둘레길(구룡소길)    우_ 구룡소

하며 바다를 즐길 수 있다. 돌로 된 해변을 걷기도 하고 때로는 언덕으로 올라가 바다를 내려다본다. 바다 위에 설치한 데크길을 따라 기암절벽의 풍광과 확 트인 바다를 바라보며 아름다움에 감탄한다. 모아석상의 얼굴 비슷한 모아바위는 정말 이름이 잘 어울린다. 울퉁불퉁한 바위 하나하나가 아름다움을 표출한다. 데크길이 끝나고 언덕길에 올라가니 구룡소이다. 이곳은 아홉 마리의 용이 살다가 승천할 때 9개의 굴이 뚫어져서 구룡소란 이름이 붙여졌다. 언덕에서 구룡소를 내려다보니 물 색깔은 유난히 짙은 옥색으로 다른 곳의 파란색과 구별이 된다.

　몽돌해변을 걸을 때는 한 걸음 옮길 때마다 몽돌이 마음대로 움직여서 내 발을 내 마음대로 통제가 안 될 때도 있다. 몽돌해변을 걷는 것이 어려운데 한편으로는 어린아이처럼 장난하듯 몽돌 위를 걷는 것이 재미있다. 몽돌 위를 걷는 어려움을 해소해 주기 위해 커다란 넓적돌을 이용하여 바닷물이 다가오는 해안선에 길을 만들어 놓았다. 발이 쑥쑥 들어가고 미끄러지며 몽돌 위를 걷다가 넓적한 돌로 만들어진 단단한 길 위를 걸으니 성큼성큼 걸을 수 있고 파도에 밀려 다가오는 바닷물을 즐기면서 걷는다. 어느새 바닷물과 함께 걷는 즐거움이 끝나고 마을 해안도로 호미로를 따라 걷는다. 어느 동네 앞에서 여러 남성이 그물을 펼쳐놓고 함께 손질하고 있다. 고기잡이가 주 업무이지만 고기잡이하기 위한 준비 작업도 그에 못지않게 할 일이 꽤 많은 것 같다.

홍환1리 마을회관을 보니 홍환보건진료소에 가까워졌다는 사실에 기쁘다. 나와 반대 방향에서 오는 배낭을 멘 두 쌍의 부부를 만났다. 먼저 만난 부부에게 가장 먼저 물어본 말은,

"저기에 식당이 있어요?" 밥 먹는 것이 중요해서 나도 모르게 그런 질문을 한 것이다. 참으로 우스운 일일 수도 있다.

"삼거리로 가면 식당이 있어요."라고 대답한다.

식당이 있다는 말에 마냥 기쁜 마음으로 걷는다. 오후 2시경에 15코스 종점인 홍환보건진료소에 도착했으나 해파랑길 안내판과 스탬프 함이 보이지 않는다. 16코스 따라가기를 실행하고 홍환마트 근처에서 스탬프 함이 어디에 있는지 두리번거리니까 길 건너 식당에서 한 사람이 문을 열더니 스탬프 함이 있는 곳을 알려준다. 그동안 보아온 해파랑길 안내판 옆에 스탬프 함이 있는 것이 아니라 홍환마트 입구에 스탬프 함만 부착이 되어있다.

가장 중요한 스탬프를 찍고 맞은편에 있는 해파랑맛집 식당으로 들어선다. 배낭을 내려놓고 순두부찌개를 주문한다. 점심 먹을 수 있는 식당이 있다는 것에 감사하면서 음식을 기다린다. 옆 테이블에 4명의 남자 손님 중 한 명이 나에게 묻는다.

"어디서 출발했어요?"

"부산에서 출발했어요. 11일째 걷고 있어요."

나에게 계속 질문을 하기도 하고 자신들의 이야기도 해준다. 그러더니 식사를 끝내고 '해파랑길 750㎞ 완주 기념'이란 휴대용 미니 현수막을 들고 스탬프 통 옆에서 사진을 찍고 온다. 나에게도 빌려줄 테니 사진 찍으라고 한다.

60대 후반으로 보이는 그들은 부산에서 온 초등학교 동창인데 차량 두 대로 시작점과 종점에 한 대씩 주차해 놓고 함께 만나서 한 코스씩 걷고 집으로 돌아간다고 한다. 도보여행을 함께 할 수 있는 친구가 있다는 것이 매우 부럽다.

나도 2시 50분경 서둘러 16코스 중간지점 정도 되는 포항 도구해변까지 가기 위해 발걸음을 부지런히 움직인다. 다시 호미반도 해안둘레길로 들어선다. 몽돌해변길과 바닷물 위에 데크길로 만들어져 걷는 것이 힘들지 않다. 바위 생김새에 따라 여성의 얼굴 같은 미인바위, 왕관 모양의 여왕바위, 킹콩바위, 바위가 우뚝 서 있어서 선바위, 선녀가 내려와 놀았다는 하선대 등 이름을 부여하고 사진과 이름 푯말을 세워놓아 바위에서 이름에 맞는 형상을 찾아 비교하는 재미도 있다. 게다가 옛 전설이 함께 하는 이야기가 있는 아름다운 길이라 시간 가는 줄도 모르고 걷는다. 바다 멀리에 포항제철이 아득하게 보인다. 호미반도 해안 둘레길 중에서 가장 아름다운 길이 16코스에 있는 해안 데크길일 것 같다.

바다 위 데크길이 끝나서 아쉬워하면서 도로를 올라가다가 대나무 숲 사이로 나무 데크길을 따라 연오랑세오녀 테마파크로 들어선다.

좌_ 연어랑세오녀 가는 대나무 숲 데크길    우_ 연오랑세오녀 테마파크 일월대 누각

    연오랑과 세오녀는 동해 해변에 살다가 신라 아달라왕 4년에 연오랑이 해조를 따던 중 바위가 연오랑을 태우고 일본으로 건너가자 그 나라 왕으로 삼았다. 이후 세오녀도 데려가 왕비로 삼았다. 이때 신라에서 해와 달이 빛을 서서히 잃었다. 신라에서 연오랑을 데려오려 하였으나 연오왕은 하늘의 뜻으로 일본의 왕이 되어서 돌아올 수 없었다. 그러면서 왕비 세오녀가 짠 비단을 주고 이것으로 하늘에 제사를 정성껏 지내면 될 거라 하여 제사를 지내니 서서히 해와 달이 빛을 회복했다. 이 이야기는 삼국유사 연오랑세오녀 신화에 나오는 이야기로 이를 바탕으로 연오랑세오녀 테마파크를 만들었다.

    바다가 내려다보이고 전망이 가장 좋은 위치에 2층으로 된 일월대 누각이 서 있다. 몇몇 관광객들이 일월대 누각 2층으로 올라간다. 일월대 누각 앞에는 해당화가 붉게 꽃을 피웠다. 누각 2층으로 올라가는 것은 생략하고 그냥 지나가기로 한다.

도구해변 소나무 산책로

　연오랑세오녀 테마파크를 나오니 해변이 보인다. 그 해변이 도구해변이면 좋겠다고 생각하면서 걷는다. 해변 가까이에 가니 세찬 바람에 휘어진 소나무 숲에 산책로가 조성되어 있다. 쭉쭉 뻗은 소나무도 멋있는데 이처럼 가늘고 휘어진 어린 소나무 숲도 자연스럽고 멋있다. 이 소나무 숲이 끝나고 목적지인 도구해변 5시 10분경에 도착한다. 도구해변은 캠핑족을 위한 곳인 듯 주차장에 캠핑카가 많이 있고 텐트도 많이 있다. 바다 구경하는 사람도 있고 불을 지피고 요리하는 사람도 있다. 오늘 묵을 곳을 검색해서 가장 가까운 곳에 있는 해모루 모텔을 숙소로 정한다. 숙소 옆에 과일 가게도 있어서 토마토도 산다. 저녁을 먹고 피곤한 다리를 위해 세상 모르고 잠들 것 같다.

## 포항제철 담장을 돌고 돌아서

### 16코스 도구해변 ~ 17코스 칠포해변

**열셋째 날**
**2021년 5월 1일(토) 새벽비 온 후 흐림, 도보 거리 29.1㎞**

새벽에 비가 세차게 내려 걱정했는데 다행히 그쳐서 계획에 차질이 없을 것 같다. 일정은 16코스 도구해변에서 송도해변까지 11.2㎞이고, 17코스 송도해변에서 칠포해변까지 17.9㎞ 모두 걸어야 할 거리는 29.1㎞이다.

배낭을 짊어지고 9시 30분에 도구해변 소나무길을 걷는다. 도구해변을 따라 파란 바다를 보며 걷는 기분이 참 상쾌하다. 도구해수욕장을 따라 2.3㎞가량 되는 산책길은 데크길과 야자 매트길로 왼쪽은 소나무가 있고 오른쪽은 파란 바다를 바라보며 걷는다. 아름다운 길이라 셀카도 많이 찍으면서 "와! 정말 좋다!" 감탄하며 걷는다. '이 길이 더 길었으면 좋겠다.' 하는 생각도 한다. 아쉽게 아름다운 길은 모두 끝나고 시내 쪽으로 방향을 돌린다.

인도 옆으로 2m 이상 높이로 된 녹색 울타리를 따라 걷는데 걸어도 걸어도 끝이 보이질 않는다. 그 울타리에 녹색식물이 자라 하얀 꽃이 피었다. 꽃이 핀 울타리 옆을 걷는 것이 지루하지 않고 피곤하지도 않다. 식물이 지친 사람들의 마음을 치유해 주는 힘이 있어 긴 시간 걸어도 지치지 않나 보다. 이처럼 끝없이 이어지는 담장 안은 무엇일까 궁금해하면서 걷는다. 드디어 커다랗게 'posco 포항제철소'라고 쓴 출입문을 보고 포스코의 규모에 놀랐다. 포스코의 규모가 얼마나 커다란지 내가 담장을 따라 약 한 시간가량 걸었다. 대충 거리가 4㎞ 정도는 될 것 같다. 바다 쪽과 형산강 쪽을 합치면 대충 어느 정도의 규모인지

좌_ 도구해변 산책로    우_ 포스코 담장에서 자란 식물

짐작할 수 있을 것 같다. 10여 년 전에 단체로 산업시찰을 왔을 때 버스로 와서 안내하는 대로 따라가 설명을 듣고, 생산 공정에서 붉은 불덩이 같은 쇠막대를 자동으로 만드는 것을 보고 놀랐던 일이 있다. 그 한 부분만 보았기에 포스코의 규모가 크다는 생각은 하지 못했다. 포스코는 1968년에 창립하여 우리나라 경제발전에 큰 역할을 담당하였고 지금은 세계 여러 나라에 포스코 공장도 세워 세계적인 기업으로 우뚝 섰다. 포스코는 한국인의 자랑이며 자부심을 느끼게 해주는 기업이다.

　포스코 담장이 끝나는 곳은 바로 형산강이다. 다리에 구형산교라는 이름이 붙어있다. 형산강이 작은 강으로 알고 있었는데 내가 생각한 것보다 강폭이 무척 넓다. 공장에 물을 공급하는 형산강과 완성품을 선적할 수 있는 아늑하고 큰 배가 정박할 수 있는 바다가 있는 최적의 장소 이곳에 포스코가 자리 잡은 것이다. 형산강을 건너가면서 포스코를 바라보니 공장의 끝이 보이지 않는다. 내가 걸어온 도구해변에

좌_ 포스코    우_ 포항운하관

서 형산강 사이에 공장 건물이 여러 개가 있다. 구형산교를 건너 형산강 둑을 따라 걸으면서 형산강 체육공원도 구경하고 높은 굴뚝이 여러 개 보이는 포스코 공장 건물도 구경한다.

형산강하구에는 여러 개의 부두가 있고 포항운하관 건물이 있다. 포항운하관에서 포항 크루즈여행도 하고 송도를 한 바퀴 도는 운하유람선, 야경유람선 등을 운행하는데 현재는 코로나 확산으로 인해 운행하지 않고 있다.

내 앞에 배낭을 메고 걸어가는 분이 있다. 그분도 해파랑길을 걷는 것 같다. 내가 앞질러서 걸어가니 또 몇 명의 도보 여행자가 있다. 여러 사람이 같이 온 것 같다. 송도해수욕장 도로변에 해파랑길 안내판 없이 17코스 스탬프 함이 외롭게 놓여있다. 스탬프를 찍는 사람이 여러 명이다. 나도 12시 30분경 스탬프를 찍는다.

점심 식사 후 1시 10분경 해파랑길 17코스 17.9㎞를 걷기 위해 출발

좌_ 포항 요트계류장    우_ 포항 영일대

했다. 송도해수욕장을 따라 계속 걸어가는데 두루누비 앱에서 노선을 이탈했다고 말한다. 해변길이 아름다워 앞만 보고 걷다가 리본을 못 보았다. 뒤돌아가서 리본을 찾아 차들이 다니는 도로로 올라간다. 동빈큰다리는 배가 지나다닐 수 있도록 아치형으로 건설되어 송도 섬과 육지를 연결해 주는 가교역할을 하는 다리이다. 동빈큰다리의 오른쪽에는 요트 계류장이 있고 요트와 큰 배도 정박해 있다. 크고 작은 배들이 많이 정박해 있어서 아름다운 풍경을 만든다. 요트 계류장 반대쪽에는 어선들이 가득 정박해 있다. 정박해 있는 배들을 보면서 걷다 보니 낯익은 포항여객선터미널이 보인다. 울릉도에 갈 때마다 이 근처에 머물면서 영일대해수욕장 조각작품 거리를 걷고 영일대까지 산책하였기에 더욱 낯익은 거리다.

　조각작품을 감상하면서 영일대 해안길을 걷는다. 해변에는 주말이라서인지 많은 사람들이 있고 거리에서 놀이기구로 공연하는 사람 주변에는 많은 사람들이 빙 에워싸고 있다. 버스킹 공연 금지 라고 현수막이 있는데 노래가 아닌 쇼 공연은 예외인가 보다. 코로나 시대에 이렇게 많은 사람이 거리를 오가고 공연을 보기 위해 모이는 것을 처음 보니 코로나가 모두 종식되었다면 얼마나 좋을까 생각해 본다.

환호해맞이 해변공원까지 바닷가 도로 옆을 걸어가는데 많은 시민들이 산책하고 있다. 탁 트인 바다와 푸른 물결이 햇빛에 반짝이고 소나무 가로수가 더욱 아름답다. 환호해맞이 공원에서 노래 공연이 펼쳐지고 많은 구경꾼들이 가수가 부르는 노래를 듣고 있다. 이곳에서는 코로나 거리두기는 거의 찾아보기 어렵다.

바다를 옆에 두고 편안한 해안길을 계속 걷는다. 내 앞에 걷던 여성이 뒤돌며

"부산팀인가요?" 묻는다.

"아니요. 혼자 걷는데요. 어디서 오셨어요?"

"부산에서 26명이 버스 타고 와서 도구해변에서 출발하여 저기 방파제 버스까지 걸어가서 모이기로 했어요."

여남방파제 주차장에 관광버스가 여러 대 주차되어 있다. 해파랑길을 걷는 팀을 위한 관광버스가 운영되고 있는 것을 보니 해파랑길도 제주 올레길처럼 인기 있는 것 같다.

여남방파제에서 마을이 있는 매우 가파른 골목길로 올라간다. 마지막 집까지 올라와서 뒤를 돌아보니 바다가 시원스럽게 펼쳐져 있다. 마을을 지나 산길로 넘어서 죽천해수욕장을 향한다. 죽천해수욕장에 세워진 이정표를 보니 칠포해수욕장 8.4㎞이다. 현재 시각이 4시 30분이니 오르막길이 없는 해변길이라면 2시간 정도면 도착할 수 있는데 조금 더 빠르게 걸어야 한다.

죽천해안을 지나 죽천초등학교 뒤쪽 언덕길을 돌아서 내려가는데 6명의 학생이 페인트 조색 작업을 하고 다른 쪽 20여 명의 학생은 동네 담장과 벽에 예쁘게 그림을 그리고 있다. 회색빛 어두운 시멘트벽이 예쁜 그림으로 변신을 한다.

골목길 벽에 그림 그리는 학생들

"어느 학교에서 나왔나요?" 내가 물었다.

"한동대학교에서 왔어요." 한 학생이 대답한다.

이렇게 마을 환경개선 봉사활동을 하는 학생들이 있어서 동네가 아름답게 변하고 이 길을 걷는 사람들도 아름다움을 감상하면서 걸을 수 있으니 이 학생들이 참으로 고맙다.

골목길을 벗어나니 시원하게 뚫린 6차선 도로이다. 아직은 지나다니는 차량이 어쩌다 보이는데 영일만항은 포항국제컨테이너미널이 매우 크게 자리 잡고 있다. 용한리해수욕장 근처에 가니 한쪽에는 낚시와 서핑 스쿨 상점이 줄지어 있고 양쪽 도로변에 차량이 줄지어 있다. 이 시골에 웬 차량이 이리 많이 주차되었는지 궁금하여 주위를 보니 바다에는 많은 사람이 서핑을 배우고 있다. 아직은 바닷물이 차가울 텐데 바다에 들어가 파도가 밀려오기를 기다리고 있다. 낮은 파도에도 서핑보드에 올라타는 숙련자도 보인다. 더 구경하고 싶지만, 다시 발걸음을 재촉하여 목적지로 향한다.

산업단지 앞을 지나서 바다 해안 둑에 만들어진 데크길로 내려가

파도를 기다리는 서핑족

걷는다. 데크길을 걸으면서 대구교육해양수련원 앞을 지나 바다를 보며 걷는다. 해안에서 캠핑하는 차가 한 대 있는 것을 보니 칠포해수욕장에 가까이 왔음을 짐작한다. 칠포 인도교를 건너니 칠포해수욕장이다. 이 칠포해수욕장은 캠핑장이 있어서 캠핑카를 가져와서 즐기는 여행객이 많은 것 같다. 스탬프를 찍으니 6시 30분이다. 이제 숙소를 찾아서 다시 거꾸로 가야 한다. 길가에서 본 게스트하우스 광고판 전화번호로 전화했다. 남자 목소리로

"우리 게스트하우스는 18코스 가는 길에 있는데 칠포해변에서 멀어서 픽업하러 갈게요."

"아니요. 이 근처에서 머물게요."

"거기 모텔 세 곳 중 하나는 문을 닫았고 둘 중에 블루모텔로 가면 잘해 줄 거예요."

"고마워요."

블루모텔을 찾아가서 체크인한다. 방도 크고 깨끗하다. 더구나 맞

은편에 중식당이 있어서 짬뽕으로 저녁을 먹을 수 있어서 감사한다.

## 여행 동반자를 찾으러 가는 길에 천사를 만나다
18코스: 칠포해변 ~ 화진해변

열넷째 날
2021년 5월 2일(일) 화창한 날, 도보 거리 약 26.4㎞

칠포해변

아침 먹을 수 있는 식당이 어디에 있는지 모텔 사장한테 물어보니 방향을 알려준다. 8시경에 퇴실하고 알려준 길로 가다가 식당을 발견하고 식당 간판을 보고 전화했는데 아침 식사는 안 한다는 답변이다. 아무리 걸어도 식당은 보이지 않고 커다란 산업단지 건물만 보일 뿐이다. 식당이 나오면 그때 식사하기로 하고 어제 걸었던 용현해안으로 내려가 바닷가의 아름다움을 보면서 칠포해변을 향해 걷는다. 모텔에서 해파랑길 18코스 출발점 칠포해변까지 약 4.5㎞를 한 시간 넘게 걸어 9시 30분경 도착한다. 칠포해변의 끝지점에서 해오름 전망대로 가기 위해 계단을 올라가는데 헉헉대서 어렵다. 올라가기 힘이 들어 스틱을 사용해야지 했는데 "아뿔싸!" 스틱을 모텔에 놓고 온 사실을 뒤늦게 깨닫는다.

도보여행하는 동안 스틱은 나의 일부이기에 놓고 갈 수 없는 일이다. 다시 칠포해변으로 내려가 차들이 달리는 도로변으로 돌아와서 콜택시를 부르려고 전화한다. 택시회사 안내원이 말하기를,

"포항에서 택시가 출발해서 칠포해변까지 도착하려면 20~30분 걸리고 가능한 택시가 있는지 확인해 봐야 해서 몇 시까지 도착한다고 말하기 어렵습니다. 요금은 포항에서 칠포해변까지 왕복 요금을 지불해야 됩니다. 콜택시 요청하시겠습니까?"

"아니요."

버스노선은 하나 있는데 검색 결과 언제 올 지 시간도 안 나온다.

택시를 기다리는 것보다 히치하이크 하기로 한다. 히치하이크로도 나를 태워주는 차량이 없다면 모텔까지 걸어가기로 정한다. 많은 승용차가 지나갈 때마다 손을 들어 태워달라는 신호를 보낸다. 모두 바쁜 듯이 쌩쌩 지나간다. 히치하이크를 시도한 지 10여 분이 지나서 트럭 한 대가 멈춰 선다. 블루모텔에 스틱을 놓고 와서 찾으러 가려 하니 근처에서 내려달라고 부탁해본다. 그 중년의 아저씨는 어머니를 만나러 가는 중이란다. 또 이 근처에서 목장을 운영하신다고 말씀하신다. 시간이 없어서 모텔 근처에 내려주시겠다고 하여 고마웠다.

모텔 근처에 가니 버스정류장에 미니버스 한 대가 멈춰 서 있다. 갈 때 버스 타고 가면 되니 감사하다고 인사한 후 나는 모텔로 들어가서 스틱 찾으러 왔다고 얘기한다. 사장님과 직원이 벌써 청소 중이다. 직

바다와 함께 가는 해파랑길

원이 스틱 있는 장소를 알려준다. 나는 방으로 갔으나 현관 옆에 놓은 스틱을 찾을 수 없고 직원이 말한 곳이 어디인지 찾을 수 없어서 1층으로 다시 내려와 스틱을 찾을 수 없다고 말했다. 직원이 2층으로 올라와 분실물 보관 상자를 열더니 스틱을 꺼내준다. 스틱을 들고 부리나케 정류장으로 달렸다. 나를 태워주신 목장 사장님은 떠나지 않고 나를 기다리고 있다.

"저 버스는 칠포에 안 간다고 하니 빨리 타요."

"고맙습니다. 어머님 댁 근처에서 내려주시면 걸어갈게요." 차는 마을을 지나치고 계속 달려서 칠포해변이 보인다.

"여기서 내려주세요."

"여기는 모래밭이라 걷기 힘드니 포장도로에서 내려줄게요."

그분은 나를 칠포해변 근처 포장도로에서 내려주셨다. 정말 눈물

날 정도로 감동하였다. 본인 일을 뒤로 미루고 낯선 여행객을 위해 시간을 내어 도와주시다니 정말 감사할 뿐이다. 급한 마음에 연락처도 주고받지 않아서 감사 표현도 할 수 없어 안타깝다. 나의 천사, 목장 사장님이 도와주신 덕분에 스틱을 찾아서 돌아오는데 시간이 20분 정도 걸린 것 같다. 그 목장 사장님에게 항상 건강과 행복이 가득하길 바란다.

트럭에서 칠포해변에 내렸을 때는 10시 35분으로 다시 18코스를 걷기 시작한다. 칠포해변에서 해오름전망대까지 2㎞ 떨어지고 그곳을 가기 위해 언덕을 올라가는데 스틱을 짚으면서 네발로 걸으니 훨씬 수월하다. 이 오름길이 가파르기에 스틱의 필요성을 느껴 놓고 온 스틱을 찾으러 가는 소동이 생겼고 그로 인해 나의 동반자 스틱을 찾아오도록 기회를 주어 감사한 길이다. 가파르게 올라온 후에는 아름다운 바다와 하얗게 부서지는 파도가 환상적이다. 게다가 이 길이 바다를 감상하면서 편안하게 걸을 수 있어서 고맙다.

해안도로에서 보이는 해오름전망대는 바위 절벽 위에 뱃머리 모양이 얹혀 있는 듯한 모양이다. 그 위에 몇 명의 사람들이 서 있는 모습도 보인다. 나무계단을 올라가 도로변 데크길을 따라가니 해오름전망대가 있다. 좌우, 앞을 가로막는 것이 아무것도 없어 끝없는 수평선이 더 시원스럽게 보인다. 떠오르는 태양을 이곳에서 본다면 환상적인 일출일 것 같다. 다시 나무계단을 따라 해안으로 걷는다. 바닷물이 유난히 더 파랗게 빛이 나고 파도는 하얗게 거품을 토해내는 것이 아름다움을 더해준다. 오도리해변을 도달할 때까지 파도가 파란 바다에 아름다운 하얀 그림을 계속 그려주어 바다만 바라보아도 시간 가는

해오름 전망대

줄 모르고 그림 감상에 흠뻑 빠져서 파도 그림 전시회장을 감상한 듯하다.

오도리해변에 오니 11시 30분이다. 편의점이 있어서 반가운 마음에 컵라면을 사서 야외 탁자에 앉아 해변에서 놀고 있는 젊은이들을 보면서 아침을 대신한다. 컵라면을 이렇게 맛있게 먹어본 적도 처음이다. 배고픔이 음식 맛을 한층 높여 주나 보다.

컵라면 하나 먹었더니 배부르고 다시 힘이 솟는다. 앞으로 15.8㎞만 더 걸으면 된다. 4시간에서 4시간 30분이면 쉬엄쉬엄 화진해변까지 도착할 것이다. '맛있는 찐빵 만두 500m'라는 광고 푯말이 있어서 맛있는 것 먹을 수 있겠다는 희망을 품고 화살표 방향으로 걷는다. 찐빵 만둣집을 찾으려고 주변을 잘 살펴보면서 걷는데도 결국 찾지 못하였다. 찐빵과 만두 먹는 것은 포기하고 파도가 만들어내는 아름다움을 즐기면서 걷는다. 파도가 해안으로 몰려올 때마다 색다른 그림을 그

이가리닻전망대

려낸다. 특히 갯바위가 있는 곳에서 파도가 부서질 때는 물보라가 커다란 분수처럼 꽃을 만들어낸다. 이 아름다운 사진을 포착하기 위해 파도를 바라보는 것도 하나의 즐거움이다.

 파도가 그려낸 풍광을 감상하면서 걷다 보니 사람들이 많이 몰려있는 곳이 보인다. 바다 위 높이 올려져 있는 '이가리닻전망대'이다. 지그재그로 된 계단을 올라 서니 바다가 저 멀리 아래로 보이고 파도가 유난히 많이 몰려와서 무서운 생각이 든다. 다른 사람들도 가는데 나도 용기를 내서 닻을 향해서 긴 통로를 걷는다. 중간지점에 빨간 지붕의 등대 조형물이 있어 기념사진 찍으려는 사람들로 줄을 선다. 닻 전망대라는 이름대로 닻 모양으로 통로의 공간을 만들어 놓고 전망대의 맨 끝에 닻 조형물이 있다. 이 전망대는 닻 조형물만 있는 것이 아니고 위에서 내려다보면 전망대 전체의 형상이 마치 닻 모양을 하고 있어서 닻전망대라는 이름값을 제대로 표현하는 것 같아 매우 인상적이

화진해수욕장

다.
　특히 아름다운 것은 파도가 물거품을 만들어 전망대 기둥 중간까지 계속 솟구치며 하얀 거품으로 아름다운 장면을 만드는 것이다. 또 주변의 파도도 아름다워서 계속 사람들로 붐빈다. 이가리닻전망대를 내려오니 거북바위 안내판이 있다. 주변을 살펴보니 커다란 바위 두 개가 정말 거북이 머리와 등껍질 모양을 하여 거북바위라고 불러도 모두가 수긍할 수 있는 모양을 하고 있다. 아름다운 거북바위를 뒤로 하고, 파도 소리를 친구삼아 해안과 숲길을 걸어 월포마을에 왔다.
　어느덧 월포해수욕장에 도착하니 이곳도 캠핑카들이 많이 있고 해수욕장도 매우 시원스럽고 넓게 펼쳐져 있다. 서핑 배우는 사람들이 바닷물에 들어가 파도가 오기를 기다리고 몇몇 사람은 서서 멋지게 파도를 탄다. 오늘처럼 바람이 불면 서핑족들은 신나는 날이다.
　조사리 해변을 지나고 화진해변까지 한 시간 정도면 충분히 갈 수 있을 것 같아서 쉬엄쉬엄 물만 마시면서 걷는다. 다른 때 같으면 3㎞ 정도 거리는 40여 분이면 갈 수 있는데 오늘은 기력이 없으니 천천히 걷는다. 드디어 4시 40분경에 화진해수욕장에 도착한다. 화진 해수욕장에서 화진이라는 글자를 배경으로 인증 사진을 찍는다. 다른 가족들이 사진 찍으려고 하여 자리를 비켜준다. 스탬프 찍는 곳이 안 보여서 '걷다 보면 스탬프 통이 있을 테지.' 하면서 모래밭을 가로질러 걷는다. 넓은 화진해수욕장을 둘러보며 지나가 도로로 벗어났는데 스탬프 함은 보이지 않고 제일 먼저 만난 궁전모텔에 체크인을 한다. 인터넷으로 스탬프 위치를 검색해 보니 스탬프는 화진해수욕장 화장실 옆에 있다고 되어있다. 지금까지 걸어오면서 대부분 해변 입구나 끝부분에 스탬프 통이 있었는데 화진해수욕장은 상상도 하지 않은 화장실 옆에 있었으니 내가 찾을 수 없었던 거다. 화진해수욕장에서 모텔까지 1.4㎞를 지나쳐 왔다.

아침부터 스틱 찾으러 왔던 길을 뒤돌아 갔다 와서 많이 지쳐있었고 제대로 된 식사도 하지 못한 하루라서 우선 저녁을 먹고 쉬는 것이 오늘 하루 고생한 나에게 주는 선물이다. 5시 30분경 모텔 사장님한테 식사할 수 있는 곳을 물으니 근처 바닷가에 있는 일번지 횟집을 추천해 주신다. 그 식당 주방장이 한 달 전에 새로 와서 음식을 잘하여 손님이 많아졌다고 한다. 그리고 그 주방장이 이 모텔에 장기숙박하고 있다는 말도 덧붙인다. 일번지 횟집에 가니 손님들이 많이 있다. 혼자 먹을 수 있는 음식은 회밥이다. 반찬도 안 짜고 맛있게 회밥을 먹는다. 밥도 한 공기 추가해서 깨끗하게 먹는다. 오늘 제대로 된 식사는 처음으로 하는 것이라 한꺼번에 두 공기의 밥을 깔끔하게 먹었다. 굶주림에서 만난 밥이라서 가장 맛있게 느끼면서 감사하는 마음으로 먹

었다.

　해파랑길 18코스 19.2㎞와 모텔에서 칠포해변까지 4.8㎞, 총 24㎞만 걸으면 즐거운 도보여행이 되었을 텐데 스틱을 놓고 와서 모텔로 돌아가고, 화진해수욕장에서 숙소까지 1.4㎞, 총 26.4㎞를 걸은 하루이다. 거리가 멀어서 피곤한 것이 아니라 뒤돌아 가야 하는 마음고생이 나를 더 지치게 한 하루이다. 하지만 천사 같은 목장 사장님의 도움으로 오늘도 목적지에 무사히 도착하게 되어 감사한 하루이다.

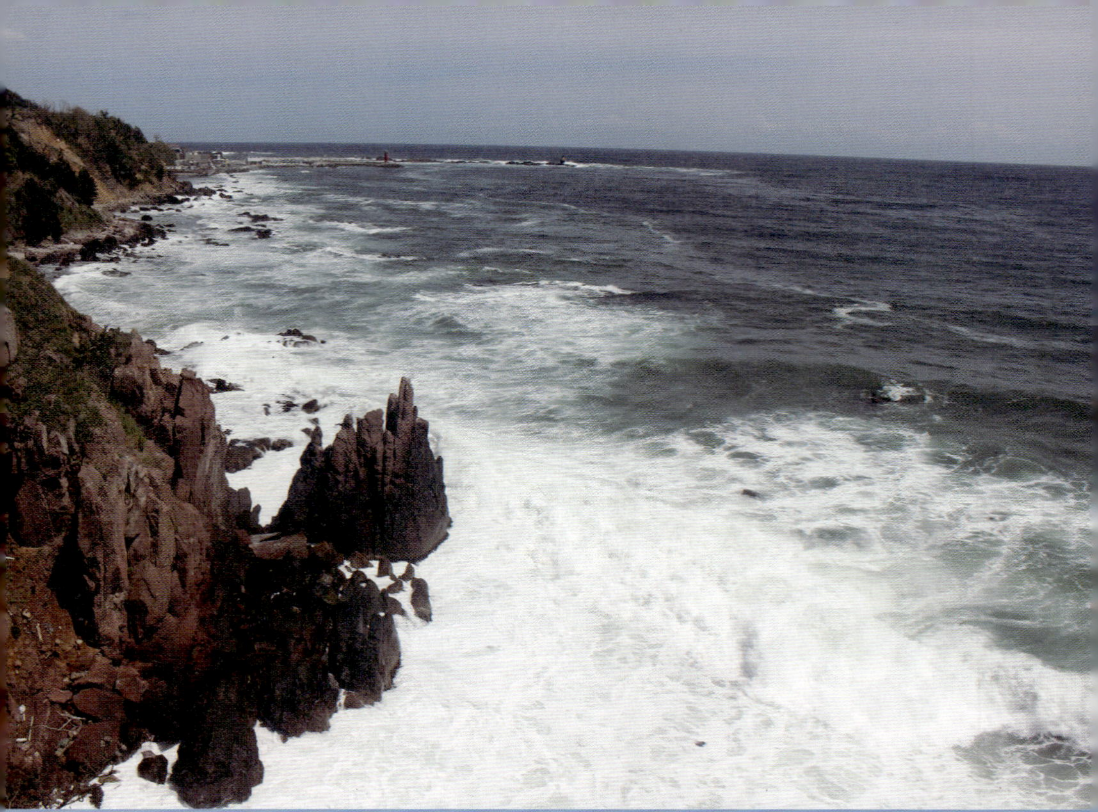

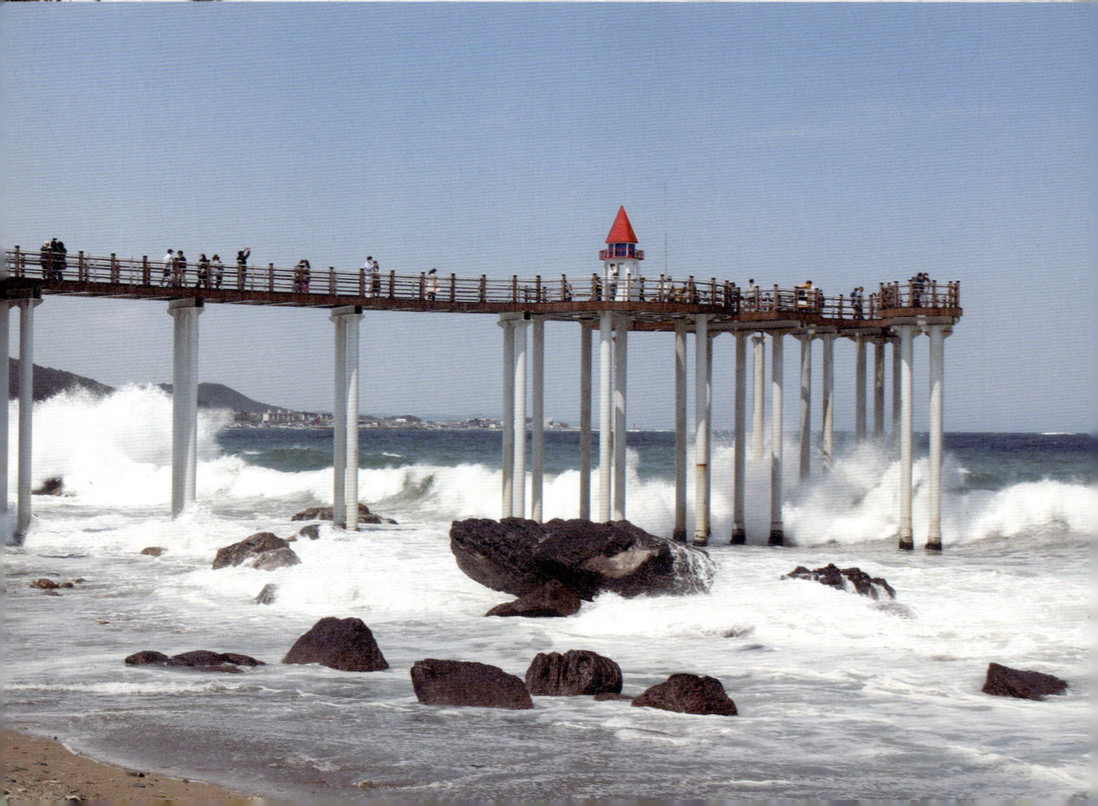

# 영덕 구간

(19코스 화진해변 ~ 21코스 고래불해변)

## 나라를 지킨 학도병에게 감사하다

19코스: 화진해변 ~ 강구항

**열다섯째 날**
2021년 5월 3일(월) 아주 맑음, 도보 거리 17.2㎞

　일찍 일어나서 가장 먼저 1.4㎞ 떨어진 화진해수욕장에 스탬프 찍으러 되돌아간다. 어제 찾지 못한 화장실 옆에 해파랑길 스탬프 함이 있어서 스탬프를 찍는다. 나 스스로 생각해도 나 자신이 참으로 어리석고 우습다. 스탬프 찍으러 다니는 도보여행인 만큼 미리 인터넷 검색을 해보고 끝까지 찾아서 스탬프를 먼저 찍어야 하는데 숙소 먼저 생각하다 보니 그런 어리석은 일이 발생한 것이다. 모텔 근처에 아침 먹을 식당이 없으니 되돌아온 것이 헛되지 않게 편의점에서 아침 먹을 김치 덮밥을 사게 되었으니 얼마나 감사한가. 모텔로 돌아와 전자레인지에 덮밥을 데워서 아침 식사를 한다. 어제 아침을 굶은 거에 비하면 오늘의 김치덮밥은 진수성찬이다. 처음 먹어 본 김치덮밥인데 맛도 꽤 괜찮다.

　오늘은 19코스 화진해변에서 강구항까지 15.8㎞만 걸으면 되니 여유 있는 여행이다. 출발도 9시 50분경에 느지막하게 모텔을 나온다.

　걸으면서 계속 변하는 파도의 아름다움을 사진에 담기도 하고 새파란 바닷물을 보면서 "좋다!" 감탄하면서 걷는다.

　바닷가 방파제 벽에 기대어 간식 먹고 쉬는 중에 한 남자가 배낭을 메고 씩씩하게 걸어온다. 한눈에 보아도 해파랑길 도보 여행자임이 틀림없다. 서로 인사를 나누고 자연스럽게 함께 걸어가면서 이야기를 나눈다. B는 부산시청에 근무하는데 휴가를 며칠씩 내고 해파랑길을 걷는 중이고 올해 안에 해파랑길 완주하는 것이 목표라고 한다. 이번

**장사상륙작전에 참가한 문산호**(장사상륙작전 전승기념관)

 여행은 부산에서 버스 타고 포항을 거쳐 화진에 와서 며칠 걸을 계획이라고 한다. 배낭도 내 것보다 매우 크고 이번 여정은 숙소에서 묵는데 다른 때에는 텐트를 가지고 다니면서 텐트에서 잠을 잘 때도 있었다고 한다. 텐트에서 잠을 잔다면 모텔을 찾으러 돌아다닐 필요가 없으니 좋을 것 같기도 하다. 나의 걸음도 빠르다고 하는데 B의 걸음은 나보다 훨씬 빠른 속도로 걷는다. 이야기하면서 함께 걸으니 어느새 포항시에서 영덕군 남정면 장사해변에 도착한다. B는 장사상륙작전에 대해 나에게 설명해준다. 1950년 6.25 한국전쟁 당시 장사상륙작전이 있었기에 인천상륙작전이 성공할 수 있었다고 말한다.
 인천상륙작전은 교과서에서 배워 누구나 잘 알고 있는데 장사상륙작전은 나에게 처음 듣는 역사적인 사건이다. 나는 장사상륙작전에 대해 더 알아보고 싶고 오늘 목적지는 강구항이기 때문에 여유 있어서 영덕해맞이공원까지 약 34㎞를 걸어가야 하는 B와 이곳에서 헤어지기로 한다. 앞서가는 B에게 숙박 정보와 도보여행에 도움이 되는 정보를 제공해 달라고 부탁한다.

1950년 당시 유엔군은 인천상륙작전을 성공시키기 위해 적을 기만하는 양동작전으로 장사상륙작전을 계획하였다. 장사상륙작전은 부산항에서 17~19세 학도병 718명 등 772명의 병력을 상륙함 문산호에 승선시켜 9월 14일 새벽에 동해안 영덕군 장사리 해안에 긴급 상륙하고 국도 7호선을 봉쇄하여 북한군의 보급로를 차단하는 임무를 성공한 후 철수한 작전이다. 새벽 상륙작전을 감행하던 학도병들에게 공산군의 무차별 사격으로 130여 명의 사망자와 300여 명의 부상자가 발생하였고 문산호는 태풍으로 인해 좌초되는 피해를 보게 되었다.
서해안 인천지역과 동해안에서 장사상륙작전을 양동작전으로 전개함으로써 적의 관심을 분산시키는 효과로 인천상륙작전을 성공적으로 이끌 수 있었다.
장사상륙작전 전승기념관은 1950년 한국전쟁6.25전쟁 당시 영덕군 장사상륙작전에 투입되었던 문산호를 복원하여 2020년 6월에 개관하여 운영하는 국내 유일의 바다 위에 세워진 전승기념관이다. 문산호 전승기념관 앞 해변에는 학도병을 기리기 위해 상륙작전 당시에 취했을 행동을 조형물로 만들어놓아 그 당시의 상황을 이해하기 쉽게 조성해 놓았다.
나 홀로 장사상륙작전을 설명해 놓은 글을 읽고 사진도 찍으면서 나라를 지키기 위해 헌신하신 분들에 대해 다시 생각하고 감사하는 마음을 갖는다. 전승기념관에 들어가서 더 느껴보고 싶었는데 지금은

영덕 남정바다에서

코로나19 거리두기 정책으로 문을 굳게 닫아 놓은 상태로 아쉬운 발걸음을 돌려야 했다.

다시 해안길을 따라 걷기도 하고 마을길을, 때로는 큰 차도 옆을 걷는다. 부흥리 마을 남정바다 앞 해안가에는 높다란 바람개비를 세워놓아 바다만 바라보는 단조로움에서 알록달록 바람개비를 보는 재미를 준다. 방파제 벽에는 바닷속 모습을 모자이크로 표현하여 아름답게 꾸며놓고 '남정바다'라는 제목의 김인수 시인의 시를 부착해 놓았다. 큰 바위 위에 황금색 물고기 머리 조형물이 있어 무슨 의미인지도 모른 채 특이해서 사진을 찍는다. 이 조형물에 대한 설명이 없어서 아쉽다.

다시 해안을 따라 갯바위를 옆에 두고 걷는데 군부대가 멋진 해안에 자리 잡고 있어서 다시 7번 국도로 올라가 군부대 정문 앞으로 지나간다. 동해안은 곳곳에 부대가 주둔하여 국가 안보를 단단하게 해주고 모든 국민이 안전하게 생활할 수 있도록 지켜주고 있어 감사하다. 동해대로 7번 국도 옆에 데크로 만들어진 인도를 걸으면서 바다를 바라보는 아름다움은 또 색다르다. 이 해안길은 노래 '7번 국도' 가사에 나오듯이 '바닷길 따라 끝이 없는 사랑의 길'이란 표현이 잘 어울린다. 사랑하는 사람과 걷는다면 더 아름다울 수 있겠지만, 혼자 걸어도 바닷길을 따라 걷는 것만으로도 그저 행복하다. 7번 국도에서 바라보는 바다는 가끔은 나무 사이로 살며시 파란 물결을 드러내고 어느 순

태풍으로 훼손된 영덕 블루로드

간에 전라의 잔잔한 바다 모습을 보여주기도 한다. 때로는 아픈 다리 쉬어가도록 정자를 제공해 주어 그곳에서 쉬면서 바다 멍을 할 수 있게 한다. 7번 국도 도로변에는 식당도 자주 나타나니 식당 없어서 찾아다니는 수고를 하지 않아도 되어 고맙다. 12시 지나서 식당이 몇 개 모여 있는 곳에서 황금돼지국밥 식당으로 들어가 김치찌개를 주문한다. 식판 위에 5가지 반찬과 밥과 국이 따로 제공되는데 해초무침이 나에게 별미로 느껴진다. 점심을 먹고 나니 세상을 다 얻은 듯 감사하고 행복하다. 이런 것이 바로 소확행소소하지만 확실한 행복인가 보다.

영덕에서 해파랑길은 영덕 블루로드와 동일한 코스이다. 영덕 삼사리 블루로드 해안길을 따라 걷는데 나무 여러 그루가 쓰러져서 해안길을 가로막고 있다. 태풍이 이처럼 심하게 나무를 쓰러뜨렸을 것 같다. 길이 막혀있는 상태인데 우회 표지도 없고 그냥 방치된 것 같아 씁쓸하다. '넘어진 김에 쉬어 간다.'는 속담이 있듯이 나도 블루로드가

좌 - 삼사리 해상산책로    우 - 강구시장

훼손되어 길이 막혀있으니 앉아서 쉬기로 한다. 뜨거운 차를 마시면서 파란 바닷물이 밀려왔다가 밀려가면서 몽돌과 모래에 부딪히며 아름다운 몽돌 구르는 소리를 감상한다. 또 파도가 밀려오고 나갈 때 만드는 파란색 도화지에 하얀 거품으로 시시각각 다른 그림을 그리는 모습을 바라볼 때는 무아지경에 빠진다.

다시 마을 앞 해안길에서 바다 위에 길게 만들어진 다리가 있다. 가까이 가니 삼사해상산책로라고 바다 위에 삼각형 모양으로 걸을 수 있는 산책로이다. 전망대가 될 정도로 높지도 않고 주변에 갯바위도 없다. 게다가 파도가 하얗게 부서지는 모습도 찾아볼 수 없다. 다만 바다 위를 걸으면서 파란 바다를 보는 체험이라 삼각형 데크길을 따라 걷는다. 삼사리 마을에 이 해상산책로가 있어서 여행객들이 많이 오는지 주변에 숙박업소도 많이 있다.

바닷가 길을 벗어나서 삼사해상공원으로 들어선다. 해상공원길이 아름답게 조성되어 있다. 해상공원 강구해안길로 바다를 보며 다시 걷는다. 가끔 대게 식당과 모텔, 펜션, 풀빌라 등 숙소 건물도 길가에 있다. 영덕 강구항이 대게로 유명하고 깨끗한 바다가 있어서 관광객이 많이 모이는 곳이기에 이처럼 많은 숙소가 바닷가에 많은 것 같다.

강구항에 가까워졌는지 커다란 대게 모형이 많은 건물에 붙어있어 대게가 유명한 곳임을 알 수 있다. 강구항에 도착하니 강구교 건너편의 상점마다 대게가 상징적으로 붙어있다. 마치 대게의 크기로 상점의 유명세를 대변하고 싶은 듯 건물보다 더 높게 대게가 붙어있는 간판도 있다. 어마어마하게 큰 대게 모형이 건물마다 붙어있는 것을 보고 마치 대게 모형간판 구경을 하러 온 것 같은 착각을 한다. 강구교 건너기 전에 해파랑길 안내판과 스탬프 함이 있어서 스탬프를 찍고 뒤편 가까이에 강구시장이 있어서 시장 구경을 나선다. 오일장이 열리는 날이라 시장 안이 활기차다. 좋은 물건이 있어도 여행 중이라 눈 구경만 하면서 시장 가운데를 통과하니 시장 끝 공터에는 봄철이라 꽃모종 파는 상인들이 있다. 5월이라 카네이션꽃 화분이 가장 많고 게발선인장, 미니철쭉, 카라꽃, 베고니아, 수국, 제라늄, 다알리아꽃 등 저마다 화려한 색깔의 꽃을 서로 자랑하듯이 뽐내고 있다. 한동안 꽃구경에 빠져있다가 마트에 가서 내일 여행에 필요한 간식거리와 비상식량 빵도 산다. 열흘 넘게 해파랑길을 여행하면서 터득하게 된 것 중 하나는 배고픔을 만들지 않는 방법이다. 식당을 찾지 못할 때 식사 대용으로 먹을 수 있는 빵과 과일을 배낭이 무거울지라도 챙기기로 한다. 영덕 대게빵집이 있어서 특산식품을 먹을 수 있다는 들뜬 마음으로 대게빵을 사러 간다. 이게 웬일인가? 대게빵이 '품절'이라는 큰 글자와 함께 '죄송합니다. 다음에 꼭 방문해 주세요.'라고 적혀있다. 먹을 복이 없다는 생각으로 다시 발걸음을 옮긴다.

　시장의 반대편 오십천 건너에 모텔과 커다란 대게 모형을 간판으로 내세운 식당이 줄지어 있다. 오십천을 건너는 강구대교 입구에는 대게 모형을 붙여놓고 영덕 대게거리를 홍보하고 있다. 교각 위에 올려놓은 배 형상에 눈길이 자꾸 멈추는 강구대교를 건너고 싶어 먼 거리로 돌아가는 길을 선택한다. 배 형상이 있는 교각 사이로 다리를 건너면서 숙소 찾으러 간다.

　모텔이 많은 곳으로 가서 1박 가격을 물으니 5만 원이란다. 다른 집은 4만 원이라고 문 앞에 적혀있어서 어느 숙소를 선택할까 망설이면서 걷는데 어느 대게집 사장이 다가와 나에게 묻는다.

　"숙박 하려고요? 현금은 3만 원에 줄게요. 우리는 대실을 안 받아요."

　"좋아요." 대실 안 받는다는 말에 자자모텔로 정한다. 바로 앞에 있는 식당 2층으로 올라가니 모든 방문이 활짝 열려 있다. 방을 보니 아주 깨끗하고 쾌적하며 여행용 세면도구 세트가 마치 호텔처럼 테이블 위에 놓여있어 기분이 마냥 좋다. 창문을 여니 강 건넛마을, 강구시장, 강구대교와 오십천이 모두 보이는 전망 좋은 방이다.

　모텔 사장이 운영하는 식당에서 대게를 먹을까 하고 들어간다. 사장님은

　"1kg에 7만 원인데 다른 음식도 제공되어 혼자 먹기에 양이 너무 많아서 대게 정식 코스 요리는 추천하지 않아요."라고 말한다.

　그래서 강구시장에서 본 보리밥을 먹을까 하여 시장 안으로 들어가 식당을 찾아 나선다. 시장 안에서 깔끔한 듯하고 규모도 큰 식당에 들

좌_ 영덕 강구대교   우_ 강구항

 어간다. 혼자 먹을 수 있는 음식을 물어보니 광어 미역국을 추천한다. 정말 맛있게 광어 미역국을 먹는다. 다시 숙소로 돌아와서 하루 일을 정리한다.
 해가 지고 어두워지니 강구대교 위에 배 조형물과 대게 모양의 테두리에 조명이 켜져서 아름답게 빛난다. 사진을 찍어도 직접 보는 것처럼 아름답지 않다. 작은 강구항이지만 아기자기하고 아름답다.

## 영덕 블루로드를 따라 새로운 세상을 보다

20코스 강구항 ~ 21코스 축산항

열여섯째 날
2021년 5월 4일(화) 흐린 후 오후 늦게 빗방울, 도보 거리 30.6㎞

어제 만난 부산에서 온 도보 여행자 B가 앞서 가면서 영덕해맞이 공원에 숙박할 곳이 없으니 축산항까지 걷는 것을 제안한다고 정보를 주었다. 그래서 거리가 멀지만 20코스 17.8㎞와 21코스 12.8㎞ 총 30.6㎞를 걷기로 계획한다. 도중에 먹을 곳도 없으니 먹을 것과 마실 것을 충분히 준비해야 한다는 당부도 하여 오늘 가방이 더 무겁다. 축산항에 6시 전에 도착하기 위해 다른 때보다 일찍 출발한다.

아침 7시에 숙소를 나와 해파랑길로 들어선다. 강구항을 감싸고 있는 산을 향해 올라간다. 시멘트로 포장한 언덕길은 매우 가파르고 양쪽에 집들이 총총히 늘어서 있다. 이 가파른 언덕의 공터를 일구어 조각 밭을 만들어 채소를 가꾸는 모습도 보인다. 언덕까지 올라가니 숨이 차서 잠시 숨을 돌릴 겸 언덕에서 바다를 내려다보니 파란 바다를 마주한 강구항과 강구면 소재지가 모두 내려다 보인다. 올라오는 길이 힘이 든 만큼 바라보는 경관은 더욱 아름답다. 면 소재지인데 매우 큰 도시로 발전한 모습이다. 가파른 언덕을 오르니 포장된 차도가 나타나고 그곳에는 여러 대의 차량이 주차되어 있다. '헉헉' 숨을 몰아쉬면서 산 언덕배기를 올라오느라고 아침부터 힘 빼면서 땀 흘리고 걸어왔는데 진작 이런 쉬운 길로 안내해 주면 좋았을 텐데. 해파랑길은 경치 좋은 곳으로 안내하고 극기운동을 하면서 고행하게 하는 듯하다. 차도를 가로질러 영덕 블루로드를 따라 산길로 올라간다. 봉화산을 향해 오르막 계단이 한없이 많아 다시 헉헉거리며 올라간다.

좌_ 소나무 숲 아래 체육 시설   우_ 금진구름다리

여러 날 해안길을 따라 바다와 파도만 바라보면서 포장도로로 걷다가 오랜만에 산길을 걸으니 새로운 기분이다. 간간이 오른쪽으로 멀리 바다가 보이고 솔잎이 쌓인 소나무 숲길을 걸으니 솔향이 코끝을 자극하고 발도 피곤하지 않다. 산길에서 여러 명의 주민과 마주쳐서 간단히 인사를 나눈다. 모두 친절하신 것 같다.

강구항에서 2㎞ 지점에 올라오니 소나무가 울창한 소나무 숲 아래에 운동 기구와 긴 의자가 있어서 쉬어가려 앉는다. 잠시 후 한 50대 후반 여성이 올라와서 지나가는 듯 하더니 옆 긴 의자에 앉는다. 그 여성은 나에게 몇 가지 묻더니 자신의 집안에 대해 여러 이야기를 풀어 놓는다.

"예전에 펜션을 운영했는데 지금은 한물가서 매각하고 풀빌라 두 건물 지어 운영하는데 연 매출이 10억이라 아들한테 하나 주고 함께 운영하고 있지요."

"풀빌라가 뭐예요?" 강구항 오면서 본 풀빌라 간판이 생소하여 물었다.

"방마다 개인 수영장이 있어서 주로 서울에서 손님들이 와요."

"하루에 얼마에요?"

"50만 원요. 다른 곳은 코로나 때문에 손님이 없는데 우리 풀빌라는 빈방이 없을 정도로 매일 꽉 차요."

그녀는 코로나로 인해 스포츠댄스를 못해 살이 쪘다는 등 향후 풀빌라 운영 계획까지 말하고 헤어졌다. 나도 8시 15분 배낭을 메고 다시 걷기 시작한다. 많은 사람이 걸어서 넓고 편안해진 산길을 가볍게 한참을 걸어 내리막 나무계단을 내려가니 파란색 아치형 보도다리가 보인다. 금진 구름다리라고 이름이 붙어있다. 이 금진구름다리는 봉화산에서 민봉과 고불봉 쪽 산을 연결해 주는 중요한 구실을 해주어 고맙고 아름답기도 하다.

고불봉을 향하는 숲길에 하늘을 찌를 듯이 쭉쭉 뻗고 빽빽한 소나무 숲은 정말 아름답다. 숲길을 걸어오다가 쉴 곳이 필요할 즈음 테이블과 긴 의자가 있어서 땀을 식히고 간식을 먹어 힘을 충전시킨다.

강구항 언덕을 올라와 처음 본 이정표에 고불봉까지 7.0㎞에서 점점 줄어드는 거리를 보며 희망차게 걸어서 이제 남은 거리는 4㎞이다. 한참 걸으니 고불봉까지 0.9㎞ 이정표가 있는 삼거리에 체육시설이 설치되어 주민 4명이 운동하고 있다. 나도 배낭을 내려놓고 어깨 풀어주는 기구를 이용하여 운동한다. 그분들 중 한 어르신이 어제도 여자 두 명이 해파랑길을 걷는다며 이곳을 지났는데 대탄리에서 잔다고 했다면서 혼자 걷는 나를 걱정하신다. 시계를 보니 10시 30분경 주민들과 헤어지는 인사를 나누고 다시 고불봉을 향해 걷는다. 멀리 마주

좌_ 고불봉   우_ 고불봉에서 바라본 풍력발전단지

보이는 곳에 풍력발전 바람개비가 서서히 돌아가고 있는 모습이 보인다.

  드디어 이정표에서 여러 번 보았던 해발 235m인 고불봉에 11시경에 도착하니 사방으로 확 트인 전망으로 가슴을 시원하게 해준다. 서쪽 방면 1km 아래에 영덕읍 시내가 한눈에 보이고 동쪽 멀리에는 풍력발전단지가 있고 남쪽에는 바다가 보인다. 강구항에서 8.2km를 지나온 것이다.

  고불봉을 내려와 다시 풍력 발전단지까지 7.4km 이정표를 보고 계속 걷는다. 블루로드 쉼터 정자에 앉아 산 아래로 내려다 보이는 풍광을 바라보면서 점심용 빵을 먹는다. 고불봉에서 한참을 내려와 풍력발전소 쪽으로 내려오는 길에 체육시설 있는 곳에서 만났던 노부부와 다시 만났다. 나에게 영덕해맞이공원 가는 길을 다시 자세히 설명해 주셔서 참으로 고맙다. 그 노부부가 말씀하신 것을 머릿속에 기억하면서 2차선 차도를 걷다가 갈림길에서 영덕환경자원관리센터라는 입간판을 끼고 왼쪽으로 들어선다.

나보다 앞서간 부산에서 온 도보 여행자 B가 고불봉에서 내려와 폐차장 있는 곳에서 잘 살펴봐야 폐차장 뒤쪽으로 해파랑길이 보인다고 정보를 주셨다. 처음에 잘 포장된 임도로 가려고 했다가 해파랑길 안내 표식이 있는지 주변을 살핀다. 내가 폐차장 근처에서 서서 두리번거리고 있으니까 승용차에서 산림감시 자원봉사자라고 적힌 주황색 조끼를 입으신 어르신이 내린다.

"어디 가려는 거요?"

"해맞이공원에 가요."

"산길로 가도 되고 임도로 가도 모두 풍력발전단지를 갈 수 있는데 임도로 걸어가는 게 훨씬 쉽지."

"해파랑길이 산길이라 이리 가야 해요. 고맙습니다."라고 말하고 앞서 간 B가 제공해 준 정보대로 폐차장 뒤쪽으로 가니 해파랑길 방향표시 빨간색 화살표가 영덕 블루로드 안내판에 붙어있다. 산허리를 통과하는 임도가 아닌 두루누비 따라가기를 확인하며 본래 해파랑길을 따라 왼쪽 산 능선으로 올라간다.

오르막길이 계속되고 가파른 곳에는 나무 계단을 만들어놓아 걷기에 불편함이 없는데 오르막길에 약한 나에게 숨을 깊이 몰아쉬기도 하고 에너지 소모가 많이 든다. 내가 많이 지쳐있을 무렵 작은 전망대가 있어서 숨을 고르며 영덕 시내를 내려다 본다. 다시 산길을 걸으니 산 능선에서 이제 동해도 안 보이고 겹겹이 둘러싸인 첩첩산중이다. 내리막길을 내려오는데 어디선가 아카시아꽃 향기가 코끝을 간지럽힌다. 나무계단을 내려오는데 바로 옆에 아카시아꽃이 하얗게 나비가

**위 좌**_ 아카시아꽃   **위 우**_ 애기똥풀꽃   **아래 좌**_ 엉겅퀴꽃   **아래 우**_ 은방울꽃

날아가는 듯한 꽃망울을 터뜨려서 향기가 더욱 짙다. 도시에 살면서 아카시아꽃을 보거나 그 향기를 맡아본 적이 언제인지 기억도 없다. 블루로드를 걸으면서 아카시아꽃을 보니 고향에 온 듯한 반가움이 가득하다. 어린 시절에 아카시아꽃을 따서 먹었던 추억을 생각하며 아카시아꽃 몇 개를 따서 입에 넣으니 아카시아 진한 향이 입안에 가득 찬다. 계단을 내려오니 오르막길 포장된 임도가 나타난다. 경사가 심하지 않은 임도는 포장이 안 되어 자동차 바퀴 자리는 풀이 없는데 길 가운데와 양쪽 가장자리는 풀들로 덮여있다. 길가에 핀 노란 애기똥

풀꽃, 보라색 엉겅퀴꽃이 나의 발걸음을 멈추게 한다. 누군가 심었는지 은방울꽃이 넓은 잎 사이에 숨어서 하얀 방울의 모습을 드러낸다. 이렇게 포장이 안 된 길은 들꽃이 걷는 사람을 반겨주어 시골길을 걷는 듯한 느낌이다. 넓은 임도로 걸으니 쉽게 걸을 수 있고 평탄하리라 생각했는데 오르막 내리막의 연속이고 보이는 것은 높은 산봉우리만 겹겹이 보인다. 구세주처럼 나타난 블루로드 쉼터 정자를 보니 감사한 마음이 먼저 들어 배낭을 내려놓고 물도 마시고 간식도 먹으며 쉰다. 멀리 보이는 산 능선 여기저기에 서 있는 여러 개의 풍력발전 바람개비가 그림처럼 아름답다.

풍력발전단지에 오니 풍력발전기를 가까이에서 볼 수 있다. 규모가 큰 날개를 단 풍력발전기 수십 개가 서 있다. 바람이 심한지 바람개비는 쉬지 않고 계속 돌아간다. 이처럼 많은 풍력발전기가 모여 있는 모습을 처음 보니 신기하여 열심히 사진을 찍는다. 길고 긴 임도를 나 홀로 걸어 풍력발전단지가 있는 곳에 오니 2차선 차도가 나온다.

사방에 풍력발전기가 서 있고 차도 옆에 정크트릭아트 전시관이란 건물이 있다. 그 앞에는 2층 건물 높이로 된 갑옷을 입고 투구를 쓴 장군이 왼쪽에 칼을 차고 오른손으로 앞을 가리키는 모습으로 서 있는데 폐품을 이용하여 만들어놓은 것 같다. 건물 2층 벽에는 용이 벽을 뚫고 나오려고 머리와 꼬리만 밖에서 보이고 몸통은 건물 속에 있는지 보이지 않는다. 또 건물 벽에 십여 마리의 게들이 붙어있다. 몇몇 가족이 어린이들을 데리고 이곳을 관람하러 왔는지 건물에서 나온다.

정크트릭아트 전시관 근처에 영덕조각공원을 조성하여 아기자기한 조각품을 전시해 놓고 있다. 조각공원 맞은편에 있는 빨간색 게 모양

좌_ 정크트릭아트 전시관   우_ 게 모양 긴 의자

의 의자에 앉아 본다. 이제 해맞이공원이 멀지 않았는지 바다가 보인다. 해맞이길을 따라 가벼운 마음으로 조금 내려가니 많이 구부러진 도로를 확장하는지 공사가 진행되고 있다. 공사 구간이 길지 않아서 참으로 다행이었다. 도로를 걸을 때 도롯가에 어마하게 커다란 풍력발전기가 곳곳에 서 있어서 풍력발전단지라는 것을 각인시킨다. 홀로 산길 걸으면서 지친 마음을 달래주려는 듯 바다가 여기가 영덕해맞이공원이라고 창포말등대가 나를 맞이한다. 하얀 등대 벽을 푸르스름한 게발이 감싸고 있다. 좀 더 걸어서 해파랑길 안내판과 스탬프 함이 있는 영덕해맞이공원에 도착한다. 본래 예상한 시간보다 30분 늦은 오후 2시 30분에 도착하여 스탬프를 찍고 바다를 바라본다. 날씨가 아침부터 흐려서 새파란 바다를 보기는 어렵지만, 가슴이 뻥 뚫리는 시원함을 전해준다. 해맞이공원에는 관광객이 타고 온 몇 대의 차량만 있을 뿐 보이는 것은 오직 바다뿐이다. 영덕 해맞이공원에서 축산항까

영덕해맞이공원 빛의 거리

지 12㎞ 이니 3시간에 갈 수 있겠다는 생각이 든다.

해맞이공원에서 빛의 거리인 게 모양의 루미나리에 터널을 따라 계단을 내려간다. 해파랑길 21코스이면서 영덕 블루로드 B코스인 해맞이공원에서 축산항까지 걸어야 한다. 몇 명의 관광객들이 멋진 사진을 담으려고 자세를 취한다. 야간에 왔더라면 루미나리에 불빛 터널이 참으로 아름다웠을 것 같다.

빛의 거리를 지나 해안으로 내려오니 이곳 해변은 오르락내리락하는 나무계단과 바위를 지나는 것이 발걸음을 느리게 한다. 또한 발걸음을 자꾸 멈추게 하는 아름다운 절경이 많고 걷기 힘든 만큼 바다의 갯바위는 다른 곳에서 볼 수 없는 아름다움의 보여준다. 지금까지 걸어온 해변의 아름다움 중에서 가장 인상적인 절경이다. 블루로드가

**영덕 블루로드 해안길**

　가끔은 해안의 나무계단이나 도로가 유실된 곳도 있어서 앞서간 여행자의 발자국으로 풀이 눕혀있는 흔적을 찾아 풀숲에 발걸음을 내디딘다. 해변의 길이 태풍에 유실되었는지 4명의 사람이 미니 포크레인을 가져와서 유실된 블루로드를 원상으로 복구하고 있다. 공사하시는 분들에게 감사하다는 인사를 하고 지나가도 된다고 하여 포크레인 옆으로 지나간다. 이런 해안 도로를 만들기 위해 수고하신 분들이 계셔서 도보 여행자들이 이처럼 아름다움을 경관을 바라보면서 안전하게 여행할 수 있으니 한없이 고마울 뿐이다.
　나보다 앞서간 부산 도보 여행자 B가 전화했다. 해파랑길 21코스 길이 걷기에 아주 험하고 힘든 길이라서 축산항까지 계속 해안 길로 가기는 어려우니 차도로 가는 게 좋을 것이라고 조언을 한다.
　그 전화를 받은 이후 더 빠르게 걸음을 재촉한다. 석리 마을에서 몇

**갯바위 위에 소나무**

몇 집을 지나 경정해변으로 가기 위해 해안으로 내려갔는데 바닷물 옆에 길이 있는 듯 없는 듯하여 기웃거리면서 살핀다. 경정해변 쪽에서 오는 두 여성 여행자가 바위를 넘어오기에 그녀들을 기다려 물어보기로 한다. 두 여행자는

"이 길로 가기 힘들어요. 바닷물이 해안길을 덮어서 길이 물에 잠겼고, 빗방울 떨어지는 이런 날씨에 걷기에는 매우 위험해요. 바위가 미끄러워 우리도 뒤돌아갈 수 없어서 간신히 왔어요. 다른 길로 가세요." 먼저 조언한다.

"고마워요. 그럼 이 동네 뒤에 차도가 있는 것 같은데 이리 올라가야겠네요."

B가 위험하다고 말한 길이 이 길인 것 같다.

두 여행자와 나는 차도를 찾아 경사가 60도 이상 되어 보이는 가파

른 동네의 집과 집 사이를 누비며 지그재그로 골목길을 돌고 돌아 걷는다. 무척 비탈이 심한 곳에 집을 지어 겨우 한사람 지날 수 있는 낭떠러지 시멘트 골목길이다. 아래를 보니 바다가 절벽 아래에 있는 것처럼 보인다. 이 위로 올라가면 차가 다니는 도로가 나올지 걱정하면서 걸어 올라간다. 다행히 어느 집 앞에 한 어르신이 서 계셔서 이 위로 올라가면 버스 다니는 도로가 나오는지 물으니 큰 도로가 나온다고 말한다. 그 말을 듣고 마치 미로를 헤치며 출구를 찾아 어느 길이 뚫려있는지 살피면서 마치 등산하는 것처럼 무척 어렵게 오르막을 걷는다. 마지막 집을 지나니 수풀 속으로 길이 있어 차도로 연결된다. 나 혼자였다면 두려움과 걱정이 많았을 텐데 셋이 힘을 모아 서로에게 용기를 주면서 길을 찾아 나섰기에 어려움을 극복할 수 있었다. 셋이서 간신히 차도까지 올라와서 서로 안전한 여행을 기원하며 그녀들은 대탄리 방향으로 가고 나는 그 반대 방향인 경정해변 쪽으로 걷는다.

　차도로 걷다가 해파랑길을 찾아 경정해변이 있는 곳으로 내려간다. 경정마을회관을 지나 해안으로 걸으려고 하였으나 이곳도 길이 훼손되어 걸을 수 없게 막혀있으니 다시 차도로 올라온다. 두루누비 따라가기 앱에서는 길을 이탈했다는 음성메시지가 나온다. 그러거나 이제는 앞서간 B의 조언대로 접근할 수 없는 해파랑길을 벗어나 차도를 따라 축산항까지 가는 것이다.

　축산항까지 해안 길이 더 가깝게 보이는데 더 멀리 돌아가는 축산천 옆에 있는 차도로 걸어간다. 빗방울이 점점 더 많이 떨어져서 우비를 꺼내 입는다. 가방의 무게가 오늘따라 더 무거워서 어깨가 아프다.

　드디어 6시경 축산항에 가까이 오니 가장 먼저 눈에 띄는 것이 축산

　면 소재지 입구에 마트가 있어서 바나나 6개 달린 것을 산다. 그리고 숙소를 찾는데 여러 개의 모텔이 축산항 근처에 있지만 나보다 먼저 걸어간 B가 준 정보대로 가야모텔로 직행하여 체크인한다. 모텔 사장에게 저녁 먹을 곳을 추천해 달라니 식당 문 닫기 전에 해안가로 빨리 가 보란다. 한 식당에서는 1인 먹을 수 있는 저녁 메뉴가 없다고 해서 다른 식당에 가서 선택의 여지가 없이 또다시 회밥을 먹는다. 아침에 식사 제공 여부를 몇 개의 식당에 물어보았으나 아침 먹을 식당을 찾지 못하여 편의점에 들러서 다음 날 아침을 위한 컵라면을 하나 산다.

　훼손된 블루로드가 많아서 본래의 길로 걷지 못하고 갔던 길을 다시 되돌아서 차도로 돌아오는 일이 반복되다 보니 생각보다 시간도 더 많이 걸렸다.

　숙소로 돌아와 땀에 젖은 옷을 세탁하여 침대 옆 따뜻한 방바닥을 깨끗이 닦고 바닥에 펼쳐 널은 후 너무 피곤해서 9시 전에 잠이 든다.

# 울진 구간

(22코스 고래불해변 ~ 27코스 부구삼거리)

은어다리

관동 8경 망양정

후포항 스카이워크

고래불해변

지도출처 https://www.durunubi.kr/haeparang-travel.do

# 목은 이색산책로를 걷다
## 22코스 축산항 ~ 23코스 후포항

열일곱째 날
2021년 5월 5일(수) 맑음, 도보 거리 28㎞

**축산항 스탬프함**

아침에 눈을 뜨니 전날 저녁부터 밤새 내리던 비는 그치고 밝고 맑은 아침이다. 창문을 열고 항구를 바라보니 창밖으로 보이는 곳이 동쪽이 아니라서 떠오르는 해는 볼 수 없고 항구의 모습만 보인다.

오늘은 22코스 축산항에서 고래불해변까지 16.1㎞와 23코스 고래불해변에서 후포항까지 11.9㎞, 총 28㎞를 걸으려고 한다. 22코스만 걷기에는 너무 이른 시간에 고래불해변에 도착할 것이고, 그러면 그 이후 시간은 할 일이 없으니까 23코스까지 도전하는 것이다.

아침 8시 20분경 숙소를 출발한다. 밤새 내린 비는 그치고 새벽녘 남아있던 먹구름도 벗겨졌다. 어제 스탬프를 찍지 않아서 축산항 근처 스탬프 함을 찾아 나선다. 축산항에는 많은 어선이 양쪽으로 줄지어 있고 항구도 매우 크다. 스탬프를 지나치지 않기 위해 축산항을 빙 돌면서 버스정류장을 찾는다. 버스정류장은 찾았는데 스탬프 함은 보이지 않는다. 버스정류장에는 몇 사람이 긴 의자에 앉아서 버스를 기다리고 있을 뿐이다. 해파랑길 안내판도 스탬프 함도 보이지 않아 사방을 기웃거리면서 한동안 찾아본다. 드디어 발견한 스탬프 함은 노

대소산 봉수대

란색 버스정류장과 건물도 아닌 작은 콘테이너로 된 축산택시 사이에 숨어있다. 주로 스탬프 함은 커다란 해파랑길 안내도 옆에 있었는데 그렇지 않고 틈새에 있으니 찾기가 어려웠다.

　8시 30분경 버스정류장을 출발하여 가파른 언덕을 지나 와우산으로 올라가 축산항을 내려다 본다. 죽도산에 있는 축산 등대와 항구의 모습이 모두 한눈에 보인다. 항구도시를 출발할 때마다 언덕을 올라야 하는 어려움을 주어 나의 힘을 소모하게 한다. 와우산을 내려오니 축산항으로 연결되는 도로가 나온다. 해파랑길은 왼쪽 산이 있는 대소산 봉수대로 안내를 한다.

　대소산 봉수대까지 2㎞라는 안내 방향을 보고 소나무가 울창한 산길을 따라 올라간다. 표지를 보고 한 시간이면 도착할 것 같아 힘을 내어 걷는다. 하지만 몸이 지쳐서인지 봉수대가 언제 나타나는가 하면서 걷다가 가끔 뒤돌아서 축산항을 쳐다보고 다시 힘을 내어 걷는다. 드디어 대소산 봉수대에 오르니 돌로 둥글게 방어벽을 쌓아놓고 그 안에 원추형으로 봉수대를 만들었는데 아주 잘 보존되어 있다. 이 봉수대는 조선 초기에 축조된 것으로 축산포의 외적 침략을 서울 남산까지 알리는 통신시설로 이용했다고 한다. 바닷가 산꼭대기에 봉수대가 있어서 외적이 바다로 오는 모습을 쉽게 볼 수 있게 세워져 있다. 봉수대를 한 바퀴 돌아서 축산항을 내려다보니 축산항 도시가 매우 크다는 것을 알 수 있다.

봉수대를 구경하고 800m 떨어진 망월정을 향해 가다가 산책 나온 주민 두 명을 만났다. 산속에서 아무도 없는 것보다 가끔 사람이 지나가면 두렵지 않다. 망월정은 처음에는 내리막길이라 어렵지 않게 걷는데 내리막길이 있으면 오르막길이 있는 법이다. 신나게 내리막으로 걸어가는데 경로 이탈했다는 음성메시지가 나와서 도로 올라와 갈림길에서 가지 않았던 길로 들어선다. 다시 오르막을 등산하듯이 올라가니 망월정 쉼터 정자가 있다.

망월정에서 바라본 동해는 하늘과 맞닿은 듯한 푸른 바다가 바로 발 아래 있는 듯 내려다 보인다. 이처럼 아름다운 풍광을 감상하면서 나도 잠시 쉬어서 간식을 먹는다. 망월봉에서 내리막길의 연속이라 신나게 내려오는데 빨간색 사진리 구름다리가 놓여있다. 이 사진구름다리는 망월봉과 황성개비산을 연결해주는 구름다리이다. 이 구름다리는 어제 지나온 고불봉에 가기 위해 연결해 주는 금진구름다리와 똑같은 모양인데 색깔만 파란색이 아닌 붉은색으로 다를 뿐이다. 오른쪽으로 푸른 바다가 시원하게 보인다. 사진구름다리를 건너자 다시 가파르게 오르막길의 연속이다. 그도 그럴 것이 해발 150m 되는 황성

목은기념관

　개비산을 향해 가는 것이니 낮지만 등산하는 기분이다. 산 능선을 한 동안 오르락내리락 반복하다 보니 목은이색산책로 2.2㎞ 라는 푯말이 있다. 이 산길에 오롯이 나 혼자 걷고 있는데 이런 표식을 볼 때마다 나에게 힘내라고 말해주는 것 같다. 목은이색산책로를 걸으면서 '고려 말에 목은 이색선생님이 이곳을 산책하였을까?' 그래서 이 같은 이름을 붙였는지 궁금해진다. 이 산책로는 소나무 숲으로 솔향을 맡으면서 솔잎이 쌓인 푹신한 솔잎 길이라 나를 행복하게 해준다. 오랫동안 걷고 싶은 그런 길이다.

　해파랑길 22코스 6㎞ 지난 지점에 체육시설과 쉴 수 있는 긴 의자가 있어서 바다를 내려다보며 쉬면서 과자와 바나나를 먹는다. 그런데 문제가 생겼다. 오른쪽 엄지발가락 안쪽이 신발이 꺾일 때마다 접촉이 되어 가끔 쓰리고 아프다. 아침에 일회용 밴드를 하나 붙였는데도 아파서 보호대 역할을 해주길 바라면서 하나 더 붙인다. 10시경에 다시 출발한다.

나를 기쁘게 하는 것은 몇 사람들이 산책하러 올라오고 목은 이색 기념관이 나무 사이로 보이는 것이다. 목은 이색선생님의 생가가 있던 옆에 한옥 건물로 된 목은기념관이 있고 그 옆에 목은 이색선생님이 관복을 입고 의자에 앉아 있는 하얀 동상이 있다. 목은기념관은 목은 이색 선생님의 기록을 전시하고 있다. 유적지 설명에 의하면 목은 이색선생님은 영덕군 괴시리 무가정에서 태어나 20세에 부친이 머물던 원나라에 유학하고 26세에 과거에 급제한 이후 성리학자로서 많은 저서를 남긴다. 이색선생님은 일찍이 고향을 떠났지만, 평생 고향에 대해 잊지 않고 관어대소부, 유사정기 외 20여 편의 시에 고향에 대한 선생의 생각과 영덕에 관한 풍습과 문화에 대해 기록하였다고 설명해 놓고 있다. 역사적인 위인이 있는 유적지를 가족 단위로 찾는 관광객 중에 특히 부모들이 아이들과 함께 오는 모습을 보니 참으로 흐뭇하다.

목은기념관에서 내려오니 바로 아래에 괴시리 전통문화마을이 있다. 옛 한옥이 수십 채가 그대로 보존되어 있다. 다행스러운 것은 이 전통문화마을에서 다양한 문화체험 프로그램을 운영해서 일반인들이 옛 한옥의 멋을 접할 수 있게 한다. 지금은 코로나 거리두기 정책으로 인하여 운영을 중지한 상태이다.

괴시리 전통문화마을 앞 도로를 따라 대진항 방면으로 발길을 옮긴다. 괴시리 마을 인근 외딴집에 식당이 있어서 12시경에 점심 먹으러 들어간다. 감자탕을 좋아하지 않지만 혼자 먹는 메뉴는 감자탕밖에 없어서 선호하지 않는 감자탕을 주문한다. 이곳 사장의 아들인 듯한 키가 큰 학생이 물과 반찬을 가져다주는데 행동이 약간 특이하다.

괴시리 전통문화마을

하지만 손님이 들어오면 스스로 필요한 것을 미리 가져다주고 서빙도 잘한다. 부모가 학생의 사회성 교육 실습을 하는 것 같다. 드디어 감자탕이 나왔는데 감자가 없는 감자탕이다. 감자탕에는 감자가 있어야 하는 것이 아닌가 생각해 본다. 그래도 오랜만에 먹어보는 내륙 지방의 음식이라 반갑고 맛있게 먹는다. 더구나 식당이 없어서 간식으로 식사를 대신하던 때를 생각하면 고맙고 운이 좋은 날이라고 할 수밖에 없다. 체력을 보충했으니 또 열심히 걸어야지 하면서 대진항과 대진해수욕장을 향해 걷는다. 대진항을 거쳐 대진해수욕장을 가는 고래불대교를 건넌다. 고래불대교의 교각에는 영덕 게를 알리는 게 모양이 장식되어 있고 고래불대교 이름 위에 고래와 게 모양이 양쪽으로 있다. 지역의 특산물을 홍보하기 위해 지역의 곳곳에 모형을 이용한 조각품이나 상징적인 모형을 만들어 놓은 것이 매우 인상적이다.

고래불대교를 건너자 매우 인상적인 소나무 숲을 만난다. 고래불

좌_ 고래불대교   우_ 고래불해변

국민야영장이 있는 곳에 영덕송림숲길이 있어서 소나무 숲길로 걷는다.

고래불 국민야영장 근처에 갈대가 아직도 많이 남아 있어서 파란 바다와 잘 어울리는 풍경을 만든다. 두 명의 사진작가 같은 분이 이 아름다운 갈대밭을 카메라에 담고 있다. 내가 보아도 정말 멋진 풍경이다.

영덕송림숲에는 야영장을 아주 잘 조성해 놓았다. 군데군데 화장실과 샤워장이 있고 바닷가에는 해수욕장이 있어서 즐길 수 있고 정말 한 번 이곳에서 야영하고 싶은 생각이 든다. 지금도 여러 개의 텐트가 설치되어 있고 텐트 주변에서 놀이하는 사람도 있고 해변에서 오가는 사람들도 많이 있다.

이곳 덕천해수욕장이 고래불해수욕장과 연결되어 있는데 각종 연수원과 수련원 울타리따라 30분 이상 걷고 나서 고래불해수욕장의 본 모습을 만난다. 고래불해수욕장을 지나는 길가에서 반가운 스탬프 함을 발견하고 스탬프를 우선 찍는다. 어린이날이라서인지 많은 사람들이 해변에서 놀이도 하고 밀려오는 파도에 발을 적시기도 한다.

고래불해변을 알리는 커다란 아치 아래 물속에서 뛰어오르려는 고래 형상이 있고 고래 머리 위에 어린이가 물구나무를 서 있다. 사람들 기억에 남을 만한 그런 조형물이 매우 인상적이다. 이런 특징이 있는 조형물 앞에서 나도 인증사진을 남긴다. 아름다운 해안, 갯바위, 풍력발전단지 그리고 목은 이색산책로 모두 머릿속에 오래 남을 것 같은 영덕 블루로드의 종점이 고래불해변이다.

이제 23코스 고래불 해변에서 후포항까지 11.8㎞를 걸으면 된다. 3시간이면 충분히 후포항에 도착할 것 같아서 3시경에 고래불해변을 출발한다. 산길이 아닌 바다 옆 해안 길과 마을 길을 지나는 것이라 바다를 구경하면서 걷는다. 어느덧 영덕군과 울진군의 경계선이다. 하트모양으로 만들어진 표지판에 친절도시 울진이라는 환영 문구가 울진 땅에 온 것을 반긴다. 울진의 한 바닷가에 앉아 쉬면서 간식도 먹고 파도 부서지는 것을 바라본다.

노래로 유명한 동해안을 따라가는 7번 국도 옆에는 나무 데크로 인도를 만들어놓아 도보 여행자들에게 편안함을 준다. 때로는 7번 국도 옆을 따라 걷기도 하고 때로는 지선 도로와 바닷가 해변 길을 따라 걸으면서 바다의 아름다움을 만끽한다. 바닷가 높은 갯바위 위에 소나무가 자라는 모습을 보면 참으로 생명력이 강하다는 것을 보여준다. 그런 소나무가 나에게도 해파랑길 도보 여행하면서 어려운 점을 극복하라고 말하며 힘을 주는 것 같다. 바다 멀리 큰 도시가 보이는 곳이

땅꺼짐이 생긴 도로와 축대

후포항인 것 같다. 후포항이 가까워져서 힘을 낸다. 보기에는 가까이 있는 것 같은데 실제는 시간이 좀 걸린다. 크고 작은 항구를 지나고 바다의 아름다움도 감상하면서 걷는다.

후포해수욕장 근처 도로를 걷는데 지진 때문인지 태풍 때문인지 도로 일부와 바닷가 방파제 축대가 내려앉은 곳이 있다. 아직 보수가 안 되어 지나가지 못하게 안전봉만 바닥에 박아 놓았다. 안전띠를 쳐 놓아야 이 안으로 들어가지 않을 텐데. 참으로 위험하다는 생각이 든다. 몇몇 젊은이들은 후포해변에서 바닷물과 놀이를 한다. 후포해변에 오니 걱정이 없고 느긋해진다. 어느 숙소로 갈까 고민하면서 후포해수욕장 근처의 모텔을 곁에서 보니 낡아 보인다. 어디에 숙소가 많고 식당이 있는지 검색해 보니 후포항 근처에 모텔도 많고 여러 상점도 많아 그곳까지 가기로 한다. 지나다 보니 호텔 ○이 건물도 깨끗해 보이고 호텔이란 이름이 나를 유혹한다. 가까이 가보니 무인텔이라고 되어있어 낯익지 않은 곳이라서 그 주변에 있는 테마호텔로 정한다. 나보다 앞서서 세 명의 남성들이 체크인했다. 나도 기다렸다가 체크인을 하고 방에 들어가 테이블 위에 놓인 음식점 명부를 살펴본 후 저녁 먹으러 한 식당인 삼일식당을 찾아간다. 코로나로 인하여 방문자 명단에 개인정보를 작성하고 안내하는 테이블에 앉았다. 이 식당은 가족 단위 손님들이 여러 테이블에 이미 앉아있다. 한식 정식을 주문하니 생선구이가 곁들인 한식이 내 앞에 놓였는데 정말 맛있다. 이 식당이 맛집인 것 같다. 내일 아침도 이곳에서 먹어야겠다는 생각이 든다. 오늘도 무사히 목적지에 도착하여 행복하다.

## 세 식당에서 문전박대를 받다
### 24코스: 후포항 ~ 기성버스터미널

열여덟째 날
2021년 5월 6일(목) 맑음, 도보 거리 18.2㎞

어제 저녁 먹었던 삼일식당으로 아침을 먹으러 갔다. 아침인데도 손님들이 꽤 많이 있다. 그래서 내가 아침밥을 먹을 수 있는가 보다. 오늘의 일정은 해파랑길 24코스 후포항에서 기성 버스터미널까지 18.2㎞ 걸으면 된다. 기성면에 모텔이 하나 있어서 그곳에서 숙박할 수 있으니 한 코스만 쉬엄쉬엄 걸을 생각이다. 배낭을 챙겨 9시 15분 숙소를 출발한다. 후포항 한마음광장 맞은편 공중화장실 옆에 있는 스탬프 보관함에서 스탬프를 찍고 후포항 주변을 구경한다. 한마음광장에는 몇 명의 노점상인이 가판대를 펼치고 대게를 탑 쌓듯이 올려 진열하는데 처음 보는 나에게는 이것이 진풍경이다. 9시 30분경에 후포어시장이 있는 거리를 지나는데 여러 상점에서 저마다 홍보하기 위해 TV 프로그램에 촬영장소임을 간판에 써 놓았다. 후포항 등대공원을 찾아 두루누비 따라가기 앱을 실행시켜서 움직인다. 어시장과 식당가를 지나 주택가로 가니 좁은 골목 후포6길로 안내하여 걸어가니

좌_ 대게 쌓은 모습   우_ 후포항

 나를 시험하듯 까마득하게 높은 계단이 내 앞을 가로막는다. 계단이 100여 개 정도 될 듯한데 마치 한 장의 그림처럼 물고기와 등대를 예쁜 조각 타일로 붙여놓아 아름답게 꾸며놓았다.
 스틱을 짚으면서 힘을 내어 한 계단 한 계단 발걸음을 올려놓는다. 숨이 차면 잠시 멈추어 멀리 후포항을 바라보기도 하면서 후포항 등대공원에 오른다. 등대공원에 올라가니 후포항이 한눈에 보인다. 후포항에는 가장 짧은 시간에 울릉도 가는 여객선터미널도 있다. 등대공원에는 여러 나라 등대를 작게 만들어 놓은 공원이다. 검은색 이글루 모양의 작은 돔으로 지어진 신석기 유물관에 들어가려니 한 가족이 그곳에서 나온다. 나도 신석기 유물관에 들어가 신석기시대의 모습을 재현해 놓은 것을 구경한다. 크게 세 구역인데 돌로 도구 만드는 모습을 재현한 구역, 후포에서 발견된 신석기시대 돌 도구 모양을 재현해 놓은 모습과 신석기시대 사람들이 도구 사용하는 모습을 미니어

후포항 등대공원의 신석기시대 유물관

처로 꾸며놓은 구역으로 되어있다. 우리나라 신석기시대 유물관을 보면 대부분 비슷한 것 같다.

유물관을 나오려니 이 유물관 관리자가 배낭을 메고 있는 내 모습이 짠했는지 드링크제 한 병을 건넨다.

"여행 중이세요?"

"해파랑길 도보 여행해요."

"부러워요."

"나도 직장 다닐 때 도전 못 하고 백수 되고 도전하는 거예요. 퇴직 후 자유롭게 도전해 보세요."

후포항 등대공원에는 세계 각국의 특색있는 등대 모양을 작게 만들어놓고 그에 대한 설명도 덧붙여 놓아 관람하는데 도움을 주고 있다. 나라마다 등대의 모양이 그 나라의 건축 문화에 따라 저마다의 특색이 잘 나타나 있어서 많은 관심을 끌 만하고 새로운 사실을 알게 해준

인천 팔미도(1903년)　　프랑스 코르두앙(1611년)　　독일 브래머하펜(1855년)　　스코틀랜드 벨록(1811년)

　다.
　후포등기산등대공원에서 계단을 내려가 출렁다리를 건너면 스카이워크로 연결되어 있다. 출렁다리를 건너오는 사람들이 많아서 기다렸다가 나도 건너간다. 후포항 스카이워크는 국내에서 최대길이 135m이고 높이는 20m, 너비 2m로 멀리서 바라볼 때도 정말 높은 위치에 있는 스카이워크이다. 스카이워크에 들어가기 위해 덧신을 신고 나무로 된 부분을 걷고 중간 부분부터 57m 길이는 바닥이 강화유리로 되어 바닷물이 모두 비치니까 더욱 무섭게 느껴진다. 게다가 바람이 심하여 모자가 날아가려 하여 벗으니 머리카락이 하늘로 솟구치듯이 흩날린다.
　스카이워크 끝자락에 선묘상이 있는데 설명에 의하면 「의상대사가 당나라에 유학할 때 숙소 주인의 딸인 선묘는 사모하는 의상대사가 귀국하자 용이 되어 의상을 지키겠다고 바다에 몸을 던진 여인이

좌_ 출렁다리   우_ 후포항 스카이워크

다. 사랑하는 사람을 위해 용이 되었던 아름다운 여인, 선묘의 모습을 하늘과 바다 사이 용의 영역에 세운다.」고 적혀있다. 스카이워크 바로 아래에는 소원이 이루어진다는 갓바위가 파란 바다에 우뚝 솟아있다.

스카이워크 구경을 하고 나니 10시 30분경이다. 이제 본격적으로 목적지를 향해 즐거운 행군을 하기 위해 계단을 내려와 바닷가를 따라 걷는다. 후포항 근처 울진대게로의 해변가에 소나무 이식작업이 한창이다. 몇 년이 지나면 소나무 숲이 우거진 아름다운 해안으로 변모할 것 같다. 그런데 멀리에 또 다른 스카이워크가 있는가 보다 생각하며 가까이 가보니 공장의 물건을 이동시키기 위해 바다에서 공장으로 연결된 홈통 모양의 수송관이 아름다운 경관과 어울리지 않게 길게 뻗어있다.

마을 앞 해안 도로를 따라가니 '황금대게 평해공원'이 있다. 이 공원은 방파제 옆에 넓은 공간을 마련하여 커다란 대게가 바다에서 방파

좌_ 스카이워크    우_ 선묘상

제를 올라오는 모습과 배를 타고 고기잡이하는 어부들의 모습을 조형물로 만들어놓았을 뿐이다. '울진대게'라는 글씨 외에는 어떠한 설명도 없다.

거일리 해안을 걸을 때 신기한 모습을 발견하여 한참을 바라보았다. 바다에서 파도에 휩쓸려 오는 미역을 건지고 모래밭에서 미역을 다듬는 부부의 모습이 보인다. 남자분이 긴 막대를 물속에 넣었다가 꺼내면 여러 줄기의 미역이 함께 딸려온다. 떠내려오는 자연 미역을 저런 방법으로 채취하는 것은 양식법이 발달하지 않았을 때 사용한 방법일 듯하다. 건져낸 미역을 해변으로 옮겨 놓으면 여자분은 그 미역을 다듬어 바구니에 넣는다. 그렇게 모은 미역은 그곳에 있는 커다란 두 개의 바구니로는 다 담을 수조차 없을 정도로 산더미같이 쌓여 있다.

미역 채취하던 남성이 어느새 방파제 옆에 와서 지나가는 나에게

좌_ 황금대게 평해공원   우_ 미역 채취하는 부부

말을 건넨다.

"걸어서 가는 거요?, 잠은 어디서 자고요?"

"나는 걸어서 여행하는 중이고 잠은 숙박업소에서 자요."

"이곳 미역은 청정미역이라 맛도 좋고 미역이 건강에 좋지요. 마을 어귀에 보이는 저 흰 차가 내 차인데 그 앞에 ○○수산이란 가게가 있으니 나중에 미역이 필요하면 연락해요."

막대기로 건져 올리는 방법으로 채취한 자연산 미역을 판매까지 할 정도로 충분한가 보다.

바닷물 경계 해변에는 조각조각 부스러진 미역들을 바닷물이 남기고 간다. 바닷물 가장자리에는 크고 작은 많은 미역이 파도에 밀려 모래 위로 올라왔다가 일부는 모래 위에 남겨지고 일부는 다시 바다로 되돌아가고 물과 함께 바다로 흘러내려 가면서 바스러지기도 한다.

테트라포드 옮기는 크레인

　울진군 평해읍 직산리 한 마을 쉼터 정자에 앉아 쉰다. 바다에서 크레인으로 테트라포드를 옮겨 쌓아 또 하나의 방파제 만드는 작업을 보고 놀라운 기술에 다시 한 번 감탄한다. 테트라포드보다 작은 사람들은 마치 소인국에서 사는 사람들 같고 작업하는 크레인은 거인인 것처럼 생각된다.
　한동안 바다를 친구삼아 해안 길을 걸어 남대천교를 건너자 오른쪽에 커다란 소나무 숲이 우거져 있다. 이제 뜨거운 햇빛을 피해서 소나무 숲으로 걸으면 좋겠다고 생각을 하는데 해파랑길 리본이 소나무 숲으로 안내한다.
　월송유원지 소나무 숲 사이로 야자 매트를 깔아서 산책로를 만들어 놓아 걷기도 좋다. 그 매트 위에 솔잎이 쌓여서 마치 융단을 깔아놓은 듯한 솔잎을 밟으면서 솔향기를 맡고 마치 천국에서 융단 위를 걷는 것 같다. 아침부터 포장된 도로에서 빠르게 걸었더니 발바닥이 화끈

좌_ 해파랑길리본, 솔밭길    우_ 관동팔경 월송정

거렸는데 발바닥의 아픔을 씻겨주는 듯하다. 솔밭길로 걸으니 바닷바람도 한결 부드럽게 다가오고 솔향을 나에게 선물해 준다. 솔잎이 쌓인 소나무 숲 사이로 구불구불 구부러진 산책로를 걷는 것은 마치 지친 다리에 치유의 명약을 처방하는 것 같아 감사함을 느낀다. 솔밭길이 길지 않아 아쉬웠지만, 솔밭을 벗어나니 평애사구습지 주변에 있는 하얀 데이지꽃이 나를 반겨준다. 몇 명의 다른 방문객들이 그네 의자에 앉아 사구습지를 감상하고 있는 모습도 보인다.

월송해변을 옆에 두고 평해사구습지의 데이지 꽃밭 사이로 지나니 또 다른 소나무 숲으로 안내한다. 이 월송정은 관동팔경 중의 하나로 동해를 바라보며 서 있고 주변은 소나무로 둘러싸여 아름다운 경관을 자랑하고 있다. 이 월송정은 고려 충숙왕 1326년 때 존무사 박숙이 처음 건립하고 조선시대 연산군 때 중건하였으나 일제강점기에 강제 철거

되고 터만 남았다.

　월송정은 현재의 위치에서 남서쪽 450m 떨어진 곳에 있었는데 오래되어 없어진 것을 1980년 고려시대 양식을 본떠서 현재의 위치에 복원하였다. 동해안의 일출 명소로 유명한 월송정 누각은 정말 아름답다. 1층에서 바라보는 바다도 매우 아름답다. 정자 2층 누각으로 올라가니 거칠 것 없는 새파란 바다가 내려다보이고 주변의 소나무와 어우러져 절경을 이룬다.

　월송정을 벗어나도 한동안 소나무 숲으로 이어진 길을 걷는다. 구산해수욕장과 오토캠핑장에 오니 많은 캠핑 가족들이 해변에서 소나무 아래에 텐트를 설치하고 또는 오토캠핑장에 캠핑카를 세우고 휴가를 즐기고 있다. 캠핑하는 사람들의 편의를 위해 샤워장, 화장실 등이 갖추어져 있고 해수욕장 관리사무소에서 관리하고 있다. 동해안에 오니 이런 캠핑장을 유난히 많이 보게 된다. 구산해수욕장 주변에 공원처럼 꾸며놓고 조형물도 설치해 놓았다.

　구산해수욕장 근처에 솔밭식당이 있어서 감사한 마음으로 들어간다. 시간을 보니 1시 35분 늦은 점심이다. 칼국수가 먹고 싶어서 주문한다. 이제 식당을 내가 선택하는 게 아니라 식당이 보이면 감사한 마음으로 그곳에 주어진 음식을 먹는 것이다. 칼국수는 바지락 5개와 고명으로 오이와 얼갈이배추가 놓여있다. 지금까지 먹어본 칼국수와 완전 다른 고명이라서 이것이 바닷가에서 만드는 요리인가 생각해 본다.

　바닷가 음식이 짜다고 하지만 오늘의 칼국수처럼 짠맛도 처음이다. 면도 짜고 국물도 짜서 먹기가 불편하다. 굶으면 안 되니까 먹어야 한다는 생각으로 맛이 아닌 끼니 때우는 식사인데 입안이 조금씩 소금간에 젖어 든다. 물을 마시면서 먹다가 더는 먹을 수 없어 처음으로 남긴 채 식당을 나온다. 물을 꿀꺽꿀꺽 삼키듯 마신다.

햇볕이 좋은 도로변에 미역을 판에 널어 말리는 모습이 여러 곳에서 보인다. 어느 집 마당에서도 세 명의 어르신들이 미역을 펼쳐놓는 작업을 한다. 지금이 미역을 수확하는 계절인 것 같다.

미역 펼치는 작업

힘을 내어 걷고 있는데, "하루에 몇 키로 걸어요?"

누군가 질문하기에 보니 내 옆에서 자전거 탄 사람이 내리면서 묻는다.

"20㎞에서 32㎞ 걷는데 그때그때 달라요. 숙소가 있는 곳까지 목적지를 정해서 걸어요."

그분의 자전거에 텐트, 침낭 등 모든 야영 도구가 실려 있다.

"어디서부터 타고 오는 거에요?"

"대구에서 출발해서 고성까지 타고 갈 거요. 계속 끝까지 걸을 건가요?"

"계속 진행하고 싶은데 운동화가 닳고 스틱 조임새에 금이 가서 동해시까지 간 후 집에 갔다가 6월 초에 다시 도전할 생각이에요."

실은 며칠 전에 운동화를 보니 앞코가 닳아서 비가 오면 샐 것 같다.

그래서 어디에서 대전까지 가는 교통이 괜찮을지 검색해 보니 동해시에서 대전에 가는 버스가 있다. 그래서 우선 동해시까지 가서 집으로 돌아간 후 충전하고 다시 도전해야겠다고 잠정적으로 계획했다.

"셋이 가는 거예요?"

"아니요. 혼자 걸어요."

"뒤에 오는 여자 두 분이 일행인 줄 알았어요."

그의 말에 뒤돌아보니 두 여성이 걸어오고 있다.

"끝까지 완주하세요." 그는 말한다.

"힘내세요." 나도 인사한다.

그는 다시 자전거를 타고 빠르게 앞을 향해 페달을 밟는다. 야영하면서 자전거로 국토종단을 도전하는 그가 정말 부럽고 멋져 보인다. 도전하는 만큼 건강하고 젊게 산다는 증거이니 멋진 인생을 만들 수 있는 것이다.

메모하면서 걷다 보니 스틱이 땅에 끌린다. 아무 생각 없이 메모를 끝내고 스틱을 사용하려 손에 끼는데 한쪽 스틱의 두 마디가 사라졌다. 잃어버린 스틱 일부를 찾으러 왔던 길을 뒤돌아서 가는데 두 여성 도보 여행자가 빠진 스틱이 저기 있다고 알려준다. 약 500m를 뒤돌아가서 스틱을 줍는다. 고마운 스틱이 없으면 이 도보여행 하기가 어려워서 스틱은 꼭 필요한 나의 일부이다. 스틱을 찾아 오다가 두 여성분이 쉬고 있는 정자에 멈춘다. 내 또래로 보이는 여성들과 이야기를 나눈다.

"안녕하세요? 어디에서 오셨어요?" 나는 물었다.

"나는 부산에 살고 이 친구는 제주에서 왔어요."

"그런데 어떻게 만나서 오시나요?"

"부산에서 만나서 함께 걸어요. 혼자 걷는 거예요?"

"예, 혼자 부산에서부터 걷고 있어요. 부산에서부터 걸어오시는 거예요?"

"아니요. 이번이 3차 걷기를 하는데 하루에 한 코스씩 걸어요."

"고성까지 가시나요?"

"아니요. 이번에는 동해까지 가려고요."

함께 걸을 수 있는 친구가 있다는 게 참으로 부럽다. 한 여성이 내 스틱을 잡고 스틱이 빠지지 않게 하는 방법을 알려주어 고마웠다. 나는 그녀들과 약간의 간격을 두고 뒤따라 걷는다. 그녀들 사이에 끼어 함께 여행하는 즐거움을 방해하고 싶지 않다. 나도 오랜만에 한 코스만 걸으니 주변의 자연환경을 구경하면서 유유자적 걷는다.

대풍헌 근처 해안에 독도조형물과 거북선 모형이 있어서 이 고장과 어떤 연관관계가 있는지 정말 궁금하다. 그 고장을 알리기 위한 조형물을 설치해 놓으면 보는 사람이 더 관심을 가질 텐데 사진도 찍고 싶지 않아 그냥 지나친다.

아주 반가운 것은 봉산리 항곡마을을 걷는데 집 주변에 밭이 있고 농작물이 심겨 있다. 녹색의 식물이 밭에 가득한데 앞에 가시는 한 분이 그 식물의 이름은 갯방풍이라고 한다. 방풍나물은 나도 밭에 심어서 알고 있는데 새로운 이름을 알게 되었다. 계속 바다만 보다가 정말 오랜만에 밭에 마늘, 고구마 등 농작물을 가꾸는 걸 보니 마치 고향에 온 듯 정겹다. 언덕배기 도로를 넘어가니 너른 들판이 펼쳐져 있는 농촌의 모습이다. 바다는 저 멀리 들판 너머로 보이지 않는다. 오늘의 목적지 기성면 소재지에 도착하였다. 우선 보이는 마트에 가서 간식과 과일을 사고 이곳에 단 하나뿐인 베니스모텔을 찾아 나선다. 스탬프 함이 기성면 파출소 옆에 있어서 스탬프를 찍는다.

기성면 소재지 북쪽 끝에 있는 모텔에 들어가니 카운터가 비어있어서 주인을 불렀다. 70대 노인이 위층에서 청소하던 빗자루를 들고 내려온다. 방 하나 체크인을 하고 2층 방으로 올라간다. 선택의 여지가 없는 방이지만 이부자리가 아주 오래되고 낡아서 덮고 자기에 찜찜하다. 아주 오래된 이부자리인데도 노인장이 혼자 관리하는 것을 보고 교체해달라고 하기도 어렵다.

우선 저녁 먹으러 읍내로 나가면서 좋아 보이는 한정식 식당을 가니 주인장이 테이블 세팅을 하고 있다. 식사하고 싶다고 말하니 주인장이

"예약했어요? 우리는 예약 손님만 받아요."

아주 공손하게 우아한 말투로 말한다. 아쉽지만 뒤돌아 나와 다시 읍내 중심에 있는 어느 식당에 들어가서 메뉴를 보니 내가 좋아하는 음식이다. 주인을 불러도 대답이 없어 문밖으로 나와 계단에 앉아 주인이 돌아오기를 기다린다. 저녁 식사 준비하러 곧 오시려나 하는 마음으로 앉아있는데 한 남자가 다가오더니, "사장님 지금 밭에서 일하고 있어요." "언제 오시나요?" 물으니 그는 주인에게 전화하더니 나에게 "다른 식당으로 가는 게 좋겠네요."라고 조언한다.

기다린 보람도 없이 세 번째 식당을 찾아 나선다. 근처에 또 다른 식당으로 가서 문을 여니 안에 여러 개의 식탁에 손님이 앉아있다. 안으로 들어가려 하니 주인장이 나를 보자마자, "코로나 때문에 외지인은 안 받아요." 말한다.

정말 서글프다. 식당이 없어서 끼니를 찾아 먹지 못할 때는 그러려니 생각했는데 지금은 식당이 있어도 예약 안 해서 거절, 주인이 농사

일 때문에 거절, 외지인이라 거절당해 밥도 먹을 수 없는 처지가 되었다. 가장 낯선 거절은 외지인을 마치 외계인처럼 취급하여 차단하는 것이다. 코로나19 유행으로 생긴 생존 방법일 수 있으니 이해하려 한다. 다행히 오는 길에 김밥집이 있어서 들어가니 감사하게 주문을 받는다. 김밥 두 줄을 주문해서 맛을 떠나 배부르게 먹는다.

 숙소의 여건이 어떠하건 내가 어떻게 사용하는가에 따라 좋을 수도 있다. 수건을 하나 빨아 바닥 청소를 깨끗이 한 후 세탁물을 널고 따뜻한 방바닥을 최대한 활용한다. 이 모텔이 이곳에 없었다면 숙소 찾아서 더 걸어야 할 텐데 머물 수 있는 곳이 있어서 얼마나 감사한지 모른다. 오늘 하루도 무사히 안전하게 도착한 것에 감사하며 또 하루를 마감한다.

### 대게의 본고장 울진 망양정 바람에 휘날리며

**25코스: 기성터미널 ~ 수산교**

열아홉째 날
2021년 5월 7일(금) 맑음·오후 소나기·세찬 바람, 도보 거리 23.2㎞

 앞으로 여행 일정을 살펴보니 집으로 돌아가지 않고 계속 걸어도 될 것 같다. 트래킹화 때문에 집에 다녀와서 2차 걷기를 6월에 하려 했는데 한 번 돌아가면 내 마음처럼 쉽게 일이 될 것 같지도 않다. 전체 남은 거리를 살펴보니 오늘 이후에 남은 코스는 25개인데 거리가 짧은 코스가 많아서 하루에 두 코스씩 걸으면 2주에 완주할 수 있을 것 같다.

좌_ 이팝나무 가로수　우_ 밭에서 그물 손질하는 모습

　해파랑길 25코스 기성면 소재지에서 수산교까지 23.2㎞ 걸으면 되니 부담 없이 느지막하게 9시 20분경에 출발한다. 넓은 들판 사이로 반듯하게 포장된 도로로 진입한다. 곧이어 산을 깎아 만든 오르막 차도를 걷는다. 엄지발가락과 발목이 시큰하여 내리막길은 스틱을 이용하면서 뒷걸음으로 걸어가는데 누군가 뒤에서 인사한다. 뒤돌아보니 한 남성이 자전거로 남쪽 방면으로 가는 중에 자전거를 끌고 올라간다. "힘내세요." 나도 인사한다.

　도로 양쪽에 산에 아카시아꽃이 많이 피어있다. 그래서인지 꿀벌농장도 있다. 하나의 고개를 넘고 나니 또 다른 오르막 언덕길이다. 이번에는 양쪽 가로수가 이팝나무로 되어 꽃이 하얀 쌀밥처럼 활짝 핀 것도 있고 살포시 꽃봉오리를 터뜨리는 것도 있어 아름답다. 이렇게 예쁜 꽃들이 계절의 변화를 알려주어 내가 살아있음을 느끼게 해준다. 도로 축대 위에 애기똥풀도 노란 꽃을 피어 나에게 힘내라고 인사하는 것 같다. 도보여행을 하면서 자연이 서서히 변하는 모습들이 나에게 힘을 준다.

도롯가 언덕 너른 밭에 어마한 그물을 펼쳐놓고 몇몇 사람들이 그물을 손질한다. 어구는 항구 옆에서 손질하는 것만 보았는데 다른 곳으로 이동하여 이처럼 펼쳐놓고 찢어진 곳을 하나씩 손질하는 것은 처음 본다. 고기 잡은 후 그물 손질하는 것이 더 큰 일거리인 것 같다. 어촌에서도 바다에서 하는 일뿐만 아니라 육지에서 하는 일들이 더 많은 것 같기도 하다.

두 개의 2차선 고갯길 차도를 넘어오니 눈앞에 펼쳐진 것은 너른 바다이다. 가슴이 뻥 뚫리게 하는 파란 바다를 보니 더욱 반갑다. 하늘과 맞닿은 수평선이 보이는 그런 바다에서 갯바위에 부딪치는 파도 소리가 반갑다고 나를 맞이하는 것 같다. 사동항 마을 앞 가로수는 예쁜 향나무가 심겨 있고 가지마다 초록 꽃봉오리처럼 예쁘게 관리되어 있다.

이제 바다와 친구 하며 해안길을 걷는다. 11시 50분 망양해수욕장에 도착한다. 해변의 남쪽 풀밭에 소나무 식재 작업이 한창이다. 몇 년 후에 울창한 소나무 숲으로 변하길 기대해 본다. 해변의 길이도 꽤 길고 해변의 북쪽은 소나무 숲도 잘 만들어져 있다. 소나무 숲 아래에는 캠핑하는 몇 가족이 텐트를 치고 아이들과 재미있게 놀이하는 모습을 보니 참으로 행복해 보인다. 해변에는 낚시하는 사람들도 있고 매우 한적하면서 평화롭다.

지금까지 지나온 대부분 해수욕장에 캠핑 시설이 매우 잘 갖추어져 있다. 이런 좋은 시설을 보니 나도 캠핑에 도전해 보고 싶은 생각이 불쑥불쑥 든다. 망양해수욕장 솔밭 숲길을 지나 정자 아래에 앉아 간식을 먹으며 파란 바다 위에서 고기 잡는 배도 보고 낚시하는 사람들도 멍하니 바라보며 쉰다.

다시 발걸음을 옮기며 해안길을 걷는다. 높은 바위 위에 2층 누각이 있고 그 아래 도롯가에 있는 팔각정 옆 넓은 공간에서 주민들이 미역을 건조하기 위해 그물망에 펼치는 작업을 하고 있다. 나는 높은 곳의 누각이 관동팔경의 하나인 망양정으로 생각하고 계단을 하나하나 힘을 주어 올라간다. 이 정자에 올라가 바다를 내려다보니 망양해수욕장의 푸른 바다와 소나무 숲이 그림같이 보인다. 옛 선인들은 옛 망양정에 앉아 시 한 수 읊었을 것을 생각해 본다. 정자를 둘러보아도 망양정이란 간판이 보이지 않는다. 이곳에 대한 설명이 적혀있는 것을 읽어본다. 이곳은 망양정 옛터로 도로가 개설되면서 터의 대부분은 사라지고 망양정은 울진군 근남면 산포리 둔산으로 옮겼다. 현재 있는 누각은 2015년에 정자를 세워 지역주민과 관광객의 쉼터로 제공하고 있다고 설명한다.

해안가 마을 앞은 미역을 손질해서 널어놓은 미역건조장으로 사용하고 있다. 미역은 완도, 부산과 남해안에서 양식하는 것으로 알고 있는데 이곳은 양식장은 보이지 않는데 미역이 꽤 많다. 모두 자연산 미역인 것 같다. 해안에는 까만 그물을 가득 펼쳐놓고 여러 명이 어구 손질하는 모습도 보인다.

또 다른 울진 황금대게공원 뒤편의 갯바위 꼭대기에 작은 소나무가 멋지게 자라고 있다. 멀리서 보아도 참으로 아름다운 곳에 울진대게공원을 조성하여 발걸음을 멈추게 한다.

동국여지승람과 임원경제지, 대동지지 등에 자해紫蟹로 기록된 대게는 울진의 주요 토산물로 명시되어 있어서 울진이 대게의 원조라고

좌_ 미역을 펼치는 작업을 하는 주민들    우_ 울진대게공원

한다. 1930년대 교통이 원활하지 못할 당시에 서울, 대구, 포항 등 도시로 해산물을 공급할 때 집하지인 영덕에서 반출한 이후 지명 영덕으로 불려왔을 뿐 대게의 원조는 울진대게라고 설명해 놓았다. 대게의 원조를 알리기 위해 세운 공원인 것 같다. 대게라는 말을 들으면 영덕을 우선 떠올리곤 했는데 앞으로는 울진을 생각할 것 같다. 홍보하기 위해 울진대게공원을 세워놓은 효과이다.

점심시간이 지나고 1시경 멀리 바닷가에 건물이 보여 식당이면 좋겠다고 생각하며 걷는데 다행히 망양휴게소라서 고맙다. 많은 차량이 주차되어 있고 자전거 여행자 두 명도 휴게소를 향해 페달을 밟는다. 1시 20분경 망양휴게소에 들어오니 바다 위에 건물이 지어진 느낌이다. 바닷가 창가에 앉으니 멀리 내가 걸어온 망양해수욕장도 보이고 바로 아래의 갯바위와 바닷물 찰싹이는 경관도 정말 아름답다. 바다

좌_ 그물 손질하는 모습    우_ 물개바위

　가 보이는 창가에 앉아 영양소고기국밥을 주문하니 손님이 많지 않아 금방 나온다. 국밥을 먹으면서 바다 구경도 하고 맛도 짜지 않아서 먹기에 괜찮다. 그런데 이곳 휴게소의 음식은 먹어도 먹은 것 같지 않고 여전히 배가 허하다. 내용물이 많이 부실해서 그렇든지 걸어온 내게 더 많은 에너지원이 필요하든지 둘 중의 하나일 것이다.

　휴게소를 1시 40분경에 나와 해파랑길을 다시 걷는다. 약 20여 분 걸었을 때에 왼쪽 가까운 산자락에 먹구름이 걸쳐있다. 나에게도 빗방울이 하나 둘 떨어지기 시작한다. 큰 비가 오기 전에 우비를 입을 생각으로 덕신교차로 근처 어느 식당 앞에 놓인 야외용 테이블이 있는 비를 피할 수 있는 곳이 있어서 들어간다. 테이블 위에 배낭을 내려놓고 우비를 꺼내는데 소나기가 쏟아지기 시작한다. 순식간 도로가 흠뻑 젖고 물이 고여 물길을 이루어 흐른다. 차가 지나갈 때마다 도로에 고여있는 물이 사방으로 튕긴다. 비가 그칠 듯 하더니 또 다시 몰려온다.

　어차피 오늘은 수산교까지만 갈 것이니 우비를 입고 가는 것보다 비가 그친 후 출발하는 게 더 좋을 것 같아서 '엎어진 김에 쉬어간다'라는 속담처럼 쉬어가기로 한다.

　나에게 쉴 수 있는 이 공간을 제공한 호성식당이 정말 고맙다. 20여 분 쉬다가 2시 25분에 비가 그쳐서 다시 수산교를 향해 출발한다. 비가 온 뒤에 하늘은 더 맑아져서 바닷물이 더욱 파랗게 빛난다. 바닷가 모래밭에 검은 그물망을 펼쳐놓고 손질하는 모습도 자주 본다.

　자전거를 타고 여행하는 분들이 참 많다. 반대 방향으로 가면서도 나에게 힘내라는 인사를 건넨다. 나도 "힘내세요." 하고 말해준다. 혼자 하는 도보여행이든 자전거 여행이든 같은 동지 의식에 서로 격려의 말을 해 주는 모습에 더욱 힘을 얻는다.

　오늘의 목적지인 수산교까지 가기에 시간이 충분하므로 주변에 있는 색다른 모습을 한 번 더 쳐다볼 수 있고 발길도 멈추면서 구경한다. '울진쪽빛바닷길'이란 이름이 있는 오산항 근처 해변가 방파제 벽에 울진 대게를 홍보하기 위해 대게 모형을 가로등처럼 세워놓았다. 그것을 보면서 이 고장이 대게가 특산물인가 생각하게 한다. 바닷가 갯바위 구경하면서 걷는데 흥미로운 갯바위를 발견한다. 이름은 물개바위라고 되어있는데 이름표가 없어도 물개 모양을 닮은 바위를 보고 누구나 물개바위라고 이름을 지었을 것 같다. 바다에서 갯바위에 올라와 쉬고 있는 물개의 모습이다. 입 주변도 물개처럼 약간 검은색이다. 물속에서 지친 몸을 쉬기 위해 갯바위에 올라와 따뜻한 일광욕을 하는 듯한 모습에 애착이 가고 귀엽게 느껴진다.

　망양정로를 따라 한 시간 이상 걸은 것 같다. 도로 옆에 촛대처럼 우

좌_ 금호정에서 본 갯바위    우_ 금호정

뚝 솟은 촛대바위를 지나 잠시 후 바다의 높은 갯바위 위에 정자가 있다. 그냥 지나치기에 너무 아름다운 정자라서 쉬었다 가려고 계단을 올라간다. 정자에 금호정이란 간판이 붙어있는 멋진 정자에 앉아 망망대해를 바라보며 간식도 먹고 도로로 지나가는 사람과 차량도 구경한다. 주변의 갯바위를 구경하는데 그중 가장 눈길이 가는 것은 마치 금강산 모양을 한 갯바위이다.

잠시 후에 한 쌍의 부부가 정자로 올라온다. 모두 아름다운 정자에서 바다 구경하러 올라오는 것 같다. 주변의 아름다움을 보면서 시간 가는 줄도 모른다. 셋이 함께 앉아서 쉬고 있는데 한 남성이 올라와 이곳에서 「한국인의 밥상」 프로그램을 촬영하려고 하는데 화면에 나와도 괜찮으면 앉아있고 그렇지 않으면 자리를 비워줄 수 있느냐고 해서 더 쉬고 싶은데 내려와야 했다.

나는 길가에서 촬영하는 모습을 잠시 구경한다. 촬영진은 이 마을

좌_ 바람소리길   우_ 망양정

이장 부부에게 정자 진입로부터 올라가는 장면을 찍겠다고 설명하면서 올라가는 장면을 촬영한다. 금호정 근처에서 4시 30분 다시 수산교를 향해 해안도로를 계속 걷는다.

드디어 망양정해맞이공원 방향으로 올라간다. 공원 언덕을 올라가니 울진대종이 나를 맞이하는데 차가운 바람도 함께 나를 에워싼다. 망양정 해맞이공원이 높은 곳에 있어서 바람이 심한 것인지, 이 거센 바람이 어찌나 심한지 나를 날려버릴 기세이다. 바람의 힘을 빌려 망양정으로 아주 빠르게 발길을 옮긴다.

언덕 가장 높은 곳에 망양정이 넓은 동해를 바라보며 하늘로 날아갈 듯 서 있는데 바다가 시원하게 내려다보인다.

망양정은 본래 기성면 망양리에 있던 것을 조선 철종 11년[1860년]에 지금의 위치로 이전하였다. 그 후 1958년 중건하였으나 심하게 낡아 2005년 완전 해체하고 새로 지었다. 조선 숙종은 관동팔경 중 망양정

경치가 최고라고 하여 '관동제일루'란 현판을 하사하였다. 라고 설명이 되어있다.

기성면 망양리 본래의 자리에 있던 정자 위치보다 지금의 위치로 이전한 것이 훨씬 전망이 빼어날 정도로 아름답다. 숙종이 관동제일루란 현판을 하사할 만한 경관이다.

긴 쇠 홈통으로 된 차임이 줄줄이 늘어져 있는 바람소리길을 걷는데 세찬 바람이 차임을 건드려서 소리를 오묘하게 만들어낸다. 바람소리길을 지나 해맞이공원에서 내려오니 둑 방에 왕피천이라고 이름이 박혀 있는 천변 나무 데크길을 걷는다. 왕피천을 따라 데크길을 걷는데 바람이 미친 듯이 회오리치며 불어서 앞을 볼 수가 없을 정도이다. 마치 태풍이 불어닥치는 듯한 바람이 앞으로 발걸음을 옮기기 어렵게 한다. 수산교 스탬프 찍는 곳까지 바람과 맞싸우면서 6시 경에 도착했다. 우선 앱을 검색하니 근처 모텔이 몇 개 있는데 신라모텔이 가장 괜찮은 것 같아 찾아가니 주차장에 차량이 가득하여 빈방이 없으면 어쩌나 하고 걱정한다. 모텔 여사장이 심한 바람과 마주하며 고개를 숙이고 걷는 나를 위해 문을 열어주며 반갑게 맞이하신다. 배낭을 멘 내 모습을 보시고 해파랑길 걷는 여행자라는 것을 파악하셨는지

"자전거 여행자들도 많이 와요."라고 한다.

깨끗한 방 202호로 들어가니 청소도 아주 깔끔하게 잘 되어있다. 어제 머문 곳이 너무 형편 없어서 더욱 돋보인 것 같다. 짐을 내려놓고 식당을 찾아 나선다. 한 식당에 가서 혼자 먹을 수 있는 갈비탕을 주문하여 먹는다. 돌아오는 길에 성유식당에 '아침 식사 됩니다' 문구가 유리에 붙어있다. 식당에 들어가서 아침 식사가 몇 시부터 가능한지 물

었더니 6시 30분부터 가능하다고 한다. 아침을 먹을 수 있다는 사실에 그냥 행복하다. 면 소재지인데 식당도 많고 모텔도 몇 개 있고 여행자에게 감사한 도시이다. 약방이 보이기에 시큰한 발에 붙일 파스를 몇 개 산다. 숙소로 돌아와 발 마사지도 해주고 19일째 쉬지 않고 장거리를 매일 걷느라고 피곤한 발에 파스를 붙인다. 고마운 나의 발과 어깨 수고 많았다.

## 은어의 배 속을 헤엄쳐 남대천을 건너다
### 26코스 수산교 ~ 27코스 부구삼거리

스무째 날
2021년 5월 8일(토) 맑음, 도보 거리 24.3km

오랜만에 성유식당에서 밥을 든든히 먹을 수 있어서 감사한다. 배낭을 메고 8시 30분경 모텔을 나와 수산교를 건너서 왕피천을 따라가니 왕피천공원이다. 무척 커다란 소나무 숲으로 된 공원 안에 여러 놀이시설과 체험관 그리고 케이블카도 있다. 바다로 흘러가는 왕피천 둑을 따라 걷는 길은 아름드리 소나무와 하천 쪽은 아름다운 가로등이 줄지어 있어서 정말 아름답다. 뒤돌아서 온 길을 바라보니 왕피천을 따라 곧게 뻗은 둑길이 그림처럼 아름답다. 게다가 어제 세찬 바람을 뚫고 올라간 해맞이공원의 망양정도 멀리 보인다. 하늘에 왕피천공원에서 망양정해맞이공원 사이에 몇 대의 빈 케이블카가 매달려 멈추어있다. 바람이 세차서 운영하지는 않는 것 같다.

왕피천공원을 지나고 남대천에 오니 눈앞에 어마어마한 은어 두 마

좌_ 울진 은어다리    우_ 은어 배 속으로

리가 아침 햇살에 반짝인다. 울진군은 1급수에서만 산다는 왕피천의 토박이 은어를 위해 2015년 남대천 하구에 은어다리를 만들었다. 은어다리는 보도교로 은어 두 마리가 다리 양쪽 가장자리에 자리 잡고 있어서 사람이 은어 배 속으로 지나갈 수 있게 되어있다. 나도 은어다리를 건너기 위해서 은어 꼬리 속으로 들어가니 휘몰아치던 바람이 고요하고 마치 내가 은어 몸속을 헤엄치는 것 같다. 피노키오가 고래의 배에 들어갔다가 나온 것처럼 나도 은어 배 속을 헤엄쳐서 입으로 나온다. 한 마리의 은어 배 속을 헤엄쳐서 입으로 나오니 다시 남대천 바람에 날아갈 것 같아서 교각을 잡고 이동한다. 바람을 피해 얼른 또 다른 은어 입 속으로 들어간다. 다시 바람 한 점 없이 잠잠하다. 은어 배 속에서 꼬리 밖으로 나오기 싫을 정도로 평화롭다. 잠깐이지만 바람을 피해 은어 배 속을 헤엄치는 듯이 남대천을 건너는 것이 마치 동화 속 경험을 할 수 있게 해준 것 같아 은어다리가 참으로 고맙다. 오

연호공원의 월연정과 어락교

늘 황사 바람이 태풍급이라더니 이 동해안인 이곳까지 황사로 조금 부옇다.

울진은 붉은 소나무가 많은가 보다. 울진 금강송 숲이 유명하다는 것은 아는데 이 왕피천공원과 남대천 옆의 아름드리 붉은 소나무 숲은 정말 멋지다. 쭉쭉 뻗지 않고 구부러진 아름드리 붉은 소나무의 모양이 더 운치 있고 아름답다.

남대천을 따라 아름드리 붉은 소나무 아래로 만들어진 나무 데크길을 걸으면서 울진 시내의 높은 건물들을 보니 내가 다른 세상에 와 있는 듯하다. 무거운 배낭을 메고 있지만 도심을 벗어나 소나무 숲속에서 혼자 즐기는 것 같은 행복감을 느낀다. 산책 나온 몇 명의 주민과 인사도 나눈다.

아름다운 소나무 숲을 벗어나 도시의 삭막한 길을 걷는다. 멀리 가

대나리항길 방파제

지 않아서 아름다운 연호공원으로 나를 인도한다. 호수 가운데에 정자가 있는데 달에 비친 연꽃의 아름다움을 표현하여 '월연정'이란 이름의 정자이다. 정자까지 이르는 인도교는 물고기의 즐거움이란 뜻의 '어락교'로 51.9m의 다리이다.

호수 주변을 걷는데 이곳으로 산책 나온 몇 명의 주민들도 있다. 호수의 한쪽에 하트 모양 그네에 앉아 반짝이는 호수를 보면서 휴식을 취한다. 10시 15분경 연호공원을 출발하여 농촌 마을 앞을 지나 고갯길을 내려오니 바다가 보인다.

대나리항길을 따라 걷는데 바닷가 방파제에 아름다운 그림이 그려져 있다. 가끔 예쁜 글도 적혀있다. '반짝반짝 빛나는 내 인생', '날마다 행복해' 이렇게 희망적인 문구를 시작으로 어린 왕자에 나오는 그림과 문장을 적어 놓았다. 걸으면서 하나씩 읽을 수 있고 밋밋한 방파제를 예쁘게 장식하고 있다. 어린 왕자에 나오는 글귀를 적기보다는 마을 사람들이 한마디씩 삶에서 얻은 응원의 말을 이곳에 적어 놓았다면 더 좋았을 것 같은 개인적인 생각이다. 어린 왕자 글귀는 책에서 여러 번 읽었기 때문에 내 발길을 멈추기에 매력적이지 않다.

바다를 보며 해안선 방파제 옆을 바다와 함께 걷는다. 바다향기길이란 이름답게 바다향 중에서 상큼한 바다 해초 향이 물씬 풍긴다. 바다색도 바닷속의 해초 영향인지 짙은 푸른색과 옥색이 교차하면서 반짝인다.

봉평해수욕장을 지나자 대나무 형상과 대게 몇 마리를 형상으로 만들어놓고 죽변항이라는 이름표가 있다. 산뜻하여 눈길이 멈춘다. 나무 한 그루 없는 풀밭 해변을 한동안 걸으니 해파랑길 안내도와 스탬프가 죽변시외버스 정류장 화장실 옆에 세워있다. 이번에는 길가에 나란히 있어서 지나치지 않고 스탬프를 찍는다. 나보다 먼저 온 부부가 먼저 스탬프를 찍는다. 12시 40분 26코스 종점이면서 27코스 시작점인 죽변항에 도착하여 스탬프를 찍고 27코스 부구삼거리를 향해 발길을 옮긴다.

죽변항 가는 길에 어마어마하게 오래된 듯한 향나무가 발길을 멈추게 한다. 바닷가 도로변에 자라는 후정리 향나무는 약 500년으로 추정되며 밑동이 두 개로 갈라져 있고 높이가 13.5m로 거대한 기품을 풍

위- 죽변항 조형물   아래- 후정리 향나무

좌_ 용의 꿈길    우_ 드라마 폭풍속으로 세트장

 기고 있다. 울릉도에서 자라던 것이 파도에 떠 밀려와서 이곳에서 자라게 되었다는 전설이 있다고 한다. 지금까지 내가 본 향나무 중에서 가장 오래 된 향나무로 기억된다.

 죽변항길을 따라 죽변항 항구로 간다. 항구에 많은 어선이 정박해 있고 그 위에 갈매기들이 한가하게 날고 있다. 죽변수산물시장은 매우 크고 많은 사람이 오고 간다. 식당도 많아 식당을 골라서 점심 먹을 수 있어 감사한다. 죽변항을 벗어날 즈음 울진대게빵집이 있다. 반가운 마음에 영덕에서 품절 되어 먹지 못한 대게빵을 대신해서 울진에서 대게빵을 산다. 앉아서 쉴 곳이 마땅하지 않아 죽변해안스카이레일 승하차장까지 걷는다. 그 앞 정자가 있어 팔각정에 앉아 따뜻한 차와 대게빵을 먹는다. 대게 모양의 커다란 대게빵은 붕어빵같이 대게 배에 팥소가 들어있는 빵인데 반죽에 대게 살이 들어있어서 먹을 때에 대게 향이 나고 맛도 좋다.

　죽변해안스카이레일 승하차장에서 나오는 관광객들이 있다. 건물은 세워져 있는데 아직 바다를 달리는 모노레일을 개통하지 않았다. 7월에 개통할 계획이라고 하니 그때가 되면 많은 관광객이 모노레일을 즐길 수 있을 것이다.

　죽변항 용의 꿈길은 오직 승천만을 꿈꾸던 용이 승천을 위해 기나긴 세월을 바닷속을 헤집고 다니면서 기어코 용암이 둘러싸여 있는 이곳 용소에서 승천의 소망을 이루었다는 이야기가 전해온다. 용이 노닐면서 승천한 곳이란 의미로 용추곶이라 불렀다. 모노레일을 타고 바라볼 용의 꿈길을 나는 발로 밟으면서 바다와 갯바위를 바라보고 해안의 자연경관을 감상한다. 7월에 개통할 죽변해안스카이레일이 달릴 모노레일이 바다 위에 설치되어 있다. 바닷물 색이 형용하기 어려울 정도로 짙푸르고 아름답다.

　죽변항 용의 꿈길을 산책하고 나오니 '폭풍 속으로' 드라마 촬영 세트장이 바닷가 언덕 위에 있다. 코로나19 때문에 출입은 금지되어 있어 안타깝게 돌아서야 했다. 등대길을 따라 하트 해안에 설치된 모노레일과 바다를 바라보며 언덕길을 올라가 다시 주택가로 내려오니 죽변항이 보인다. 두루누비 따라가기 앱을 보니 골목길로 들어가야 하는데 내가 만두 먹고 싶은 생각에 이탈한다. 하지만 가는 날이 장날이라고 만둣집이 오늘 휴업이다.

　도로 돌아와서 원래의 해파랑길 따라 골목길을 걷는다. 한참을 걸으니 가끔 주택과 밭이 있고, 산을 깎아 차 한 대 지나갈 수 있는 포장된 산길을 넘어서 한동안 걸어가니 너른 들판이 보인다. 벌써 모내기를 끝낸 논도 있고 여러 농작물이 밭에서 자라고 있다. 후정리 넓은 들

좌_ 모내기하는 논    우_ 우리기술로 만든 한울원자력발전 기념

판에 활주로 같은 매우 넓은 포장도로가 있다. 이곳은 차량도 지나다 닐 수 없도록 바리케이드를 양쪽에 세워 놓았다. 비상시에 활주로로 사용할 수 있는 그런 도로이다. 가도 가도 쉴 곳이 없어 마을 앞 후정2리 버스정류장에 앉아 빵과 뜨거운 차를 먹으면서 쉰다. 경관이 좋은 바닷가에서 쉬면서 먹고 싶었는데 아쉽다. 그동안 항구와 산길로만 다니고 농촌의 모습을 못 보았는데 이곳에서 본 밭농사와 논농사하는 모습은 계절이 서서히 변해가는 것을 알게 해준다.

　해파랑길은 지방도로 917번에 달린 계속 국토 종단 동해안 자전거 길과 함께 가고 있다. 해안가에는 한울원자력 발전소가 있어서 이 길로 안내할 수밖에 없는 것 같다. 해안가를 걸을 때는 마을 앞 해안에 정자가 있어서 우아한 척하면서 쉬었는데 농촌 길을 걸을 때는 쉴 곳이 안 보인다. 그래서 이번에는 고목1리 버스정류장에 앉아서 사과를 먹으면서 쉰다. 푸른 바다는 볼 수 없지만 쉬기에는 좋다. 다만 내가 쉬는 동안 버스가 오지 않길 바랄 뿐이다. 나는 버스 승객으로 정류장에 앉아있는 것이 아니기 때문이다. 15분가량 쉬고 다시 3㎞ 남은 오늘의 종점 부구삼거리를 향해 발걸음을 옮긴다.

도로 옆으로 안내하는 해파랑길은 예쁘게 조성된 한울원자력발전소 앞에 있는 공원으로 인도한다. 잘 자란 나무 숲길을 걷다가 발견한 기념탑 같은 것을 본다. 읽어보니 1992년 우리기술로 만든 원자력발전을 건설한 기념으로 세운 조형물이다. 그 이전에는 프랑스의 기술력으로 원자력발전소를 세워 전기공급을 하였는데 우리나라 기술로 원자력발전소를 세웠으니 대단한 과학의 힘을 자랑할 만하다. 지금은 우리 원자력발전 기술을 다른 나라에 수출할 정도로 최고의 수준에 있다.

한울원자력연구소를 지나서 부구삼거리에 오니 스탬프 함이 있다. 스탬프를 찍고 바로 앞에 삼계탕과 돌솥밥 집이 있어서 숙소를 정하기 전에 몸보신하러 들어가려 하니 가는 날이 장날이라 토요일은 휴무이다. 정육백화점을 가서 고기 사서 구워 먹을 생각을 한다. 그런데 이곳은 고기만 파는 순수한 정육 가게였다. 하나로마트에서 내일 먹을 간식을 사고 부산에서 온 도보여행자 B가 준 정보대로 썬모텔을 찾아가서 체크인한다. 명가식당에서 청국장을 주문하고 첫술을 뜨는데 열무김치를 한 잎 넣는 순간 머리카락이 입안에 들어와서 뱉어버린다. 안 먹고 떠나고 싶지만 다른 손님이 회사직원들 식사를 장기 계약하고 싶다는 이야기를 나누는 중에 내가 그런 일을 불평하면 안 되기에 아무 일 없었던 것처럼 김치를 제외한 청국장과 저녁을 먹는다. 카드를 내미니 현금을 달라고 한다. 음식에서 머리카락이 안 나왔으면 원하는 대로 해주었을 텐데 나의 불평을 표시하기 위해 현금이 없다

죽변해변 스카이레일

고 말했다. 사실 배낭을 숙소에 놓고 핸드폰에 카드 한 장 끼워서 왔으니 현금이 없는 것도 사실이었다.

아침 먹을 수 있는 식당을 알아보기 위해 돌아다니다가 부구터미널 옆에 김밥천국을 발견한다. 김밥천국이 아침 6시에 영업을 시작한다고 하니 아침 걱정은 안 해도 된다.

## 길을 잃고 헤맨 갈령재

**27코스 부구삼거리 ~ 28코스 용화레일바이크역**

스무하루째 날
2021년 5월 9일(일) 한여름 뙤약볕, 도보 거리 31.5㎞

　김밥천국에서 아침 식사하고 점심 먹을 김밥도 산다. 울진군 북면 면 소재지로 작은 단위 행정구역인데 한울원자력발전소가 있어서 그런지 시골이 아닌 중소도시처럼 규모가 매우 크고 활기차다. 해파랑길 27코스 부구삼거리에서 호산버스터미널까지 10㎞와 28코스 호산에서 용화레일바이크역까지 18㎞, 총 28㎞를 걷기로 한다. 날씨가 점점 더워지기 전에 많은 거리를 걷기 위해 7시 30분경에 숙소를 출발한다.

　먼 길을 걸어야 해서 김밥, 간식, 물을 챙기니 배낭이 더욱 무겁다. 27코스는 동해대로 2차선 도로인데 7번 국도로 갈라진 이후에는 차량 한 대 지나가지 않는다. 마치 이 도로를 나 혼자 전세 내고 걷는 기분도 나쁘지 않다. 아카시아 꽃이 활짝 피어 아카시아 꽃향기를 맡으면서 계속 오르막길을 스틱에 의지하면서 걷는다. 나곡 6리로 가는 길로 접어들어서 앉아 쉰다. 이때가 8시 40분 한 시간 동안 쉬지 않고 지방도로를 걸었다.

　울진군의 마지막 굽이굽이 고갯길을 두 시간 정도 걸어 올라오니 경상북도와 강원도 경계에 도화공원이 있다. 도화공원이 무엇인가 궁금하여 가까이 가보니 모두 배롱나무 즉 백일홍이 가득하다. 경상북도의 꽃인 배롱나무를 경상북도의 경계에 심어 공원으로 조성해놓았다. 붉은 꽃이 피면 정말 아름다운 동산이 될 것이다.

　도계를 건너니 '한국 관광의 1번지 강원도'라는 표지판이 나를 맞이

강원도 도계

한다. 이제 강원도 삼척시에 내가 서 있다. 부산, 울산, 경상북도를 거쳐서 이제 마지막으로 강원도 땅에 온 것이다. 강원도에 들어선 기념사진을 찍고 있는데 자전거 타고 오는 부부가 사진 찍으려고 멈춰 서서 인사를 한다.

"해파랑길 걷는 거예요?"

"예, 부산에서 출발했어요. 우와! 멋져요. 자전거 어디서부터 출발했어요?"

"서울에서 버스로 부산까지 와서 5일째 자전거를 타고 오는 중이에요. 오늘은 임원항까지 가서 서울로 돌아가요."

"그럼 다음에 고성까지 타실 건가요?"

"예전에 고성에서 임원항까지 자전거로 왔어요. 오늘 자전거로 해파랑길 완주하는 거지요."

"축하해요. 해파랑길 걷기 도전은 안 하세요?"

갈령재

"해파랑길 도보여행 완주했어요. 주말에만 단체로 해파랑길 걷기를 참여하다 보니 완주하는데 2년 걸렸어요."

"대단하시네요. 부러워요. 좋은 여행 하세요."

"완주 성공하세요."

그 부부는 자전거를 타고 다시 달린다.

경상북도 도계를 지나 언덕에서 멀리 바라보니 강원도 바다가 한눈에 내려다 보인다. 바람도 더 차가워진다. 9시 35분 다시 출발한다. 울진북로가 아닌 삼척로 길을 걷는데 갈령재라는 숲길로 안내한다. 이 갈령재는 삼척수로부인길에 속한다. 수로부인길은 내가 지나온 고포해변을 시작으로 갈령재, 월천교, 호산둑방길, 소공대, 성황목, 장호초교까지 이어지는 24㎞를 말한다. 바다와 산이 함께하는 옛 관동대로를 수로부인길로 명명한 것이다. 내가 걷는 이 길은 해파랑길이면서 수로부인길이다. 수로부인길은 산속에서 약간 넓은 숲길이라 신나게 앞만 보고 걷는다. 평평한 길을 지나 사람들이 많이 지나다녀서 길이 환하게 보이는 내리막길을 빠르게 걸어간다. 내리막길을 500m 정도 지났는데 노선을 이탈했다는 음성메시지가 들린다. 내려갔던 길을 돌아서서 힘겹게 오르막을 올라와서 다시 리본을 찾아서 꼬불꼬불 내리막 길을 지나니 넓은 임도가 나온다. 기분 좋게 임도를 따라 걷는다. 양쪽 길가에 활짝 핀 아카시아꽃 향기를 맡으면서 행복하게 걷는다. 어찌된 일인지 얼마 지나지 않아서 다시 경로를 이탈했다는 메시지가 나온다. 걷는 동안 임도에서 어떠한 사잇길을 발견하지 못하였기에 이상하다는 생

임도에서 샛길로 해파랑길 이정표

각으로 조금 더 걸어본다. 아카시아꽃에 이끌려 가니 큰 개가 보고 컹컹 짖는 소리가 난다. 개 주변에는 양봉 농장의 수십 개의 벌통이 임도와 산언덕에 줄지어 있다. 이 개는 벌통을 지키는 임무를 수행하고 있다. 지도를 살펴보니 해파랑길 노선과 많이 멀어졌다. 임도로 가는 것을 멈추고 왔던 길을 1km 정도 뒤돌아오면서 놓쳐버린 해파랑길 안내표시를 찾아본다. 역방향으로 걸으면서 찾아보니 임도에서 왼쪽 안에 세워진 이정표가 눈에 보인다. 정방향으로 걸으면 해파랑길 갈림길의 오른쪽 숲 오솔길에 이정표가 있지만 나무숲이 우거져 오솔길과 이정표가 잘 보이지 않는다. 또한, 해파랑길 이정표가 임도에서 몇 걸음 안으로 들어가 숲 쪽에 있으니 나처럼 정방향으로 걷는 도보 여행자는

좌_ 놓쳐버린 샛길    우_ 한국 엘엔지 가스

발견하기 어려운 위치에 있다. 어찌 되었든 내가 제대로 살피지 않아 사잇길을 발견하지 못한 것이다. 나의 불찰로 1㎞ 엉뚱한 노선을 걸었으면서 '이정표가 임도와 산길의 갈림길 바로 옆에 있어야지 산 오솔길로 들어가서 있으니까 발견하지 못하지.' 혼자 투덜거리면서 불만을 표하고 오솔길로 올라간다.

 오솔길을 따라 오르막 환한 길로 걸어가니 내리막길이다. 내리막길은 모래가 섞인 길로 경사가 심하여 미끄러워 넘어지지 않으려고 내 의지와 다르게 탄력을 받아 더 빠르게 달려서 내려간다. 달리기를 멈추고 천천히 걷는데 또 '경로를 이탈하였습니다.' 내 힘을 빼버리는 음성메시지가 울린다. '내려올 때 어떠한 샛길도 못 보았는데 왜 이탈하였다는 메시지가 나올까?' 생각하면서 다시 왔던 길을 헉헉대며 되짚어 올라간다. 리본을 찾지 못해 세 번째 헤매며 되돌아가야 하는 나 자신이 실망스럽다. 한참을 뒤로 돌아가다가 녹색의 나뭇가지가 덮어버린 샛길이 왼쪽에 있어 살펴보니 산악회 낡은 리본이 매달려 있다. 몇 발자국 안으로 걸어가니 해파랑길 리본도 있다. 길도 아닌 듯한 오솔길의 나뭇가지를 헤치며 걸어간다. 지자체에서 나뭇가지라도 쳐서 길이 보이게 해주면 도보 여행자들이 쉽게 찾을 수 있을 것 같다. 지금쯤 종점인 호산 터미널까지 도착했을 시간인데 길을 잘못 들어 되돌아간 길이만 2㎞는 될 듯싶다.

산속에서 해파랑길을 찾아 헤매다가 제대로 찾은 노선으로 험한 산길을 내려온다. 도로를 따라 한참을 걸으니 국내 최대 규모의 삼척시 한국 엘엔지 가스 회사에 있는 원기둥 모양의 형태로 된 시설물이 여러 개 해안에 세워져 있다. 그래서 해안 길이 아닌 차도를 따라 걷는다. 버스정류장도 없어서 쉴 곳도 없는데, 몸은 지치고 쉬어야 해서 삼거리 차도 한 쪽의 경계석에 앉아서 쉬고 간식도 먹으면서 에너지를 보충한다. 누가 나를 쳐다보건 상관하지 않고 많은 차들이 지나다니는 삼거리 길가에 앉아 있지만, 쉴 수 있어서 행복하다. 그런데 가끔 몇 대의 차량은 나에게 무슨 일인지 궁금한 듯 서서히 운전하고, 또는 잠깐 멈추어 나를 쳐다보기도 한다. 쉴 곳이 간절히 필요한 나그네가 지쳐서 길가에 앉아 쉬는 나의 모습을 사진에 담아본다.

내가 쉬었던 자리에서 일어나 걸어오는데 구부러진 차도를 지나자 바로 호산버스터미널이 보인다, 내가 약 500m 정도만 더 걸었다면 길거리에서 쉬지 않아도 되었을 텐데. 조금 전에 휴식을 취했지만, 스탬프를 찍고 호산버스터미널 대합실 긴 의자에 앉아 쉬다가 11시 30분경에 일어선다. 29코스 호산버스정류장에서 용화레일바이크역까지 18.3㎞를 다시 걷기 시작한다. 황사가 심하다고 했는데 동해안은 아

좌_ 호산버스터미널    우_ 바다가 보이는 삼척발전본부 파고라

직 황사가 다가오지 않았는지 맑고 파란 하늘이라서 고맙다. 아직 가야 할 길이 많이 남았으니 햇볕이 더 뜨겁기 전에 부지런히 움직인다.

원덕기차역 신축 공사장을 돌아서서 다시 지방도로의 가장자리로 걸어오는데 아무것도 없을 듯한 공사장 근처에 함바식당이 여러 개 있다. 아침에 야심 차게 김밥을 준비해 왔는데 이렇게 식당이 많다니 김밥을 두고 식당에 들어갈 수도 없어 아쉽다. 경치 좋은 곳에서 김밥과 따뜻한 차로 점심을 먹기 위해 가면서 쉴 곳을 찾아본다.

한국남부발전소 삼척발전본부 입구 옆에 넓은 공원이 있다. 바다를 내려다 볼 수 있는 멋진 파고라가 있다. '옳거니, 바로 여기가 최적의 장소네.' 신이 나서 파고라 있는 쪽으로 걸어간다. 소풍 온 기분으로 파고라 의자에 앉아 바다를 바라보면서 김밥과 차 그리고 과일을 먹는다. 먼 거리를 걸어온 나의 발에게 신선한 공기와 햇볕을 쬐게 양말도 벗는다.

점심을 먹고 1시 10분경 다시 출발한다. 어디서 요란한 오토바이 소리가 나서 보니 어마하게 커다랗고 까만 오토바이 부대가 줄지어 신나게 부릉부릉 소리를 내며 달린다. 그 모습이 참 멋있어 보인다. 오토바이 부대가 순식간에 지나쳐 사진에 담지도 못하여 아쉽다.

삼척 가는 지방도로의 갓길이면서 자전거도로로 걷는데 '산불감시단'이라고 쓰여 있는 조끼를 입으신 어르신이 나를 보고 "쉬었다 가"라고 하신다. 그 어르신이 아주 심심하신가 보다. 또 어디까지 가느냐고 물으셔서 용화레일바이크역까지 간다고 하니 가깝다는 말씀도 하신다. 차도로 가면 가까운데 해파랑길은 산길로 인도하여 아직 먼 길이다.

계절의 여왕이라 불리는 5월에 어울리지 않는 날씨이다. 뜨거운 태양이 계속 내리쬐는 아스팔트길 위를 걷는 것은 피로도가 더 심하고 등에서 땀이 주르륵 흐른다. 시간마다 쉬어가면서 주스를 마셔서 떨어진 당도 보충해준다. 집에 있을 때에는 입에 대지도 않던 음식과 음료수 등을 당 보충을 위해 무조건 섭취한다. 그늘에서 휴식을 취할 때는 땀이 마르면서 시원해진다. 차들도 가끔이지만 성성 달린다.

이제 12.3㎞ 남은 거리 3시간 정도 더 걸어야 한다. 이 굽이굽이 구부러진 언덕길을 내려가면 이제 해안으로 걷는다. '희망을 가지고 걷자.' 스스로 위안의 말을 한다.

삼척로 지방도로를 따라 임원항에 도착한다. 항구의 아름다운 모습과 사람들이 북적거리며 움직이는 모습을 사진에 담을 여력도 없는지 관심 밖이다. 수로부인헌화공원이 화살표로 안내되어 그곳으로 향한다. 수로부인헌화공원으로 가는데 노선을 이탈했다는 신호가 들린다.

항구를 지나 300m 가니 바닷가 언덕이 수로부인헌화공원이다. 엘리베이터를 타고 올라가서 공원을 돌고 오면 시간이 오래 걸릴 것 같아 다음 기회에 가기로 하고 되돌아온다. 해파랑길 정상궤도로 돌아와 걷는데 한 건물 앞에 배낭을 멘 한 남성이 서 있다. 해파랑길 걷는 여행자라면 함께 걸으면 좋겠다는 생각이 들어서 내가 먼저 말을 건넨다.

"해파랑길 걸으세요?"

"예."

"어느 방향으로 가세요?"

"용화레일바이크역."

"그럼 같이 걸으실래요?" 함께 걷기 시작한다.

둘이 간단한 이야기를 나누면서 시멘트로 포장된 산을 넘는 오르막길을 힘들게 걷는다. 둘이 걸으니까 어려운 고갯길을 시간이 지루한 줄 모르고 걷는다. 혼자 걸었다면 지루하기도 하고 약간 무섭게 느껴졌을 것 같은 산 언덕길이다.

이야기 중에 올레길 걸은 이야기도 나눈다. 나는 올레길 완주한 증거로 배낭에 매달은 펜던트를 보여주려고 배낭을 벗었는데 배낭에 매달았던 완주 펜던트가 사라졌다. 올레길을 완주한 기념품을 누군가에게 자랑하고 싶은 마음에 배낭에 매달았는데 나의 잘못된 마음에 일침을 가한 것이다. 그분은 올레길을 여러 번 완주하고 올레 아카데미도 졸업하여 아카자봉 봉사활동도 하고 완전 올레길 전문가이다.

둘이 이야기 하던 중에 퇴직한 시기를 말하여 내가 "학교에 근무했어요?"라고 묻고 나도 학교에 근무하고 퇴직한 시기도 밝힌다. 서로의 공통점인 학교라는 주제로 이야기하면서 걷는다. 서로 이름도 밝히고 사는 곳도 이야기한다. 동행자 O선생님은 성남에서 살고 며칠씩 와서 해파랑길을 걸은 후 집으로 돌아가는 도보여행을 한다. 사실 O선생님은 임원항에서 머물까 아니면 더 걸을까 갈등하는 중에 내가 같이 걷자고 하여 함께 걷게 되어 좋았다고 한다.

임원항에서 남은 거리가 약 8.5㎞라서 5시경에 도착할 것으로 예상하였는데 4시 반경에 용화에 도착했다. 둘이 걸으니까 지루하지 않게 걷고 더 빨리 목적지에 도착하였다.

O선생님이 용화레일바이크역 근처에서 묵을 곳을 검색하여 알아본 펜션으로 내가 머물 방도 있는지 알아봐 달라고 부탁한다. 펜션 주인과 통화한 후 숙박이 가능하다고 하여 함께 숙박하기로 한다. 본래 나는 용화호텔로 가려고 하였는데 펜션이 깨끗하여 체크인한다. 또한 내일 같은 방향으로 걸을 것이라서 같은 숙소에 머무는 것이 더 좋을 것 같다.

용화레일바이크역은 펜션 바로 뒤편에 있다. 걸어오면서 스탬프 함을 발견하지 못하여 용화역에 스탬프가 있는지 확인하니 없다. 펜션 사장이 장호초 교문 앞에 있다고 알려주어 다시 초등학교로 간다. 초등학교를 지나왔는데 발견하지 못했다. 학교 정문이 아닌 울타리 길 건너 냇가에 스탬프 함이 있어서 스탬프를 찍고 인증 사진도 찍는다.

식사할 곳은 한식 뷔페 행복한 밥상이란 식당이다. 조금 떨어졌지만 O선생님과 함께 걸으니 멀게 느껴지지 않는다. 한식뷔페 음식이 다채롭고 맛있다.

저녁을 먹으면서 이야기를 나누다 보니 나의 외가가 있는 공주 우성이 고향인 분이다. 또 내가 잘 알고 있는 대전 S교장도 올레길에서 만나 함께 걸었다고 한다. 요즘 SNS에서 한사람 건너면 모두가 아는 친구가 되듯이 둘이 함께 아는 사람이 있다는 게 참 세상 좁다고 할 수밖에 없다. 내일 계획에 관해 이야기를 나눈 후 31코스와 32코스 죽서루 근처까지 숙소를 찾아 약 26㎞ 걷기로 하여 7시경에 숙소를 출발하기로 한다.

도보여행을 하면서 모르는 사람도 친구가 될 수 있고 서로 도

해파랑길 안내

울 수 있는 사람으로 귀한 존재가 되어가는 것 같다. 해파랑길에서 이렇게 좋은 인연을 새로 만나게 해준 뜻깊은 하루이다.

### 국가 보물 213호 죽서루를 찾아서

30코스 용화역 ~ 32코스 죽서루

스물둘째 날
2021년 5월 10일(월) 흐림, 도보 거리 27㎞

일어나니 어깨가 아프다. 파스도 떨어졌다. 어깨 풀어주는 스트레칭 운동을 하니 좀 나아졌다. 배낭을 챙겨 어제 갔던 한식뷔페 식당으로 가기 위해 7시에 O선생님과 숙소를 출발한다. 30코스 7㎞, 31코스 8.8㎞ 두 코스를 합쳐도 약 16㎞로 거리가 짧고 31코스 종점인 맹방해변 근처에 모텔이 없고 민박 숙소가 좋지 않다는 B의 이야기를 들어서

숙소와 식당이 많은 죽서루 근처까지 약 11㎞를 추가하여 걷기로 한다.

아침을 많이 먹고 8시경에 O선생님하고 30코스를 출발한다. 용화마을 길을 지나 산으로 올라간다. 산에서 내려오니 바다가 아래로 보이는 2차선 차도를 따라 걷는다. S자로 구불구불 구부러진 2차선 도로를 따라 내려오니 황영조기념관이 나온다. 제25회 바르셀로나 올림픽에서 마라톤 금메달을 획득한 황영조에 대한 기념관과 기념공원을 그가 태어난 삼척시 근덕면 초곡리에 만들어 놓았다. 황영조가 바르셀로나 올림픽 마라톤 결승에 골인하는 모습을 동상으로 만들어 놓고 그 맞은편에 황영조기념관에 들어가 보고 싶었는데 오늘은 월요일로 휴관이다.

용화레일바이크역에서 궁촌레일바이크역까지 운행하는 철로가 복선으로 있다. 철길에서 멀리 떨어져 사진을 찍으니 철로 안전 지킴이 어르신이 레일바이크 운행 시간이 아니기 때문에 철로 위에서 사진 찍어도 된다고 하여 철로 위에 올라가 사진을 찍는다.

산 아래로 500m 떨어진 곳에 초곡항과 초곡해변이 있다. 초곡해변은 소나무로 잘 조성되어 있다. 어제 29코스는 대부분 산길과 그것도 지방도로로 계속 걸었는데 오늘은 산을 지나오니 해변을 따라 걷는다. 초곡항은 작고 귀엽다고 할 정도의 조그만 어항이다.

O선생님과 근현대사 이야기를 하면서 걸으니 힘들지 않게 걷는다. O선생님은 우리나라 최고의 대학인 S대 출신이다. 대학 시절 박정희 대통령의 독재정치를 싫어해서 좌파 데모에 참여하였다고 한다. 교사

좌_ 레일바이크 터널  우_ 황영조 기념탑

가 된 후 학생을 지도하기 위해 공부를 더 해보니 독재는 일부분이고 나라 발전을 위해 박정희 대통령이 산업발전을 위해 노력한 일이 더 많았다는 것을 알게 되었고, 박대통령이 직접 일을 챙겨서 나라 발전을 위해 노력하였기에 우리나라가 지금 이렇게 부를 누릴 수 있는 기반을 모두 마련해 놓았다는 이야기도 한다.

  나는 시골에서 60년대에 초등학교를 다녀서 삼시세끼 해결이 얼마나 어려웠는지 안다. 한동네 친구 중에 몇 명이 학교에 기성회비를 납부하지 못하여 집으로 쫓겨나거나 5학년 정도 되면 학업을 중도에 포기하고 공장이나 남의 집 가정부로 가는 것을 보았다. 70년대 새마을 운동과 경제발전이 되면서 시골 사람들의 삶도 좋아져서 남녀 차별 없이 여자도 중학교에 진학시키는 것을 보았기에 박정희 대통령이 경제발전 시켜 시골 사람들의 삶이 향상되는 것을 체감하면서 학창 시절을 보냈다. 그래서 박정희 대통령이 독재정치를 했지만, 경제발전과 산업발전을 시켜놓은 점을 높이 평가하여 감사하는 마음이 더 크다.

원평해변 소나무 숲길을 걸을 때는 바닷바람을 맞으며 소나무 향기를 맡으면서 행복하게 걷는다. 출발한 지 두 시간이 지난 10시경에 종점인 궁촌레일바이크역에 도착하여 정자에 앉아 바다를 보면서 간식 먹고 쉰다. 궁촌정거장 옆에 스탬프 함이 있어 스탬프를 찍고 31코스 8.8㎞ 종점인 맹방해변을 향해 출발한다.

삼척로를 따라 차도 옆으로 걷는다. O선생님은 나를 도로 바깥쪽에 서서 걷게 하고 본인은 차가 지나가는 쪽에 서서 걷는다. 그동안 학생들을 인솔하면서 또는 부인과 같이 걸을 때 보호하기 위해 차가 지나가는 쪽은 항상 본인이 걷는 것이 습관이 되었다고 말한다. 한국에 이렇게 약자를 보호해 주려는 마음가짐을 갖고 실행하는 멋진 사람이 있다는 사실이 조금 놀랍고 감명받는다.

2차선 차도를 따라 산 고개를 넘고 들판이 있는 마읍천을 따라 걷다가 마을과 밭 사이로 걷는다. 동네를 지나 다시 냇물을 따라 한참을 걸어도 쉴 곳이 없다. 어느 동네에 소나무가 정말 아름다워서 그 소나무 아래 긴 의자에 앉아서 쉰다. 다시 마읍천을 따라 걷는데 벚나무 가로수가 양쪽에 줄지어 있다. 지금은 꽃이 떨어지고 초록 잎으로 뒤덮였는데도 초록 터널이라서 걸으면서도 정말 아름답다는 생각이 계속 든다.

이 아름다운 길가에 만월정이라는 식당이 있다. 맛집인지 사람들이 많이 온 듯 차량이 주차장에 많이 있어서 그 식당으로 들어간다. 영양돌솥밥을 주문한다. 혼자라면 먹을 수 없는 음식인데 지금은 동행자가 있어서 이렇게 돌솥밥을 먹을 수 있어서 기쁘다.

좌_ 궁촌레일바이크역 정거장    우_ 마을 앞 소나무

　벚나무 터널이 끝날 즈음에 낯선 비석이 있어서 보니 2019년에 세운 원전건설백지화기념탑을 보고 놀랐다. 일본에서 원전 사고가 있었으니 원전에 대한 거부반응으로 우리 동네에 세우지 말라고 시위할 수 있다. 그렇게 하여 백지화된 것 같은데 그것을 기념하기 위해 2m 정도 높이의 원전백지화기념탑과 그 과정을 설명하는 비석 두 개를 세울 가치가 있을까? 이 비석을 주민들 돈으로 세우지 않았을 것이고 수천만 원의 세금이 들었을 텐데 그 비용으로 주민들을 위해 사용되었다면 더 도움이 되지 않았을까? 반문해본다.

　물리학을 전공한 O선생님이 원전에 부정적인 면과 긍정적인 면을 설명해주셨는데 긍정적인 면이 대부분이다. 그래서 많은 나라에서 원전 건설을 추진하고 국내에서 원전 폐지를 선언한 우리나라가 원전 기술을 해외에 수출하고 있는가 보다. 이율배반적인 원리로 국내에서는 원전 폐지를 선언하고 해외에 원전 수출한다는 것이 참 아이러니하다.

　벚나무 터널을 지나자 바다가 보이면서 맹방해변로를 따라 명사십리 맹방해수욕장이 보인다. 맹방해변 시작 지점에 조그만 섬 덕산도가 있는데 지금은 덕봉산으로 이름이 바뀌었다. 이 덕봉산을 가기 위해 바다 위에 놓인 외나무다리를 걸어서 가야 한다. 해파랑길은 아니지만 아름다운 덕봉산을 둘러보기로 하고 외나무다리를 건너간다. 균형을 잘 잡고 외나무다리를 건너는 재미가 있다. 덕봉산 둘레에 데크길을 만들어놓아 이 섬을 한 바퀴 돌면서 멋진 갯바위를 보고 다시 해파랑길로 돌아온다.

　덕봉산을 둘러보고 명사십리 맹방해변에서 스탬프를 찍는다. 해파랑길 32코스 죽서루까지 걷기 위해 2시 30분 맹방해수욕장을 출발한다. 명사십리라는 말처럼 맹방해수욕장 길이가 정말 길다. 해수욕장을 따라 2차선 도로를 따라 걷는데 해수욕장에서 멀리 떨어진 곳에 공사하는 모습이 보인다. 또 방파제 만드는가 했는데 가까이 가보니 삼척화력발전소 항만 공사를 건설하는 중이다. 화력발전소의 환경오염 문제, 경제성 문제로 화력을 없애고 수력, 신재생에너지, 원전으로 전환해야 한다는 얘기를 듣고 배운바 있는데 이 동네는 원전을 반대하고 화력발전소 건설을 선택했나 보다. 현 정부에서 탈원전을 시도하고 친환경에너지를 추진하면서 태양열발전소를 확산하는 것을 보았는데 환경오염 발생의 주범인 화력발전소를 새로 건설하는 것이 정말로 아이러니하다. O선생님은 이 점에 대해 원전과 화력발전의 경제성, 안정성 등을 수치로 비교하여 자세히 설명해준다.

　2차선 차도를 오르막을 걷는데 힘도 들고 중간에 화력발전소에서

좌_ 맹방해변의 덕봉산    우_ 맹방해변에서 덕봉산 연결 외나무다리

항만 공사 건설하는 모습을 보면서 잠깐 서서 쉰다. 오르막길에서 아카시아 향이 가득 풍겨와서 쳐다보니 바닷가 쪽으로 아카시아꽃이 활짝 펴서 힘을 내게 한다. 힘을 내어 고성산 산허리에 난 자전거도로를 따라 내리막길을 내려오니 이곳도 터널 뚫는 공사가 진행되고 있다. 공사 현장을 조심히 벗어나서 걸으니 오분동 마을이다. 동네 갈림길에서 해파랑길을 놓치지 않기 위해 해파랑길 표식을 열심히 찾으면서 길을 걷는다. 복잡한 길을 벗어나 이제 오십천을 따라 아름다운 가로수 터널을 걷는다.

어마어마한 둥근 관이 삼척항에서부터 오십천을 지나 삼표시멘트 공장으로 연결된다. 원자재 수송관 같은데 항구에서 공장까지 이처럼 길게 늘어선 수송관 모습을 처음 보니 대단히 놀랍다. 고등학교 시절 교과서에서 삼척에 시멘트 산업으로 유명하여 기억했는데 이렇게 시멘트공장을 직접 보니 현실감이 난다. 백문이 불여일견百聞不如一見이란

삼표시멘트로 연결된 수송관

말이 꼭 어울리는 말이다.

　삼척시 오십천을 따라 걷는 길이 벚나무 터널로 꽃은 져서 없지만 정말 아름답다. 체육공원 옆을 지나 평지를 걸어서 좋아했는데 다시 강변길 나무계단을 올라간다. 먼 길 걸어서 지친 몸이라서 낮은 산인데 한 걸음 떼는 것이 다른 때보다 더 무겁다. 하지만 언제나 높은 곳에서 바라보는 풍경은 더 아름답다. 오십천과 삼척 시내의 모습을 내려다보고 계단으로 내려오니 나무를 사용하지 않은 대리석 한옥 건물로 된 삼척문화예술회관이 웅장하고 아름다운 모습을 드러낸다.

　반가운 것은 관동팔경 중 하나인 죽서루가 오십천을 바라보며 절벽 위에 우뚝 솟아있다. 죽서루는 국가 보물 213호로 지정되어 있고 관동팔경 중 유일하게 바다가 아닌 강가 절벽에 세워진 누각이다. 강에 비친 죽서루 누각이 더욱 깊게 반사되어 비친다.

　죽서루 건축 연대는 미상이나 고려 말 이승휴의 「동안거사문집」에

좌_ 오십천에 비친 죽서루 절벽   우_ 오십천 강가에서 본 죽서루

의하면 1266년원종 7년 이승휴가 이곳에 올라 시를 지었다는 것을 근거로 그 이전에 지은 것으로 추정된다. 현재 건물은 조선 1403년태종 3년에 삼척부의 수령인 김효손이 중건하여 오늘에 이르고 있다. '죽서'란 이름은 동쪽의 죽장사라는 절 이름과 이름난 기생 죽죽선녀의 집이 있어 '죽서루'라고 불렀다고 전해진다.

죽서루 정문으로 가니 잔디밭 위에 단이 있고 멋진 바위 사잇길로 가면 2층 누각으로 올라간다. 죽서루 누각의 정면에 '죽서루'와 '관동제일루' 한자 현판은 1711년숙종 37년 삼척부사 이현종의 글씨이다. 측면 입구에도 죽서루라는 현판이 있고 신발을 벗고 마루로 올라서니 누각 안쪽 천장 벽에 죽서루의 아름다움을 표현한 글 '제일계정'와 12편의 시가 판각되어 있다.

죽서루에 앉아서 오십천의 옥색 물과 빼어난 경관을 보고 저절로 감탄사가 연발하니 무엇인가 읊어보고 싶은 생각이 든다. 옛 선조들

좌_ 죽서루(국가 보물 213호)　　우_ 죽서루 2층 마루

  이 이곳에 앉아 아름다움을 시로 표현하여 이곳에 편액으로 남긴 것을 보더라도 얼마나 아름다운지 짐작할 수 있다. 죽서루 누각 안에 앉아서 옛 선조들이 시 한 수 읊으면서 죽서루의 아름다움을 이야기하였을 것을 떠올리며 좋은 기운을 많이 받아 오늘의 피로가 싹 풀리는 기분이다.
  이제 숙소를 찾아 조금 더 걷는다. 모텔이 여러 곳에 있어서 중심가인 듯한 큰 도롯가에 있는 스타모텔로 체크인한다. 방도 아주 깨끗하고 쾌적하다. 조금 걸으니 고속버스터미널도 있고 식당가도 있어 식사할 곳이 많아서 좋다.

## 애국가 배경 촛대바위 아름다움에 빠지다

32코스 죽서루 ~ 33코스 묵호항

스물셋째 날
2021년 5월 11일(화) 맑음, 도보 거리 26㎞

삼척 고속버스터미널 근처 모텔에 묵어서 좋은 점은 주변에 식당이 여러 개 있다는 것이다. O선생님과 7시 30분경에 로비에서 만나 식당 찾으러 밖으로 나가니 기사 식당이 모텔 근처에 있다. 난 황태해장국을 먹는다. 간이 약간 간간하지만, 아침을 걱정 없이 먹을 수 있다는 점이 고맙다.

오늘 걸어야 할 거리는 해파랑길 32코스 삼척에서 종점인 추암해변까지 약 12.4㎞, 33코스 추암해변에서 묵호항까지 13.6㎞, 모두 26㎞이다.

배낭을 메고 8시 30분경 숙소를 나와 삼척항 방향으로 오십천을 따라 둑방의 가로수길을 걷는다. 둑방길을 따라 걷는데 오십천 둔치에 조성된 삼척장미공원에 장미가 아름답게 피어 나의 눈길이 멈춘다. 장미공원 옆에 둔치길이 있어서 삼척시민들이 산책하고 장미꽃 구경할 수 있으니 참으로 좋을 것 같다. 장미공원이 끝나는 곳에 어제 지나간 삼척교 사자상 모습이 보인다.

삼척교에서 동해대로를 따라 삼표 시멘트공장 한옥 담장을 끼고 오랫동안 걷는다. 한옥 담장이라 그 내부에 공장이 있을 거라는 생각은 하지 않고, 무엇인가 한국적인 것이 내부에 있을 것 같은 생각을 하면서 걷는다. 새천년도로를 따라 정라동을 지나서 삼척항까지 온다. 삼척항을 보고 바다 쪽으로 앞만 보고 걸었더니 해파랑길 따라가기 앱에서 노선을 이탈했다고 한다. 뒤돌아서 본래 해파랑길 안내 표식을

좌_ 오십천변에 있는 삼척장미공원   우_ 뒤돌아서 본 삼척항

찾는다. 두 상점 사이 좁은 골목길의 벽에 붉은색 안내 화살표가 붙어 있어 골목길로 들어서고, 다시 산언덕으로 올라간다. 언덕길이 가팔라서 이 오르막길을 뒷걸음으로 걷기 위해 뒤로 돌아본다. 뒤로 걸으니 삼척항 바다가 내려다보이고 전망이 아주 좋다.

좁고 가파른 오르막길은 시멘트로 포장되고 양쪽에는 밧줄을 양옆에 설치해 놓아 줄을 잡고 오르면 힘을 조금 덜 수 있었다. 숨이 헉헉대서 중간에 솔향기 전망대에 앉아서 쉰다.

솔향기전망대에서 삼척항을 내려다보니 어제 걸었던 맹방해변과 맹방해변의 구봉산, 화력발전 건설 현장 등이 한눈에 보인다. 이 가파른 언덕을 오를 때 어느 집 앞에 어르신이 밖에 나와 계신다. O선생님이 어르신에게 여쭙는다.

"올라오기 정말 힘든데 어떻게 생활하시는지, 가파른 곳에 사시기 힘들지요?"

좌_ 삼척시내    우_ 두꺼비 바위 해안

"힘들어요. 그래도 매일 이 길로 다녀요. 택시나 차를 타면 언덕 위쪽에서 내려오면 힘 안 들어요."라고 어르신이 말씀하신다.

바로 위에 차가 다닐 수 있는 도로가 있고 몇 대의 차가 주차되어 있다. 처음 올라오기는 힘들었는데 내려다보면 바다 경치가 아름답다. 산길을 올라가는 중에 운동하러 이곳에 올라오는 시민들을 많이 마주친다. 산책로도 편안하고 운동시설도 잘 되어 있다.

한 시간 반 동안 힘들게 오르막길을 올라오니 의자가 있다. 삼척 시내가 한눈에 내려다보이는 곳에 앉아 간식을 먹고 쉰다. 삼척 시내에 줄줄이 서 있는 아파트가 보이고 멀리 산도 있어 경관도 좋고 바람도 시원하다. 사방에 아카시아 꽃이 만개하여 아카시아 향이 가득하여 걷는 길이 향기롭다.

산길을 지그재그로 내려오니 광진고개 구름다리를 건너 해안으로 내려온다. 아름다운 바다를 보면서 해안 데크길을 걸어오는 길에 새

좌_ 수로부인의 드래곤볼 돌리기   우_ 드래곤볼(사랑의 여의주)

천년 해안 유원지를 지난다. 두꺼비 바위를 설명해 놓아서 두꺼비 바위를 찾아본다. 멀리 초소 아래에 있는 바위가 두꺼비와 가장 비슷하다.

해변을 따라 2차선 도로 가장자리에 나무 데크길을 만들어놓았다. 태풍 때문인지 데크길이 파손된 곳도 있어서 도로로 걷기도 한다. 아름다운 바다를 보면서 걷다 보니 삼척해수욕장이 눈앞이다. 삼척해수욕장은 모래도 곱고 바다색도 맑아 파란 바다가 참으로 아름답다. 해변에 놓여있는 그네 의자에 앉아 바다를 바라본다.

차도 옆에 임해정 정자가 있고 그 아래 바다를 바라보는 드래곤볼 사랑의 여의주이 있다. 삼국유사 수로부인 편에 다음과 같은 이야기가 나온다.

신라 성덕왕 때 순정공이 명주(현 강릉) 태수로 부임하는 길에 일행이 점심 먹기 위해 바닷가에 멈추었다. 이때 수로부인이 절벽에 있는 철쭉

꽃을 보고 "저 꽃을 따서 바칠 사람 없느냐?" 묻지만 모두 사람이 오를 곳이 아니라 못한다고 한다. 이때 암소를 끌고 가던 노인이 이 말을 듣고 꽃을 꺾어 헌화가를 지어 부르며 바쳤다.

### 獻花歌 (헌화가)

紫布岩乎邊希 (자포암호변희) : 자줏빛 바윗가에
執音乎手母牛放敎遣 (집음호수모우방교견) : 암소 잡은 손 놓게 하시고
吾肹不喻慚肹伊賜等 (오힐부유참힐이사등) : 나를 아니 부끄러워하시면
花肹折叱可獻乎理音如 (화힐절질가헌호리음여) : 꽃을 꺾어 바치겠나이다

현재 해가사의 터 임해정 정자에서 다시 점심을 먹는 중에 바다에서 해룡 海龍이 뛰쳐나와 수로부인을 끌고 바닷속으로 사라져 버렸다. 순정공은 발만 동동 구르고 아무 일도 할 수 없어 망연자실하고 있는데 지나가던 한 노인이 말하길,

"옛사람의 말에 뭇사람의 말은 쇠도 녹인다고 했는데 바닷속 짐승龍이 어찌 뭇사람의 입을 두려워하지 않겠습니까? 마땅히 경내境內의 백성을 모아 노래를 지어 부르면서 막대기로 언덕을 치면 부인을 찾을 수 있을 것입니다."

노인의 말대로 순정공은 근처의 사람들을 모아 막대기로 땅을 두드리며 해가사 노래를 부르자 해룡이 수로부인을 받들고 바다에서 나와 도로 바쳤다.

삼국유사에 전해오는 헌화가와 해가사를 드래곤볼에 한문과 해석을 새겨 놓았다.

추암 촛대바위

**海歌詞** (해가사)

**龜乎龜乎出水路** (구호구호출수로) : 거북아, 거북아, 수로를 내놓아라
**掠人婦女罪何極** (약인부녀최하극) : 남의 아내 앗은 죄 그 얼마나 큰가?
**汝若悖逆不出獻** (여약패역불출헌) : 네 만약 어기고 바치지 않으면
**入網捕掠燔之喫** (입망패략번지끽) : 그물로 잡아서 구워 먹으리라

    임해정 정자 앞에 있는 수로부인의 돌인 드래곤볼을 돌려서 배경이 바뀌면 꿈이 이루어지고 수로부인이 앞에서 멈추면 사랑이 이루어진다고 설명되어 있다. 드래곤볼을 돌리는데 처음에는 잘 안 돌아가더니 요령껏 돌리니 아주 잘 돌아간다. 언제 멈출지 몰라 손으로 잡아 멈추게 한다. 드래곤볼을 돌리는 게 재미있어 O선생님도 돌을 굴리고 나도 돌을 굴리면서 사진을 찍는다.
    삼척해변과 추암해변은 바로 이웃해 있는데 같은 지역이 아니다. 삼척해변은 삼척시에 속하고 추암해변은 동해시가 행정구역이다. 애

촛대바위 출렁다리에서 바라본 한국의 석림 능파대

국가 첫 소절이 나올 때 촛대바위 위로 해가 떠오르는 배경 화면을 보면서 '저곳이 어디 있을까?' 궁금했는데 오늘 그 자리에 와 있으니 감격스럽고 감탄사가 저절로 나온다. 애국가 첫 소절에 나오는 배경과 같은 구도를 찾아 사진 찍으려고 했지만 사람들이 밟은 길 흔적이 있는 한쪽을 위험하다고 막아놓아 들어갈 수 없어 안타깝다. 명소인 만큼 사람들이 많이 몰려와서 사진 찍을 때 조금씩 순서를 기다려야 했다. 여러 각도로 사진을 담아본다.

촛대바위 출렁다리에 가서 촛대바위 쪽을 바라보니 이 경관도 정말 놀라울 뿐이다. 여러 개의 암석 기둥들이 모여서 한국의 석림이라고 불리는 능파대는 어디를 보아도 새로운 아름다움이 계속 나타난다.

촛대바위 같은 암석 기둥들의 능파대와 파란 바닷물이 어우러진 경치가 너무 아름다워 자리를 떠나지 못하고 여러 각도로 사진을 찍으며 시간을 보낸다. 마음껏 촛대바위, 능파대와 바다를 구경하고 내려

좌_ 전천가에 있는 쌍용양회   우_ 전천 둔치길

와서 추암역 근처에서 해파랑길 33코스 스탬프를 찍는다.
　점심때가 되어 근처 식당에서 생선구이를 먹으려고 했는데 식당이 휴업인지 문을 닫아서 그 옆집 영동횟집으로 간다. 1시 20분 횟집에서 생선구이를 주문한다. 청어, 고등어, 삼치, 참가자미, 민가자미 구이를 푸짐하게 제공해준다. 둘이 함께 여행하는 것이라 음식도 푸짐한 것을 주문할 수 있어 기쁘다. 관광 명소라서인지 식당의 손님들도 꽤 많다.

　다시 33코스 추암해변을 출발하여 묵호항을 향해 걷는다. 추암해변에서 철길 아래로 나오니 신세계인 듯 확 트인 허허벌판 같은 곳에 6차선 도로가 시원스럽게 곧게 뻗어있다. 가끔 커다란 건물이 서 있고, 동해시 자유무역지역이라는 간판이 있는 것을 보니 산업공단 지역인 것 같다. 빈터에 공장이 모두 들어서면 대단히 커다란 도시로 성장할 것 같다. 산업단지 지역이라 그런지 6차선 도로를 따라 걷는데 머리 위로 매우 커다란 수송관 여러 개가 도로를 가로질러 연결되어 있다. 큰 도로를 가운데에 놓고 양쪽에 같은 공장이 있는지 수송관이 도로 위를 가로질러 연결된 장면도 참으로 생소하다.

산업도로에서 호해정을 향하는 좁은 길을 걷는다. 바다를 끼고 있는 숲길을 걸어 호해정 정자로 내려오니 매우 넓은 전천 하천이 바다와 닿아있다. 맞은편에 쌍용양회 공장이 하천 가장자리를 넓게 자리 잡고 있다. 큰 공장이 있는 것에 비해 전천 갯목길은 아름다운 가로수가 줄지어 있어서 걷는데 삭막하지 않다. 전천 둔치길에 산책하는 시민과 낚시하는 시민의 모습을 볼 수 있다.

아름다운 전천 둔치길을 벗어나니 다시 공장지대에 접어든다. 이전에 보았던 것보다 더 커다란 연결통로가 우리가 걷고 있는 머리 위를 가로질러 지나가고 그 연결통로를 따라 걸어가는 사람들도 있다. 이처럼 커다란 공장이 많이 있어서 동해시로 독립한 것 같다.

공장지대를 벗어나니 철길 옆을 나란히 걷는다. 이 길을 걸어갈 때 어마어마하게 긴 화물열차가 우리 옆을 지나간다. 차량이 몇 대인지 세다가 너무 길고 빨리 지나가서 세는 것을 놓친다. 긴 화물열차를 보는 구경에 빠져 사진 찍는 것도 잊는다. 철길 옆을 따라 걷다 보니 동해역이 있다. 동해역 안으로 들어가 쉬어가기로 한다. 동해역에는 KTX와 무궁화호가 시간당 한 번씩 운행된다.

동해역을 지나 다시 6차선 해안로 옆으로 따라 걷는다. 왼쪽은 아파트와 상가 등 도시가 형성되어있고 내가 걷는 도로 옆에 숲길이 잘 조성되어 있어서 걷기도 상쾌하다. 이 숲길로 산책 나온 시민들을 여러

좌_ 動트는 동해시    우_ 묵호시 향로봉길

  명 만났다. '이 숲길이 조용하고 아름답다.'라는 생각을 하면서 걷는데 숲길 중간에 '動트는 동해시'라는 구호도 세워 놓았다. 내가 보기에 많은 공장이 세워지고 활기차게 움직이는 도시인 것 같다.
  동해시의 숲길을 걸어 감추산을 내려오니 바다와 철로가 바로 옆에 있다. 철로가 해안선을 따라 나란히 있는 것 같다. 기차를 타면 바다의 풍경을 구경하면서 계속 달릴 것 같다.

  바닷가에 있는 녹슨 철로 옆을 걷는다. 다시 철길을 가로질러 도로로 올라간다. 도로 갈림길이 복잡하게 나 있고 갈림길에 해파랑길 리본이 보이지 않는다. 택시가 샛길로 내려가는데 나는 넓은 도로를 선택하면 묵호역이 나올 것 같아 직진하자고 O선생님한테 제안한다. 내려가기만 하면 곧 묵호역이 철길 옆에 있을 거라는 내 생각은 오산이었다. 내가 선택한 넓은 도로는 내려가자마자 막다른 도로로 몇 개 공장의 정문이 있을 뿐 걸어갈 수 있는 통로는 어디에도 없다. 다시 지나온 길을 뒤돌아서 택시가 지나갔던 샛길로 내려간다. 그 샛길은 반대편 철길 옆을 따라 골목길로 우리를 안내한다. 반가운 해파랑길 리본이 보이는 이 골목길의 풍경은 완전 70~80년대 추억을 꺼내주는 도시의 풍경이다. 향로봉길 골목을 나오니 스탬프 함이 보여 기쁜 마음으로 스탬프를 찍는다.

  숙소 찾기 위해 인터넷 검색을 하여 별점이 많은 모텔을 찾아 골목으로 들어가니 허름한 여관급 숙소처럼 보인다. 그래도 별점을 믿고 주인에게 방을 보고 싶다고 하니 방으로 안내한다. 방은 작고 침대 위에 색동 이불이 있는데 방향제를 많이 뿌려 숨쉬기 불편하여 밖으로 나온다. 인터넷의 별점이 때로는 믿을 수 없는 것 같다. 다시 큰 도로변으로 나와 규모가 큰 국제모텔이 있어서 그곳으로 숙소를 정한다. 저녁 먹기 위해 모텔 주인이 추천해준 식당으로 갔지만, 문이 닫혀있어서 다른 식당을 찾아 철교 아래 터널을 지나니 새로운 도시에 온 것 같다. 넓은 도로가 쭉쭉 뻗어있고 높은 건물로 된 상가들이 보여 묵호의 중심지처럼 보인다. 묵호역 앞의 현대적 거리와 철길 뒤쪽의 골목은 80년대에 멈춰 있는 듯한 도시 풍경이다. 묵호역 맞은편에 있는 경남보리밥 식당으로 가서 보리밥 정식을 먹었는데 맛이 아주 좋다. 게다가 우리는 운이 정말 좋은 경우다. 우리 다음에 들어온 손님들은 보리밥이 떨어져서 식사하지 못하고 발길을 돌려야 했다. 기분 좋게 저녁을 먹고 숙소로 오는 길에 약국에 들러 파스를 샀다. 오랜 기간 걸으니 이곳저곳 파스를 붙여달라고 신호를 보내온다. O선생님은 내일 35코스가 아닌 다른 코스를 걷는다고 하여 다음 날 아침은 각각 출발하기로 하고 우리는 멈춰 있는 듯한 지역에서 하루를 보낸다.

# 강릉 구간
(34코스 한국여성수련원 ~ 40코스 주문진해변)

## 파란 바다와 파도 소리랑 벗하다

34코스 묵호역 ~ 35코스 정동진역

스물넷째 날
2021년 5월 12일(수) 햇볕 쨍쨍, 도보 거리 23.5㎞

좌 - 어린왕자    우 - 공사 중인 도째비골 스카이밸리

　묵호역에서 정동진역까지 23.5㎞ 갈 계획이다. O선생님은 부인과 친구 일행이 며칠 후에 오면 함께 걸어야 할 코스가 강릉 주변이라 오늘은 다른 코스를 걷겠다고 했는데 아침 일찍 34코스 여성수련관까지 동행하고 싶다고 전화하였다. 아침 8시경에 숙소를 나선다. O선생님은 어제 발 뒤꿈치 근육이 아파서 파스를 붙였는데 여전히 아프다고 한다. 하루에 20㎞를 넘지 않게 걸었다는 O선생님이 이틀 동안 나와 동행하면서 하루에 두 코스 씩 23㎞ 이상을 걸었기 때문에 그런 통증이 온 것 같아서 미안한 생각이 든다.
　묵호항 여객선터미널을 지나면서 인증 사진을 찍는다. 버스정류장 옆으로 별빛마을 올라가는 계단이 있는데 그 계단 옆 벽에 어린왕자의 반 입체상이 한 손을 내밀고 뒷모습만 재미있게 만들어놓았다. 사진 찍을 때 손 잡고 찍을 수 있는 손은 입체로 되었다. 갈 길 멀고 차선 반대편에 위치해 있어서 멀리서 어린왕자 모습만 사진을 찍는다. 지금까지 항구를 지나 해파랑길을 들어설 때 대부분 언덕으로 올라갔는데 묵호항에서는 언덕이 아닌 묵호수변공원이 있는 파란 바다를 보며 걷게 안내한다. 수변공원 옆에 바다 위에 스카이워크를 걸어 해랑전망대가 있다. 조금 더 지나가니 맞은편 높은 언덕에 도깨비 공원을 조성 중인데 언덕 한쪽 면에 사람 얼굴이 있고 까마득

망상해변

히 높은 곳에 스카이워크가 설치되어 있다. 그 모습이 마치 뱀이 머리를 쑥 내미는 것 같은 모양으로 조금 섬뜩하다. 아직 공사 중이라서 출입을 막고 있는데 5월에 문을 열 예정이라고 씌어있으니 곧 완공될 것 같다.

 묵호항을 1㎞ 정도 지나니 모텔과 호텔 숙소가 바닷가에 여러 개 있다. 이런 사실을 미리 알았더라면 어제 여기까지 걸어와서 숙소를 정하여 일출 모습을 볼 수 있었을 텐데 약간 아쉽다. 하지만 이미 지난 일을 후회하지는 말아야지 하며 아름다운 파도 소리를 노래로 생각하며 걷는다.

좌_ 망상해변 정자    우_ 동해대로 바닷가 한옥마을

　O선생님과 여러 이야기를 하다 보니 망상해변이다. 출발한 지 두 시간도 되지 않았는데 벌써 34코스 반을 온 것이다. 망상해변은 긴 해안선으로 아름다운데 안타깝게 해변의 일부 모래밭이 파도와 바람에 휩쓸려가 매우 가파른 곳이 많이 있다. 바람이 많은 다른 해수욕장처럼 바람막이 울타리를 설치해 모래의 유실을 막고 있다. 망상해변 캠핑장에 많은 카라반 숙소가 있다. 지금까지 지나온 동해안은 캠핑장 위주의 해수욕장이 꽤 많이 있다. 요즘 캠핑족이 많아서 지자체에서 캠핑 시설을 많이 설치해 놓았나 보다. 시민들이 여가를 즐길 수 있는 장소를 제공해주는 것은 모두에게 좋은 일이다.

　망상해변의 한 정자에 앉아 바다 소리를 들으면서 간식을 먹고 쉰다. 한동안 앉아 쉬다가 10시 20분경에 다시 출발한다. 해변에 소나무 가로수를 따라 파도소리를 친구 삼아 계속 걷는다.

만발한 아카시아꽃

망상해변 북쪽에는 여러 채의 한옥 건물을 짓고 있어 이곳은 한옥마을이라는 것을 알 수 있다. 이 한옥마을이 완공되면 이곳을 찾는 방문객이 많아질 것이다. 여행하면서 숙소와 식당 때문에 곤란함에 처할 때도 있는데 그런 서비스 업종이 많아지면 여행객으로서 반가운 일이다.

시원스럽게 뻗은 동해대로와 푸른 바다가 보이는 해변 사이에 있는 인도를 따라 걷는다. 다른 길로 이탈할 염려도 없는 오직 하나의 반듯한 길인데 인도 난간에 해파랑길 리본이 유난히 많이 붙어있다. 다른 길에서는 리본을 찾기 어려워 노선을 이탈한 적이 여러 번 있는데 이곳은 해파랑길 담당자가 34코스에 부착하고 나머지 리본을 이곳에 모두 매어놓은 것 같다. 동해시에서 강릉시로 경계를 넘어서자 해파랑길 리본이 자주 보이지 않는다.

도직교 근처에 아카시아꽃이 흐드러지게 피어 그 향기에 취하게 한다. 해파랑길을 걸으면서 아카시아꽃을 유난히 많이 보게 된다. 내가 걸어가는 속도와 아카시아꽃이 남쪽에서 북상하면서 피는 속도가 조금 비슷한가 보다. 나로서는 아카시아 향기를 많이 맡을 수 있으니 행복하다.

**금진솔밭길**

　해파랑길 34코스 일부가 변경되어 옥계 시장이 있는 내륙 쪽으로 들어가지 않고 옥계 해안에서 옥계산림욕장 금진솔밭길로 안내한다. 옥계해수욕장 입구에 한식뷔페라는 안내판이 있어서 반가움에 점심 먹기 위해 전화한다. 하지만 그 식당은 이제 운영하지 않는다는 답변이다. 점심을 건너뛸 수도 있겠다는 생각이 든다.

　해파랑길 리본을 따라 아름드리 소나무 숲길을 걷는 즐거움은 다른 길을 걸을 때보다 더 기분 좋게 한다. 12시 30분경 한국여성수련원 근처에 도착하니 정문 근처 소나무 숲길 아래에 해파랑길 34~35코스 안내 지도와 스탬프 함이 있어서 반가운 마음으로 스탬프를 찍는다. 그 때 회사 단체복을 입은 여러 사람이 어딘가로 걸어간다. 나는 그분들에게

　"밥 먹을 수 있는 식당이 어디에 있어요?"라고 묻는다.

"저쪽으로 1㎞ 정도 가면 있어요."

그분이 말한 저쪽은 우리가 지나온 길을 말하는데 우리가 걸어온 도로변에는 식당이 없었다. 옥계 시내 쪽으로 가라는 것 같다. 그래서 다시 묻는다.

"어디서 식사하세요?"

"여기 구내식당에서요."

O선생님과 나는 그곳에서 점심을 먹을 수 있는지 물어보기 위해 수련원 내부로 따라 들어간다. 코로나로 인해 안내에서 체온 측정하고 큐알 인증을 한 후 O선생님이 구내식당에 들어가 담당자에게 식사 가능 여부를 물어보고 온다. 20여 분 정도 기다려서 식사 등록한 직원들이 모두 식사한 후 음식이 남는다면 우리도 식사할 수 있다고 전해주어 로비에서 기다린다.

우리가 앉아있는 동안 또 다른 직원들이 식당 내로 들어간다.

로비에 앉아 '제발 밥이 남아서 우리가 먹을 수 있길.' 하는 간절한 마음으로 기다린다. 직원들이 식당을 나오는 것을 보고 식당으로 들어간다. 음식이 남아서 정말 기쁜 마음으로 1인에 6,500원 음식값을 내려고 하니 O선생님이 마지막으로 같이 하는 식사이니 사주고 싶단다.

구내식당의 점심은 완전 최고의 만찬이다. 소불고기, 쌈, 깍두기, 야채 샐러드, 콩나물무침, 밥, 미역국을 식판에 담는다. 지금까지 먹었던 대부분의 식당 음식은 간간하든지 많이 짜기도 하여 먹으면서 조금 불편한 적이 많았는데 이곳의 음식은 짜지 않아 안성맞춤이다. 도보여행하면서 대식가가 된 듯 소불고기와 상추를 한번 더 가져다 맛있게 먹는다. 20여 일 걸으면서 떨어진 체력을 보충하기 위해서다.

강릉바우길

　　O선생님은 제주올레길 아카데미 교육을 받고 봉사활동도 많이 하고 있다. 그분이 배낭에 파란 간세를 매달고 다녔는데 그 간세를 나에게 선물한다. 며칠간 긴 여정도 힘들지 않게 걸을 수 있게 동행자가 되어준 것도 고마운데 간세까지 선물로 주시니 정말 고맙다. 내가 배낭에 매달은 올레길 완주 펜던트를 이번 여행 중에 분실해서 많이 속상했는데 그 간세를 배낭에 달고 나니 기분이 좋아진다. 그리고 올레 아카데미 교육도 한번 받아 보라고 권하신다. O선생님은 처음에 한국여성수련원에서 하룻밤 머물려고 했는데 금진항까지 가겠다고 하여 몇 백 미터를 함께 더 걷는다. 금진솔밭길을 지나니 바로 금진해수욕장이다. O선생님은 왼쪽 발뒤꿈치가 당겨서 걷는데 불편함이 여전하다고 한다. 그래서 금진해수욕장 근처에서 민박집을 구해 쉬기로 하고 나는 일단 정동진으로 향한다. 너무 과로하지 않게 쉬엄쉬엄 가서 정

동진에서 묵기로 한다.

　금진항 근처 긴 의자에 앉아 쉬는데 눈이 자꾸 감긴다. 그동안의 피로가 조금씩 쌓여서 눈이 무거운가 보다. 정동진까지 7㎞ 남았는데 빨리 걷고 숙소 정해서 푹 쉬어야겠다.

　금진항에서 시작되는 강릉 바우길을 걷는 것은 아름다운 갯바위와 부서지는 파도가 잘 어울리는 한 폭의 명화이다. 강릉 바우길을 걷는데 반대쪽에서 오는 30대 중반으로 보이는 젊은이를 만난다.

"어디에서 오는 길인가요?"

"서울에서 휴가 내고 강릉부터 걸어오고 있어요."

"안인해변에 숙박시설과 식당이 있어요?"

"강릉부터 오는데 텐트를 치고 생활해서 숙소와 식당 정보는 잘 모르겠어요. 안인해변 오기 전에 산에서 자는데 무척 추웠어요. 그리고 바다부채길이 입장료가 3,000원인데 지금은 막혀서 지나갈 수 없어요." 나에게 귀한 정보를 전해준다. 바다부채길을 꼭 걸으려고 했는데 그냥 산을 넘어가는 해파랑길로 가야겠다. 다음 기회에 바다부채길을 걸을 수 있길 바란다.

　강릉 바우길의 아름다운 파도와 함께 걸으니 심심하지 않다. 심곡항 도착 전에 산으로 가도록 해파랑길 화살표와 리본이 안내한다. 오후 1시 15분경 경사가 약 70도 정도 되어 보이는 가파른 계단을 헉헉대면서 올라간다. 해파랑길 리본이 길을 안내하는데, 두루누비 따라가기 앱에서 이탈했다는 신호가 나온다. 지도를 살펴보니 따라가기 앱은 심곡항을 지난 후 오른쪽 산길로 가도록 안내한다. 힘들게 올라온 산인데 리본을 따라 산길로 가면서 바다를 보니 역시 높은 곳에서

좌_ 언덕에서 바라본 바다    우_ 정동진 모래시계

바라보는 바다 경치가 참 아름답다. 약 20여 분을 산길에서 심곡항을 바라보고 멋진 경관을 구경한 후 다시 심곡항 쪽으로 내려가서 바로 오른쪽 산으로 들어간다. 나는 이 숲길이 바로 정동진으로 내려가는 길로 알았는데 정동진을 감싸고 있는 산길을 약 4㎞를 걷도록 안내한다. 정동진으로 직행하는 버스 차도를 가로질러 반대편 산으로 들어서서 걷는다. 돌과 모래땅이라 가끔 미끄러워 넘어질 뻔하여 스틱을 이용하여 안전하게 내려온다.

  낯익은 정동진에 도착하여 모래시계와 사진도 찍고 이곳저곳 아름다운 곳을 혼자 둘러본다. 해파랑길을 따라가는데 더는 리본 표식이 보이지 않고 레일바이크 철로가 있는 곳은 통로가 닫혀있다. 이 통로는 길이 아닌가 보다 하고 다시 모래시계가 있는 쪽으로 돌아오고 따라가기 노선을 검색해본다. 길은 오직 하나라서 본래 갔던 레일바이크 철로를 가로지르는 곳으로 가니 이번에 통로 문이 열려있다. 안전

정동진 시간박물관

지킴이가 그곳으로 지나가도 된다고 하여 레일바이크 철로를 가로지르니 철로 옆에 해파랑길로 통하는 보도가 있다. 리본이 훼손되어 길 찾기가 어려워 시간 낭비를 많이 했다.

정동진역은 옛 도시인 것 같다. 역 근처에 오니 숙박하는데 3만 원이니 들어오라고 호객행위를 한다. 나는 스탬프를 찾기 위해 앞만 보고 걷는데 배낭을 멘 내 차림새를 보고 캐슬모텔에서 여사장이 나오며 숙박 3만 원이라고 말한다. 스탬프 찾으러 간다고 하니 스탬프 있는 곳을 알려주신다. 괘방산 입구에서 스탬프를 찍고 식당도 살펴보며 오는데 그 캐슬모텔 사장이 또 나온다. 그 정성에 그 모텔로 체크인한다. 리모델링한 모습이 깨끗해 보이는데 이부자리가 맘에 안 들지만 그냥 자기로 한다. 여사장이 근처 산채백반 식당을 소개하여 그곳으로 간다. 여러 테이블에 손님이 있고 나도 앉아서 산채백반을 주문한다. 모처럼 만족한 저녁을 먹는다. 금진항 근처 민박에 머무는 O선생님이 전화했다. "주변에 식당이 없어서 편의점에서 컵라면으로 저녁을 먹었어요. 이럴 줄 알았으면 정동진까지 동행했을 텐데."라며 후회하고 있다. 나도 해파랑 길 걸으면서 한 치 앞을 내다보지 못해 시련도 많이 겪으면서 조금씩 해법을 찾아가고 있다.

## 괘방산과 사랑의 도피 정감이숲길

### 36코스 정동진 ~ 37코스 오독떼기전수회관

**스물다섯째 날**
**2021년 5월 13일(목) 맑고 기온이 높음, 도보 거리 25㎞**

해파랑길 36코스 정동진에서 안인해변까지 9.4㎞와 37코스 안인해변에서 오독떼기 전수관까지 15.6㎞로 총 25㎞를 걸어야 한다. 상황에 따라 2㎞ 정도 떨어진 구정면 소재지까지 걸을 계획이다. 편의점에서 점심 비상식량으로 빵도 준비한다.

걸어야 할 거리가 25㎞이고 주로 산길을 걸어야 하니 오늘 마실 물 3병 챙기고 숙소를 나오려는데 사장님이 물 한 병 더 주시겠다고 한다. 가방에 물이 충분하여 받지 않았다. 괘방산 근처에 서 있는데 어제 저녁때 지나쳤던 4명의 여성이 나에게 해안으로 가는 길을 묻는다.

"해안으로 가려면 어느 쪽이에요?"

"저쪽으로 가면 해안인데 어디로 가시려고요?"

"안인해변에 가요."

"해파랑길 걸으세요?" 내가 묻는다.

"그래요. 안인해변에서 스탬프 찍고 점심 먹으려고 해요."

"해파랑길은 이 괘방산으로 올라가야 하는데요."

"산길이 힘들어서 해안으로 가려고요. 우리가 70이 넘었어요."

다른 한 명이 "왜 나이를 올리는 거야? 우리는 68이에요." 하며 끼어든다.

"난 65인데요."

"1년이면 한 참 차이 나요. 우리는 여고 동창으로 서울과 인천에서 10명이 왔는데 코로나 때문에 팀을 나누어서 움직여요."

그들은 해안 쪽 길로 가고 나는 원칙대로 난이도가 가장 높은 괘방산으로 올라간다. 스탬프 찍기 위해 다니는 것이 아니라 우선 나와의 약속이고 나와의 싸움인데 편하게 쉽게 다니려면 해파랑길을 도전하는 의미가 퇴색될 것이다.

당집

괘방산 앞에서 인증 사진을 찍고 괘방산을 오르는데 정말 가파른 돌계단이 지그재그로 계속된다. 이 계단만 올라가면 내리막길이 나오겠지 하는 희망으로 스틱에 의지하면서 올라간다. 드디어 경사가 약한 길이 나와서 이 정도면 괜찮다는 생각을 했다. 한 시간 정도 오르막을 오르니 내리막길이라 기분이 좋다. 하지만 다시 오르막이 있고 능선이 나와 작은 소나무 길을 걷다 보니 먼 산도 보이고 하늘을 보면서 이제 고생 끝났구나 하고 생각했는데 또다시 오르막길이다. 이래서 해파랑길 코스에서 난이도가 상으로 평가를 받은 코스인 것 같다.

이 산길을 아무도 지나가지 않았는지 거미줄이 내 얼굴을 감싸면서 환영한다. 깜짝 놀라서 햇빛에 반짝이는 거미줄을 볼 때마다 스틱으로 제거하지만 내 눈에 보이지 않는 거미줄이 내 얼굴을 또다시 감싸서 나를 귀찮게 한다. 보이지 않는 거미줄을 제거하려고 계속 스틱을 휘두르며 걷다가 포기하고 그냥 걷기로 한다.

한 시간 정도 걸어가는데 돌과 흙이 까맣다. 마치 탄광촌에서 볼 수 있는 그런 까만 흙과 돌이 있어서 신기했다.

한동안 내리막으로 가다가 다시 오르막 길의 반복이다. 본래 3시간 50분 걸린다고 했어도 나는 걸음이 빠르니 더 빨리 도착할 수 있다는 생각을 한다. 당집에 오니 앞으로 5㎞ 남았다는 표찰이 있다. 괘방산 처음 시작 부분의 오르막이 심해서 두 시간이 걸렸으니 이제부터는 그래도 쉬운 길이라 생각한다.

괘방산

당집을 조금 지나 반대쪽에서 오는 남성에게 안인해변까지 걸리는 시간을 물으니 두 시간 정도 걸린다고 이야기한다. 앞으로 두 시간을 더 걸어야 하나 보다. 하지만 '이제부터 내리막길일 테니 그래도 쉬울 거야.' 스스로 위안하면서 바위에 앉아 음료수를 마시며 쉰다. 그런데 당집 근처에서 만난 남성이 되돌아오는 것이다. 그 남성은 당집까지 다녀온다는 것이다. 함께 안인해변 쪽을 향해 걷는다. 그 남성은 이방인인 나에게 묻지도 않은 자신의 이야기를 술술 한다.

"난 강릉에 사는데 주 2회 안인에 차를 대놓고 당집까지 산행하죠. 젊어서는 울산에서 회사에 다녔고, 모은 돈으로 20여 년 사업했는데 여가를 보낼 시간도 없고 온 가족이 힘들더라고요. 그래서 사업을 접고 몇 년 전부터 개인택시를 하면서 여가를 즐길 수 있게 되었지요."

요즘은 돈보다는 여가를 즐기면서 사는 삶을 추구하는 사람들이 더 많은 것 같다.

삼우봉에서 본 안인해변

　그는 같이 걷다가 저곳이 괘방산이라며 알려주고 삼우봉의 전망이 아주 좋다고 알려준다. 그는 내려가고 나는 40m 떨어진 345m 괘방산 정상에 가서 정상석과 사진을 찍고 다시 삼우봉을 향한다.
　삼우봉에서 동해가 내려다 보이는데 정말 시원스럽게 새파랗다. 사람들이 점점 많이 올라오고 있다. 인근에 사시는 주민들 같다. 나는 정상에서 안인까지 계속 내리막길로 예상했는데 오르막과 내리막의 반복이라 안인해변 가는 길이 쉽지만은 않다.
　안인해변으로 가는 길은 오로지 하나라고 생각했는데 갈림길이 있다. 어디로 갈지 앞사람들을 따라가기도 애매하다. 그때 내려오는 사람에게 안인해변 가는 길이 어느 쪽인지 물었더니 양쪽 모두 다 안인해변으로 가고 내려가다가 두 길이 만난다고 한다. 그 남성과 600m 정도를 함께 내려온다. 안인해변 가는 길은 다리 건너 골목으로 내려가는 길이라고 친절하게 알려주신다. 고마우신 분들이 많다. 스탬프 찍는 곳을 찾아 간다. 화장실 근처에 스탬프 함 두 개가 나란히 있다. 하나는 강릉 바우길 스탬프, 다른 하나는 해파랑길 스탬프이다. 스탬프를 찍고 12시 30분경이 되어 점심 먹으려고 한 횟집에 간다. 불도 꺼지고 사람이 없다. 37코스를 진입하여 「아침 식사 됩니다」라고 씌어 있는 한식 뷔페식당이 있어서 반갑게 식당을 들어간다. 모든 뷔페 음식을 담는 큰 그릇이 깨끗이 씻어져 있고 사람들은 아무도 없다. 주인을 불러도 대답이 없다. '이 식당은 아침 식사만 제공하는 식당인가 보다.' 생각하고 그곳을 나온다. 식사할 곳이 없으면 준비한 빵을 먹을 수도 있으니 걱정은 없다. 식당 밥 먹는 것을 포기하고 길을 걷는데 식당 두 개가 보인다. 가마솥갈비탕과 안인초가집이 있어서 가까운 안인초가집에 들어간다. 밥을 먹어야 힘이 나서 걷기 여행을 무사히 마칠 수 있으니 잘 먹어야 한다. 안인초가집이 맛집인가보다. 연예인 채시라, 이수영, 컬링 국가대표 강릉시청 팀킴의 사인이 벽에 붙어있다.

    초가집 식당에 들어가니 두 테이블에 손님이 있다. 내 앞에 두 여성이 앉아있는 테이블에 왕돈까스가 서빙된다. 그것을 보니 나도 오랜만에 새로운 음식인 수제 왕돈까스가 먹고 싶어 주문한다. 내 옆에 있는 테이블에는 두 남성이 소곤소곤 이야기를 하는데 부러울 정도로 다정하다. 잠깐씩 들리는 이야기에서 그들이 부자 관계라는 것을 알고 저렇게 많은 이야기를 할 수 있는 부자지간이 더욱 좋아 보인다. 뒤늦게 들어온 부부로 보이는 팀은 한 칸 떨어진 테이블에 앉는다. 조금 늦게 온 남편이 음식을 주문했는지만 묻고 그 후에는 말 한마디 없이 핸드폰만 보며 대화 한 마디가 없다. 밥을 먹는 동안도 말 한마디 없는 것을 보니 전형적인 부부의 모습을 보는 듯하다. 들은 이야기로 식

강동초 아이좋아 울타리

당에서 두 남녀가 대화가 많으면 연인관계이고, 대화가 없으면 부부관계라고 하더니 사실 그런가 보다. 내가 주문한 왕돈까스가 밥 한 공기와 반찬이 함께 나온다. 왕돈까스는 겉은 바삭 속은 촉촉 정말 맛있다. 그동안 맛집이라 일컫는 식당에서 먹어본 왕돈까스보다 맛있다. 왕돈까스와 밥 한 공기를 깨끗하게 비운다. 정말 느긋하고 행복한 점심이다.

에너지를 충전한 맛있는 점심을 먹고 해파랑길 37코스 따라가기는 군선천 하천을 따라가도록 안내한다. 가끔 한식 뷔페식당이 여러 곳에 있다. 여러 곳에 공사하는 현장이 있고 대규모 에코 발전소 건설하는 곳과 하천 재정비 등 공사 현장도 보인다. 주변에 공사 현장이 많아서 도로에는 공사 차량 트럭이 많고 식당도 많은가보다. 하천 옆 둑길

정감이숲길에서 보이는 첩첩산중의 고속도로

을 벗어나니 마을이 있고 운동장에 천연 잔디가 깔린 강동초등학교를 보니 정말 예쁘고 정겹다. 특히 학교 울타리에 새겨 놓은 문양에 '강동초 아이좋아' 라는 단어가 학생들을 반겨주는 것 같이 아름답고 특색이 있다. 내가 초등학교에 40여 년 근무하였기에 여행 중에 초등학교를 보면 한 번 더 쳐다보게 된다. 이 아름다운 환경의 학교에서 배우는 학생들은 모두 해맑고 바르게 자랄 것 같다.

시골의 아름다운 논과 밭을 지나서 가끔 멋진 주택도 지나간다. 이제 정감이마을 등산로라는 길로 안내한다. 정감이숲길의 유래는 애틋한 사랑을 이야기한다. 마을 김부잣집에 성실하고 부지런하며 영리한 유총각이란 머슴이 있었는데 그는 본래 양반집 자손이었으나 집안이 몰락하여 머슴으로 살게 되었다. 김부잣집에 예쁜 딸이 신분의 차이는 있지만 성실한 유총각을 사모하게 된다. 어느 봄날 김낭자는 뒷산에 나물 캐러 가고 유총각은 나무를 하러 가게 되었는데 갑자기 소나기를 만나게 되어 둘은 같은 소나무 아래로 비를 피하였다. 그러던 중 둘은 사랑을 이루기 위해 같이 도망가기로 하고 칠성산 계곡으로 가게 되었다. 도피하는 도중에 명주관아를 보면서 서로의 사랑을 확

태양열판에 물뿌리고 닦는 작업

인하고 이 길로 지나갔다고 한다. 그 후 젊은 연인들이 이 장소에서 사랑을 언약하면 그 사랑이 이루어졌다는 유래가 내려온다고 한다.

   정감이마을 산책로는 걷기도 좋고 큰 소나무가 우거져 있다. 이 정감이숲길은 총 5㎞인데 아무도 지나가는 사람이 없고 소나무만 울창하여 계속 걷다 보니 산짐승이 나올 것처럼 조금 무서운 생각도 든다. 걸어도 걸어도 끝이 보이지 않고 내가 도깨비에 홀린 것처럼 길이 구불구불 구부러지는 것이 마치 왔던 길을 돌아가는 것 같은 착각이 든다. 모처럼 멀리 보이는 곳에서 바라보니 첩첩산중에 고속도로 교각이 보인다. 그래서 두루누비 따라가기 앱을 켜보면 제대로 가는 게 맞는데 산중이 깊어 지나가는 사람 한 명 없어 두려운 마음에 걸음만 재촉한다. 그때 어디선가 사람 소리가 들려 둘러보니 높은 울타리 너머에 태양열 발전시설이 많이 설치되어 있고 그 중 한 곳에서 태양 열판에 물을 뿌리면서 닦는 사람을 보고 조금 두려움이 사그라진다. 태양열판을 설치만 해놓으면 저절로 전력생산이 되는 것으로 생각했는데 태양열판도 청소하면서 관리하는 것을 보니 세상에 공짜는 없다는 말

이 맞는 것 같다.

　이 지역은 밭에 태양열 발전시설이 많이 설치되어 있다. 숲길은 내리막길을 향하여 이제 숲이 끝나는가보다 했는데 다시 돌아서 오르막길로 가는 것이다. 리본도 많지 않아서 앱 따라가기에 의존한다. 언제 이 숲길이 끝날지 초조해지며 동네라도 나오면 좋겠다는 생각이 든다.

정감이숲길

어디선지 동물의 분 냄새가 나는데 역겹다기보다 마을이 있을 것이라는 기대감에 반갑고 기뻤다. 숲길 아래로 향하면서 커다란 축사가 있고 소들이 가끔 '음메'하면서 '나 여기 있소' 하고 말하는 것 같다. 축사가 있으니 곧 마을이 있을 것 같아 즐겁게 걷는데 숲길은 끝나지 않고 다시 오르막 능선으로 간다. 숲속의 소나무가 쓰러져 길을 가로막았는데 그대로 방치되어 있다. 허리를 숙여 가로막은 나무 아래로 걷는다.

　두 시간 만에 포장된 도로를 만나 햇빛을 보게 되고 집들도 보니 안도의 숨과 기쁨이 찾아왔다. 그리고 안내판에 '정감이숲길 종료'라고 적혀있다. 하지만 해파랑길은 다시 도로 건너 반대편 숲길로 안내한다. 해파랑길 리본은 잘 보이지 않아 산악회 리본이 있는 곳으로 따라가면 앱이 이탈했다고 말한다. 따라가기 앱이 안내하는 길로 내려오니 도로에 해파랑길 스티커가 있다. 저수지 쪽으로 걸어가니 산 쪽에서 내려오는 길에 해파랑길 리본이 보인다. 해파랑길 코스가 두 개라

오독떼기 전수회관

는 것인가? 아니면 앱에서 안내하는 코스와 리본 매달은 길이 다른가? 해파랑길 리본과 앱 따라가기 노선을 하나로 통일하여 처음 온 여행자에게 혼돈하지 않게 해주면 좋겠다.

이제 진짜 들판과 마을로 들어선다. 시멘트로 포장된 들판 길을 걷는 것이 숲길보다 고맙게 생각되니 참 아이러니하다. 그만큼 긴 숲길을 나 홀로 걷다 보니 처음은 아름다움에 감사하였는데 너무 길고 사람이 없으니 두려움 속에서 빨리 숲에서 벗어나고 싶었다.

드디어 5시 30분경 오독떼기 전수회관에 도착하여 스탬프를 찍는다. 70대로 보이는 한 남성이 배낭을 메고 오독떼기 전수회관 종점으로 와서 나에게 먼저 묻는다.

"어디까지 가세요?"

"구정면사무소까지 걸어가서 택시나 버스를 타고 숙박시설이 많은 강릉중앙시장 근처에 숙소를 정하려고요."

"내 아내가 이 근처에서 쑥을 뜯고, 차를 저쪽에 대놓고 있을 텐데 함께 가시지요. 가는 곳까지 태워다 줄게요."

전수회관 주차장에 제네시스 차가 있고 뒷좌석에서 부인이 커다란 비닐봉지에 쑥을 가득 뜯어서 다듬고 계셨다. 부부가 함께 와서 L은 해파랑길을 걷고 부인은 나물 뜯다가 걷기가 끝나는 곳으로 부인이 차를 대놓고 기다린단다. 서울에서 오신 L은 코로나 때문에 해외는 못 가니까 해파랑길을 걷는다고 한다. 본인 혼자 다닐 때 다른 분들이 차를 태워주셔서 도움을 받았다면서 나를 도와주고 싶다는 것이다. 나를 중앙시장 근처에 태워다 주시고 그 분들은 해변에 있는 펜션으로 간다고 한다. 두 부부가 서로의 일을 즐기고 도와가며 멋지게 사시는 것 같다. 나는 복도 많은 사람이다. 해파랑길 여행하면서 좋은 분들의 도움을 정말 많이 받고 있다. 오늘도 생각하지 않은 도움으로 강릉 시내까지 고생하지 않고 가게 되었다.

중앙동 남대천 근처에서 내려 숙박 앱으로 숙소를 예약한 후 가까운 호텔로 체크인한다. 어깨의 무거운 배낭을 내려놓고 저녁은 무엇을 먹을까 거리를 걷는다. 이 지역이 강릉의 중심가인 듯 유명 브랜드 상점들이 많고 젊은이들도 거리를 많이 오간다. 나는 약국에서 파스를 사고 옛날 치킨 한 마리를 주문했는데 코로나 거리두기 규칙 때문에 식당 안에서 먹을 수 없다고 한다. 옛날 치킨 한 마리와 맥주 한 캔을 사서 숙소에 와서 먹는다. 저녁으로 치킨 한 마리로 충분하다.

어제 헤어진 O선생님이 전화했다. 지금 중앙시장 근처에서 친구와 있는데 그의 친구가 내일 아침 오독떼기 전수회관까지 나를 태워 주겠다고 한다. 강릉 시내에서 오독떼기 전수회관까지 교통이 안 좋아서 도와주겠다는 것이다. 실은 내일 아침 강릉에 사시는 C교장선생님과 아침을 먹고 C교장이 오독떼기 전수회관까지 태워다 준다고 약속하였다. 나를 도와주겠다는 분들이 많으니 정말 감사하고 행복하다. 심지어 오늘 오후처럼 낯선 여행자가 나를 강릉 시내까지 태워다 주었으니 정말 감사한 하루이다. 모든 분에게 감사한다.

## 씩씩한 유치원생의 자연현장체험
### 38코스 오독떼기전수회관 ~ 39코스 경포대

스물여섯째 날
2021년 5월 14일(금) 맑음, 도보 거리 23.2㎞

**장현저수지**

강릉에 사는 C교장은 교장연수 동기이다. 연수받을 때 탁구 동호회를 조직하여 연습시켜주고 그 이후 탁구 모임으로 몇 번 강릉과 대전에서 모임을 하였다. C교장은 변함없이 새벽예배를 마치고 7시 40분경에 숙소로 나를 태우러 오셨다. 예전에 갔던 정은숙 순두붓집에 갔는데 휴업인지 문이 굳게 닫혀 있다. 근처의 다른 식당에서 두부 요리로 아침을 먹는다. 아침 식사 후 오독떼기전수회관까지 나를 태워 주셨다.

오늘 걸을 거리는 38코스 오독떼기전수회관에서 솔바람다리까지 17.2㎞와 39코스 솔바람다리에서 경포대해수욕장까지 약 6㎞를 걸어 총 23.2㎞이다.

오독떼기전수회관 이름에서 오독떼기는 학산농요를 일컫는다. 강릉지방에서 마을마다 두레패를 이루어 한 조에 두 명 이상씩 여러 조를 만들어, 농사일하면서 농요 오독떼기를 불렀다. 현재 강릉 학산지역에서 가장 뚜렷이 전승되고 있는 학산농요에는 모심는 소리, 논맴소리, 벼 베는 소리, 타작 소리가 있는데 1988년 강원도 무형문화제 제

5호로 지정되어 보존하고 있다. 오독떼기전수회관에 들어가면 더 많은 것을 알 수 있을 텐데 코로나로 문은 굳게 닫혀있다.

오독떼기전수회관에서 배낭을 메고 어느 쪽으로 가는지 살피고 있는데 차 한대가 다가와 멈춘다. 창문이 열렸는데 어제 나를 태워주신 사모님이 나를 먼저 알아보신다. 남편분을 당간지주에 내려주시고 오시는 길이란다. 나는 감사했다는 인사를 하고 혹시 나에게 호의를 베푸신 L선생님을 만날 수 있을지도 모른다는 생각에 빠르게 걷는다. 서로 반대 방향으로 걸었는지 L 선생님을 볼 수 없다.

굴산교를 지나 하천을 따라 걷는데 길가에 옛 전통가옥이 두 개 있다. 구정초등학교를 보고 구정면 소재지 한복판을 지나 너른 들판을 가로질러 하천을 따라 걸어가니 매우 넓은 장현저수지로 안내한다. 이런 관개시설이 잘 되어서 주변의 들판에 벼농사를 지으며 오독떼기 농요가 발전하고 지금까지 전해 내려오게 된 것 같다. 시멘트 포장도로를 걸으니 오전인데도 볕이 무척 뜨겁다. 오늘의 날씨가 여름 기온이라더니 여름 한낮의 뙤약볕이 쏟아진다.

장현저수지 길에서 모산봉으로 가는 숲길을 걷는데 동네 주민 여러 명이 산책을 나왔다. 그래도 뙤약볕을 피해 숲으로 오니 발도 덜 아프고 사람들도 계속 오가니 어제처럼 숲길을 혼자 걸어서 무섭다는 생각이 안 든다.

가끔 갈림길에서는 따라가기 앱을 보고 찾아간다. 모산봉 중턱에 올라갔는데 유치원 4, 5세 정도의 아이들이 야외 학습을 나왔다. 나뭇잎을 줍기도 하고 흙을 만지면서 자연 속에서 아이들이 신나게 활동을 하고 있는 모습을 보니 정말 행복해 보인다. 모산봉 정상을 향해 올라가는데 계단이 꽤 많이 있다. 그 계단을 배낭을 멘 여러 아이들이 한

줄로 걸어가는 게 아닌가? 선생님인 듯한 어른들도 있다. 이 힘든 길을 척척 올라가는 아이들을 보니 이곳에 자주 온 경험이 있는 듯하다. 도시 아이들은 이런 곳에 올 생각도 안 하고 설령 오더라도 힘들다고 아우성칠 텐데. 이 아이들은 정말 좋은 교육프로그램을 제공 받

모산봉에 오른 유치원생

고 있다는 생각이 든다. 나도 모산봉 193m 정상에 올라가서 한쪽 긴 의자에 앉아 간식을 먹으며 쉰다. 아이들이 양쪽 넓은 평상마루에 앉아 가방에서 간식을 꺼내 먹고 있다. 약 30여 명이 넘어 보이는 유치원생들이다. 두 학급에 교사가 두 명과 도움을 주시는 보조원이 두 명으로 관리하고 있다. 아이들이 가져온 간식을 먹고 신나게 뛰어논다. 한 아이가 가까이 오기에 "몇 살이에요?"라고 물었더니 "7살"이라고 한다. 더 묻고 싶지만 코로나 때문에 낯선 사람이 함께 이야기하는 것이 적절하지 않을 것 같아 묻지 않았다. 7살은 모산봉 정상까지 오고 어린 4, 5세 반은 산 중턱에서 멈춰 체험학습을 한다. 자연 속에서 체험학습을 하는 학생들을 보니 내가 더 기쁘고 뿌듯하다. 코로나 방역 규칙이 생기면서 대부분 유치원, 학교에서 학생들의 교외체험학습이 거의 중단된 상태인데 이렇게 바깥 활동을 할 수 있는 이 아이들은 복 받은 아이들 같다.

모산봉을 내려와서 포장도로를 따라 이 골목 저 골목 지나니 단오공원이다. 단오공원 옆에 단오제 전수교육관도 있다. 이런 전수교육

좌_ 월화거리    우_ 남대천을 건너는 월화보도교

관이 있어서 강릉에서 열리는 단오 축제가 계속 이어지는 것 같다. 남대천을 건너서 중앙시장을 가로질러 걷는다. 아름다운 함박꽃이 활짝 핀 월화거리를 지나 마트에서 먹거리를 사고 남대천을 바라보는 버드나무 아래 쉼터에 앉아 간식을 먹는다. 월화거리는 기존의 도심 구간을 지나는 폐철도 공간을 공원으로 조성하여 아름답게 꾸며놓고 남대천을 건너는 철교를 보도교로 만들어 강릉역에서 부흥마을까지 2.6㎞ 산책로이다. 먼 곳에서 바라보는 도심의 월화거리는 꽃과 나무, 조형물 등으로 아름답다. 남대천을 건너는 보도교 양쪽에는 페튜니아 꽃이 흐드러지게 피었다. 아름답고 화사한 꽃길을 건너니 강 건너에 월화정 정자가 보인다.

특이한 것은 그동안 본 유명한 정자는 나라에서 지원하여 건설한 것이 많은데 이 월화정은 강릉 김씨 대종회에서 세웠다. 월화정 앞에 황금 잉어 조형물도 있다.

　강릉에서 전해지는 설화 신라시대 무월랑이 명주(강릉)에 재임할 때 연화봉 아래 연못에서 고기에게 먹이를 주는 연화 낭자를 만나 사랑하고 임기를 마치고 떠나는 무월랑과 연화는 백년가약을 약속하지만, 그 후 소식이 끊긴다. 연화 낭자는 그리움과 안타까움을 비단에 써서 물고기 먹이를 주면서 하소연할 때 잉어가 편지를 물고 사라진다. 경주의 한 양어장에서 잡힌 잉어 속에서 나온 편지의 사연을 보고 임금과 무월랑 부모는 두 사람이 천생연분이라 하여 혼인시킨다는 이야기다. 무월랑과 연화 부인의 애틋한 사랑을 기리기 위해 두 사람의 이름을 따서 월화정이란 이름의 정자를 강릉 김씨 후손이 건립하였다고 한다. 이런 사랑 이야기를 전해주고 도심의 정자에서 남대천을 바라보며 한가하게 쉴 수 있는 여유를 누릴 수 있는 공간을 제공해주어 참으로 고맙다.

　월화정을 지나서 아름다운 월화거리 산책로의 양쪽 가로수 잎의 색이 점점 진해져 간다. 내가 긴 의자에서 휴식을 취하는 사이에 몇 명의 시민이 나를 앞질러 걸어간다. 나도 같이 따라가듯 걸으면서 월화거리가 참 마음에 들고 오래 걷고 싶은 마음이 생긴다. 노암터널에 아무런 벽화가 없고 본래 시멘트로 칠한 회색빛의 어두운 터널이다. 그래서 터널 속에서 아무런 생각 없이 걷다가 밖으로 나올 때 빛과 함께 펼쳐지는 아름다운 세상을 보고 밝은 햇빛에 감사하는 마음이 생긴다.

　숲속의 시멘트 포장도로를 걷는데 갑자기 전투기가 '슝-' 요란하게 날아가는 소리와 총소리가 나더니 대포 같은 소리가 난다. 너무 시끄러워 귀를 막고 걷는다. 어딘가에서 군인들이 훈련하나 보다.

좌_ 월화거리 산책로    우_ 노암터널

    햇빛사랑유치원 근처에 오니 1시 30분경이다. 나무 그늘 아래 길바닥에 앉아 빵을 먹고 쉬는데 졸음이 와서 눈이 감긴다. 툭툭 털고 종점에 가서 쉬기로 하고 해파랑길을 따라 걸어가는데 총소리인지 대포소리인지 여전히 들린다. 주변을 보니 바로 앞의 들판 너머에 부대가 있다. 공군부대인지 여러 개의 격납고가 있고 전투기가 갑자기 굉음을 내면서 활주로 위로 솟아오르기도 한다. 부대 안으로 몇 대의 군용트럭이 들어간다. 군사훈련을 하는 것인지 일정한 간격을 두고 전투기가 이륙하고 있다. 부대 옆에 있는 논에서 농업인들이 이앙기로 모내기하는 모습도 보인다. 남항진을 향하는 길에 전투기 나는 모습과 관제탑도 보고 새로운 군부대의 모습을 멀리서 바라보며 걷는다.

    강원도의 특산물은 감자와 옥수수인데 그 특산물이 자라는 넓은 들판에 감자꽃이 하얗게 피었다. 이렇게 많은 곳에서 감자 농사를 지으니 감자가 유명한가 보다. 감자의 흰 꽃을 보니 무슨 꽃밭 같은 생각이

좌_ 감자밭　우_ 아라나비 짚라인 타는 젊은이

든다.

　아름다운 월화거리, 숲길, 들판길, 하천길을 지나 남항진교를 건넌다. 남항진교가 있으니 곧 남항진항에 도달할 것 같아 신이 난다. 남항진해변 바다가 내 눈 앞에 펼쳐진다. 해변을 따라 즐거운 마음으로 걷는다. 드디어 남항진항 솔바람다리 스탬프 찍는 곳에 도착한다. 스탬프를 찍고 잠깐 앉아서 쉬는데 젊은이들이 많이 오가는 것이다. 둘러보니 아라나비 짚라인 타는 시설이 있어 짚라인 타기에 도전하면서 소리를 지른다. 짚라인을 타고 바다를 가로질러 안목 쪽으로 가서 내린다. 그래서 젊은 방문객들이 많았던 가보다.

　솔바람다리를 건너 안목 커피 거리로 온다. 도로에 주차된 차들이 줄지어 있고 주차장도 차량으로 가득 차 있다. 방문객들이 이렇게 많은 것은 도보여행 중 처음 보는 광경이다. 이곳은 코로나와는 별개의

솔밭길의 말을 탄 소년 조각상

장소인지 아니면 그동안 집에만 있음에 지쳐서 나들이를 나왔는지 북적거리는 거리를 보니 도시가 살아있다는 생각이 든다. 안목해변은 커피 거리에서 낭만을 즐기는 사람들, 해변에 텐트 치고 즐기는 사람들로 마치 번화가를 보는 듯하다. 소나무 숲길로 걸어가며 송정해변을 보니 카이트서핑하는 사람들이 바다에 있어 한동안 서서 카이트서핑하는 사람들을 구경한다. 사람들이 많이 오가는 안목해변에서 경포대까지 5㎞ 이상 연결된 소나무 숲길을 걷는 것은 무섭지 않고, 오히려 소나무 숲을 산책하는 사람을 만나고, 솔숲에 세워진 조각상들, 벽화, 파도의 변화를 구경하기도 하면서 즐긴다.

많은 사람이 경포대에서 안목해변 쪽으로 또는 나와 같은 방향으로 솔밭길을 걷는다. 한 남성은 안목에서부터 신발을 들고 나보다 조금 느린 속도로 맨발로 걷기를 한다. 내가 송정해변의 입구 마트 앞에 앉아 쉬는 사이 나를 앞질러 걷는다. 나는 바다를 구경하며 모두 여유있

좌_ 카이트서핑하는 사람들    우_ 안목해변에서 경포대까지 소나무 숲길

　게 산책하고 해변에서 즐겁게 놀이하는 사람들을 보며 시간 가는 줄 모른다.
　강문해변이 끝날 무렵 숫대가 세워진 강문숫대다리를 건넌다. 이제 경포대로 연결된다. 5년 전에 경포대에 왔을 때 못 보았던 새로운 호텔이 가장 경관이 좋은 장소에 우뚝 솟아있다. 10년이면 강산도 변한다는 시대가 아니라 고속으로 변하니 이상할 게 하나도 없다. 경포해변을 한 번 걷고, 인터넷으로 해변에서 가까운 숙소를 예약하고 체크인하러 간다. 호텔 사장님이 "금방 예약하고 오셨네요." 한다. 예약하고 2분 정도 걸려서 체크인했으니 그냥 와서 체크인해도 되는데. 배낭 멘 나를 보고 "배낭 여행하시나요?" 묻는다.
　"부산에서부터 여기까지 걸어왔어요." 사장님이 깜짝 놀라시며
　"며칠 걸렸어요?"
　"26일째 걷고 있어요. 고성까지 걸을 계획이에요"

경포대해수욕장 조형물

"대단하세요." 하며 엄지척을 해주신다.

배낭을 놓고 경포대 거리로 저녁 먹으러 간다. 식당마다 화려한 불빛으로 손님의 눈길을 끌고 손님도 가득하여 거리까지 테이블을 내놓고 손님을 받는다. 많은 사람이 밤거리를 오가고 손님들이 많이 몰려있는 것을 보니 이곳은 코로나로 위축되지 않은 완전 다른 세상에 온 듯한 느낌이다. 모두 즐거워하는 모습을 보니 나도 즐겁고 힘이 난다. 빨리 코로나가 끝나고 마음대로 여행 다니며 즐기는 세상이 오면 더할 나위 없이 좋겠다.

## 경포호와 젊은이가 몰려오는 한류스타의 촬영지

### 39코스 경포대 ~ 41코스 남애항

스물일곱째 날
2021년 5월 15일(토) 오전 가랑비 오후 흐림, 도보 거리 31.3㎞

눈을 뜨고 시계를 보니 5시 30분 경이다. 창문을 열고 경포호수를 보니 안개가 자욱하고 아무런 움직임이 없다. 몇 가지 일을 정리하다가 창밖을 다시 보니 사람들이 경포호 둘레길을 걷는 것이 보인다. 나도 예전에 경포호숫가를 자전거로 한 바퀴 돌기도 하고 걸어본 적도 있다. 지금은 해파랑길 코스이기도 하여 배낭 없이 가벼운 몸으로 한 바퀴 돌려고 6시 30분경 나간다.

경포호는 동해안 지역에 있는 대부분 호수와 같이 석호이다. 석호는 만의 입구에 사주가 발달하여 바다와 분리된 자연 호수이지만 수심이 얕고 바닷물과 섞이는 경우가 많아 염분의 농도가 높다. 조선시대에 경포호 둘레가 12㎞에 이를 정도로 큰 호수였으나 육지 쪽에서 유입하는 하천의 토사가 흘러와 호수 주변에 퇴적되었기에 1970년대 농경지와 습지로 개발하고 현재는 4.3㎞로 호수 둘레가 조성되었다.

이른 아침이라 조용한 허균·허난설헌기념공원을 지나 경포호 둘레길을 걷는다. 친구들과 함께 걸을 때는 제대로 보지 못한 것인지 최근에 세워졌는지 예쁘고 해학적으로 표현한 조각상이 곳곳에 세워져 있다.

경포호 둘레길에 정원도 가꾸어졌고 여러 종류 조각 작품들이 전시되어 재미있는 모습을 연출한다. 습지에 습지식물을 심어 그 주변을 나무 데크길로 만들어놓아 습지를 관찰할 수 있어서 좋다. 또 관찰사

**경포호 둘레길에 있는 조각 작품들**

와 기생의 사랑 이야기를 미니어처 조각상을 만들어 이야기로 전개해 놓았는데, 너무 많은 조각 작품들이 총총히 나열되어서 눈에 각인되는 것이 없이 그냥 흘려보내게 된다. 간격을 더 길게 나열해 놓았다면 이야기에 관심을 가질 수 있을 텐데 조금 아쉽다.

　부지런한 많은 사람이 경포호 둘레길로 운동을 하러 나왔고 체육시설이 있는 곳에는 더 많은 사람이 체육 기구를 이용하여 운동한다. 어떤 사람들은 경보 운동선수단인 것 같다. 걸음걸이가 경보걸음으로 걷고 코치가 물도 건네준다. 모두 아침을 일찍 여는 사람들이다. 경포호 반 바퀴를 돌아 관동팔경 중 하나인 경포대에 도착한다.

　경포대는 고려 충숙왕 13년1326년 강원도 존무사 박숙정이 인월사 옛터에 창건하였다. 그 후 1508년중종 3년 강릉부사 한급이 지금의 자리에 옮겨지었고 현재의 경포대는 1745년영조 21년 중건하였다고 한다. 관동팔경 중 하나인 경포대 내부에 올라가서 경포호를 바라보니 흐린 날

위 좌·우_ 경포대    아래 좌_ 경포대 내부 2층 마루    아래 우_ 경포대에서 바라본 경포호수

씨라서 호수만 보이고 호수 건너 바다는 하늘인지 바다인지 구별이 안 된다. 경포대는 다른 누각과는 달리 내부 마루 양쪽에 한 단 더 높은 마루를 만들어놓았다. 내부에는 제일강산이란 글자가 있고 숙종이 지은 시와 율곡이 10세 때 지은 '경포대부' 시가 걸려 있다. 나도 2층 마루에 올라가 앉아 경포호를 한동안 바라본다. 새로 세워진 호텔 건물이 경포호 랜드마크처럼 우뚝 솟아있다.

다시 경포호 둘레길로 내려와 걷는다. 이 경포호 홍장암에 얽힌 박신과 홍장의 애틋한 사랑 이야기가 호숫가에 조형물로 세워져 있다.

고려말 강원도 안찰사 박신은 강릉지역을 순찰하던 중 강릉기생 홍장을 만나 서로 사랑하고 정이 들었다. 박신이 다른 지역으로 순찰하고 돌아와 홍장을 찾았으나, 강릉부사 조운흘이 놀려줄 생각으로 "홍장이 밤낮 그대를 생각하다 죽었다."고 말하자 애절함에 며칠을 몸져 눕게 되었다. 조부사는 측은한 생각에 "경포대 달이 뜨면 선녀들이 내려오니 홍장도 내려올지 모른다." 하며 데리고 가 호수의 신비스러운 운무 속에서 홍장이 배를 타고 선녀처럼 나타나게 하여 극적으로 재회하였다는 전설을 간직한 곳이다.

숙소로 돌아와 오늘 목적지를 점검한다. 경포호 둘레길을 약 5㎞ 걸었으니 사천진해변까지 6.9㎞, 40코스 주문진해변까지 12.4㎞를 걷고 그 후에 시간을 보고 더 걸을 것인지 정하기로 한다. 짐을 챙겨서 8시 30분경에 체크아웃하는데 사장님이 '비가 내리면 쉬면서 걸으세요.'라며 걱정해 주신다. 어제 갔던 빛고을 식당에 가서 새로운 음식 돌솥비빔밥을 먹고 밖으로 나왔는데 가랑비가 내린다. 옷이 젖을 것 같아 우비를 꺼내입고 배낭을 방수 덮개로 감싸고 걷는다.

경포해변을 따라 걷는데 빗방울이 떨어지는데도 서너 살 되는 꼬마는 두 누나와 할머니랑 모래놀이를 하러 간다. 할머니가 만류하지만 아이는 아랑곳하지 않고 가방에서 도구를 꺼내 놀이를 한다. 어린이들은 날씨에 상관없이 하고픈 것을 한다. 나도 어린이들처럼 내가 하고 싶은 도보여행을 가랑비가 내려도 멈추지 않고 진행하는 것과 다를 바가 없다.

솔향 강릉이란 말이 잘 어울리게 해변을 따라 큰 소나무 숲이 길게 이루어져 있다. 포장도로를 걷는 것보다 솔밭길을 걷는 것이 훨씬 편안하고 솔향을 맡으면서 걸으니 덜 피곤하다.

좌_ 솔향강릉 해변길    우_ 사천해변

　사천지해변 근처 다이버 리조트 앞에 산소통이 여러 개 놓여있고 다이버 잠수하려는 사람들이 잠수복을 입은 채 리조트 앞에 10여 명 이상 대기하고 있는 모습이 보인다. 이런 날씨에도 다이빙을 하는가 보다. 그러고 보면 이런 비 내리는 날에 도보여행하는 나의 모습도 다른 사람이 볼 때는 의아하게 생각할 수도 있다.

　사천항 끝에서 스탬프 함을 찾아가다가 새로 지은 정자 사천정에서 간식을 먹으면서 쉬는데 그 옆 정자에 앉았다가 일어서는 흰 비옷 입은 두 사람이 커버 씌운 배낭을 메고 출발한다. 내가 식당에서 아침 먹을 때 지나가는 그들을 보았는데 여기서 보게 되었다. 잠시 후 그들을 뒤쫓아가야지 생각했는데 스탬프 찍고 사천해변 글자와 바위 등 멋진 사진을 찍느라 시간이 흘러서 그들은 내 시야에서 벗어났다. 나 혼자 하는 도보여행이니 주변 구경도 하고 여유를 가지고 혼자 즐기면서 가자.

다시 비옷을 입고 배낭에 방수 덮개를 씌우고 우산을 쓰고 걷는데 사천해변에 여러 사람이 낚시하고 우산도 없이 해변을 걷는 사람들이 있다. 비 오는 것과 상관없이 서핑보드 타는 것을 배우고 모래놀이도 한다. 비가 내리는데 해변에서 비를 즐기는 그들이 매우 운치가 있어 보인다.

바다를 바라보는 해변의 커피숍에는 오전인데도 젊은이들이 1, 2층에 가득하다. 강릉시의 해변은 계속 소나무 숲의 연속이다. 안목해변부터 경포대까지 그리고 연곡해변까지 솔밭으로 산책할 수 있어서 정말 좋다. 연곡해변 솔향캠핑장은 완전 솔밭으로 산책할 수 있고 캠핑할 수 있어서 정말 좋다. 연곡캠핑장 관리소 앞에 도착하니 12시경이다. 테이블과 의자가 있어서 배낭을 내리고 비옷도 벗고 우산도 접었다. 비옷을 입고 있을 땐 후텁지근했는데 비옷을 벗고 나니 시원하다. 잠시 쉬었다가 비가 다시 내리기 전에 주문진 쪽으로 한걸음이라도 더 다가가려고 빠르게 걷는다.

해파랑길 40코스 비옷 입고 우산 쓰고 걷기 시작했는데 이제 남은 거리 9㎞는 비옷을 벗고 가벼운 발걸음으로 빠르게 걸을 수 있다. 혹시 비가 또 내리기 전에 부지런히 움직인다. 연곡해변을 지나 연곡천 긴 다리를 건너니 영진리 고분군이 있는 산으로 안내한다. 이 고분군은 삼국시대에서 통일신라시대에 오랜 기간에 걸쳐 만들어진 유물과 무덤 양식이 귀중한 자료로 강원도 기념물로 지정되었다. 세월이 많이 지났는데도 무덤의 봉분이 매우 높고 입구는 돌로 만들어져있다. 내부는 석곽으로 벽을 쌓았는데 천년이 지났는데도 지금까지 무덤 내부가 온전히 남아있다. 그만큼 석곽 쌓는 기술이 우수하고 뛰어난 것 같다.

　고분군이 있는 산을 반 바퀴 돌아 내려와서 영진해변 쪽을 향하는데 한 주택 앞에 차량이 많이 서 있다. 사람들이 꽤 많이 있는 추어탕 전문점이다. 밖에도 사람들이 서 있는 것을 보니 대기자인 것 같다. 얼마나 오래 기다려야 할지 몰라 들어갈까 말까 몇 번을 망설이다가 바다가 보이기에 가던 길을 재촉한다. 만일 식당이 없다면 비상식량 빵이 있어서 걱정이 없다.

　영진해변가에 허름한 비닐하우스로 만든 집에 칼국수라고 간판이 있고 내부에는 식사하는 손님으로 가득하다. 손님 받으시는 분은 70대 중반 어르신인데 나에게 몇 명이냐고 물어서 한 명이라니까 한 명은 안 받는데 특별히 해 준다고 한다. 손님이 많으니까 골라서 손님을 받는가 보다. 메뉴는 장칼국수다. 어렸을 때 집에서 먹어본 적이 있는 고추장을 푼 장칼국수이다. 강원도 장칼국수가 유명하니 어떤 맛일까 기대하면서 먹는다. 그런데 고소한 맛도 없고, 그냥 칼국수에 고추장을 푼 고추장 맛만 강하다. 그래도 배고픔에 국물을 제외하고 국수만 건져 먹는다. 출입문 쪽에 계산은 현금 또는 계좌이체를 부탁하는 글이 메뉴판과 함께 벽에 붙어있다. 그동안 카드 계산만 했는데 오늘은 현금 비상금을 꺼내 계산한다. 칼국수를 먹으니 한 시간 걸리는 식사 시간이 반으로 단축되어 그 점은 좋다.

　주문진을 향해 1시 45분경에 다시 걷기 시작한다. 주문진 근처에 다가가는데 길가에 차량이 줄지어 주차되어서 지나가는 차들을 피하고 주차된 차 사이로 다치지 않게 조심조심 걷는다. 웬 젊은이들이 이리 많고 방사제 위에 사람들이 모여 있어서 무슨 일인지 궁금했다. 가까

좌_ 도깨비 촬영지 주문진방사제    우_ 주문진항

이 가보니 인기 드라마 도깨비를 주문진방사제에서 촬영하였다고 그 드라마 속 주인공 공유와 김고은이 주문진방사제 끝에 마주 서 있는 장면을 크게 게시해 놓았다. 젊은이들이 그 장면을 연출하여 사진 찍으려고 줄을 서 있는 것이다. 일부 젊은이는 다른 방사제 위에서 같은 장면을 연출하여 사진에 담고 있다. 드라마의 영향이 이렇게 많은 관광객을 몰려오게 하다니 놀랍다. 요즘 젊은이들이 특별한 사진을 찍어 SNS에 올리는 게 유행이라 더 그런 것 같다.

　주문진수산시장을 지나가는데 정말 새로운 것도 많고 사람들도 북적거린다. 부산에서 주문진까지 해파랑길을 걸으면서 사람들이 가장 많이 몰려있는 시장에 와있다. 차도에도 차들이 줄지어 천천히 움직이고 있다. 주문진이 이렇게 많은 사람이 모여오는 큰 수산시장인지 처음 알았다. 15년 전에 와서 회만 먹고 갔을 때는 주문진이 작은 항구도시로 생각했는데 지금은 완전 다르다. 주문진항에 세워진 오징어

소돌 아들바위

 형상을 보니 강원도 오징어가 이곳에서 많이 잡히는가 보다. 주문진항을 지나 가파른 언덕에 있는 집들 사이로 오르막 골목길을 걸어간다. 구불구불한 골목길은 흔히 보는 벽화가 그려있는 것이 아니라 한 화가의 갤러리로 어부들에 관한 그림이 담벼락에 전시되어 있다. 다른 한쪽에는 주문진항 변천 사진이 게시되어 있다. 골목길에서 그림 감상, 사진 감상하면서 걸어가니 힘들다는 생각이 안 든다.
 이 높은 언덕에 세워진 주문진 등대가 있다. 주문진등대는 1918년에 설치되었고 강원도에서 가장 오래된 등대이다. 흐린 날씨이지만 주문진항이 한 눈에 내려다보인다. 먼 곳까지 선명하게 보이지 않아 아쉽기는 하다.
 주문진등대가 있는 언덕에서 해안으로 내려가 해안길을 걷는다. 소돌항 옆에 소돌아들바위가 있어 다른 구경꾼들처럼 나도 바위까지 내려가서 살펴본다. 수 세기 전에 자식이 없는 부부가 이 바위에서 백일

좌_ 향호해변 BTS 버스정류장    우_ 양양이라네

    기도를 하고 아들을 얻은 후 아들을 원하는 사람이 기도하면 소원성취한다는 전설이 있는 바위란다. 그래서 커플들이 많이 오는가 보다. 소돌해변 일주 산책로 주변에 형체가 독특한 바위가 해안가에 많이 있어 눈길을 떼지 못하는 아름다움이다.

    소돌해변 일주도로를 따라오니 주문진해변이다. 스탬프 함이 썰렁하게 외로이 세워져 있다. 4시 20분 41코스 출발 스탬프를 찍고 평상에 앉아 해변에서 산책하는 사람, 모래놀이하는 사람, 텐트 옆에 서성이고 사진 찍는 사람 등 사람들을 보며 쉰다.

    해변을 따라 걷는데 주문진 해변이 끝나자마자 향호해변이 이어져 있다. 사람들이 많이 줄을 서 있고 바다가 배경인 버스정류장에서 사진을 찍는다. 왜 저렇게 많은 사람이 줄을 서 있는지 가까이 가서 살펴보니 이 버스정류장은 BTS 버스정류장이라고 되어있다. 이 장소에서 BTS가 YOU NEVER WALK ALONE 앨범 재킷을 촬영한 곳이라 이처럼 젊은이들의 사진 찍는 명소가 되어 인생샷을 찍느라고 줄을 서 있는 것이다. 나도 멀리서 버스정류장 사진 하나 찍어본다. BTS가 이곳을 유명장소로 만들었다.

향호해변 BTS 버스정류장이 있는 향호해변길을 따라 걸으니 크지는 않지만 향호 호수가 바닷가에 있다. 향호 둘레길은 나무 데크길이 있어 산책하기 편리하게 해놓았다. 다시 파란 바다를 보며 해안길을 걷는다. '산 좋고 물 맑은 양양 땅'에 발을 디뎠다. 양양에서 처음 맞이한 해변부터 울타리가 세워져 있다. 해변 울타리를 따라 해안 도로를 걷는다. 그런데 해파랑길 도로가 쇼핑몰 같은 공사장의 높은 벽으로 막혀있다. 공사를 하면서 도로까지 점령하다니 이건 너무 심한 처사인 것 같다. 해변으로 쭉 가면 저 멀리 보이는 남애리 해변이라서 차도로 돌아서 가야 할지 아니면 해변으로 내려갈지 고민한다.

해변 도로 울타리 바로 아래에 풀이 있어서 그 풀밭으로 가면 단단하여 쉽게 걸을 수 있으리라 생각이 들었다. 또 해변에 몇 사람이 산책도 하고 남애리 해변에 낚시하는 사람도 있어서 나도 그들처럼 해변으로 걷기로 하고 울타리에 있는 통로를 지나 해변으로 내려간다. 몇 번 몽돌해변이나 모래해변을 걸어보기도 했는데 오늘 새로운 모래밭 걷기에 도전이다. 해변 위쪽 모래밭 위에 풀이 있어서 단단할 것으로 생각한 것은 나의 착각이다. 이곳 모래는 다른 곳 해변보다 푹푹 빠져서 걷기가 많이 힘이 든다. 도중에 도로로 나가고 싶지만 높은 철망으로 경계가 막혀서 도로로 나가는 길도 없다. 무조건 남애리 해변까지 걸어야 한다. 남애리 해변에서 낚시하는 사람들을 보고 가깝게 생각했는데 걸어보니 가까운 거리가 아니다. 게다가 가장 큰 난관에 봉착했다. 지경리해변과 원포해변의 해안선을 넓은 화상천이 물로 갈라놓았다. 하천의 물도 많고 연결된 모래밭도 없어서 난감했다. 지금까지 걸어온 먼 모래밭 길은 나에게 가시밭길이었는데 되돌아갈 수 없고 그렇다고 하천을 건너갈 방법도 없다. 해변의 철망과 화상교 교각이 보여서 낮은 교각으로 넘어가기 위해 차들이 지나가는 다리 쪽을 향해 간다. 높은 장벽 아래 풀밭으로 걸어가 보니 나와 같은 처지를 당한 사람들이 이곳을 많이 지나가서 길이 나 있었다. 발자국에 다져진 길을 보니 희망이 보인다. 그 길을 따라가니 2m 정도의 장벽과 화상교 교각 사이에 사람이 오갈 수 있는 틈새가 있다. 그 사이로 통과하고 뒤돌아보니 이곳 도로까지 공사장의 높은 장벽이 해파랑길을 가로막고 있다. 다리에 해파랑길 표시가 붙어있어 안내하는 대로 따라간다.

원포해변과 남애리해변이 바로 연결되어 있다. 멀리서도 잘 보이는 언덕에 가장 큰 건물이 모비딕모텔이다. 그 모텔을 검색하여 예약하고 가파른 언덕을 올라가 체크인한다. 5층 방에 들어가니 남애리 해변이 모두 보이고 전망이 아주 좋다. 이 높은 언덕에서 다시 항구로 내려갔다가 다시 헉헉대며 올라오기 싫어서 저녁은 빵과 과일로 대신한다.

새벽에 걸은 경포호 둘레길을 포함하여 39코스 11.9㎞, 40코스 12.4㎞와 41코스 주문진해변에서 남애항까지 7㎞, 총 31.3㎞로 다른 날보다 더 많은 거리를 걸었다. 오전에 가랑비가 왔지만, 오후에 비가 내리지 않아서 수월하게 걸을 수 있어서 감사한 하루이다.

## 주룩주룩 장대비를 헤치며

41코스 남애항 ~ 42코스 하조대

스물여덟째 날
2021년 5월 16일(일) 종일 장대비, 도보 거리 15.2㎞

눈을 뜨니 장마철같이 장대비가 주룩주룩 내린다. 어제는 가랑비라서 비옷을 입고 우산 쓰고 걸어도 옷은 젖지 않았는데 지금의 상태는 밖에 나갈 수도 없을 정도이다. 그동안 매일 장거리를 걷느라고 수고한 내 발에 잠시라도 휴식의 시간을 주는 비가 내리는 것 같다. 창밖으로 남애해변을 내려다보니 해변에는 아무도 없고, 가끔 차가 한두대 지나간다. 빗방울이 바닥에 떨어지면서 큰 물방울이 방울방울 생긴다. 침대에 앉아 그동안 일을 정리하고 짐도 다시 정리한다. 방에서 남애해변과 바다를 바라보며 비 오는 날의 모습을 멍하니 쳐다보며 시간을 보낸다.

이 근처에 있는 식당을 검색하니 선이네 집밥이 항구 근처에 있다. 우비 입고 우산 쓰고 11시경 모텔을 나가서 내비게이션을 따라 항구 근처에 있는 선이네 집밥을 찾아갔다. 빗방울이 방울방울 떠 있는 도로 위를 걸어 식당으로 갔는데 잠깐 사이인데 세찬 빗방울이 튕겨서 무릎 아래 바지가 축축이 젖는다. 바람도 세차서 우산과 바람이 싸움을 하면서 식당에 들어간다. 동네에 사시는 손님 두 분이 앉아있다. 아침은 집밥 정식으로 구운 생선과 순두붓국 그리고 반찬 8가지로 아주 푸짐하다. 모든 추가 반찬과 순두붓국은 셀프이다. 새로 갓 지은 밥이라 맨밥만 먹어도 아주 맛있다. 밥도 반 공기 더 먹고 순두붓국도 사장님이 더 주신다. 비가 잦아들기를 기다리며 천천히 밥을 먹는다. 밥을 다 먹었는데도 빗발이 강해서 밖으로 나가기 싫어 식당에 앉아

있었다. 젊은 커플이 식당 안으로 들어온다. 이 식당 양쪽 내부 벽에 스쿠버 다이빙하는 사진이 수십 장 붙어있다. 모두 여사장님이 스쿠버 다이빙하는 사진이란다. 이 지역으로 다이빙을 하러 왔다가 온 가족이 양양 남애리로 이사 와서 다이빙을 즐기다가 12년 전부터 식당을 열었다고 한다. 대단한 다이빙 사랑이다.

죽도해변 바닷속 서퍼들

시간이 지나도 장대비가 그칠 기미가 보이지 않는다. 그렇다고 식당에 계속 머물 수 없고 여행자는 떠나야 한다. 배낭을 메고 그 위에 비옷을 입고 우산 쓰고 1시경에 식당을 나와 출발한다. 장대비를 헤치며 걷다 보니 어느덧 죽도에 도착했다. 죽도해변에 오니 오늘같이 비바람이 거세게 몰아치는 날씨와는 무관하게 바닷물 속에 서핑족들이 북적거린다. 바닷속에서 파도를 기다리고 있는 젊은이들은 마치 코로나를 물리친 것처럼 생동감이 넘친다. 죽도해변은 서핑을 즐기는 젊은이들이 해변을 오가고 서핑 타기 좋은 파도를 기다리는 서퍼들이 바다에 가득하다.

한 시간 만에 남애항에서 죽도정까지 5.3㎞를 걸었다. 해파랑길 42코스 시작 스탬프를 찍고 길 건너에 하나로마트에서 간식과 비상식량을 샀다. 이제 해파랑길 42코스 죽도정에서 하조대해변까지 장대비를 헤치며 9.9㎞를 향해 걷는다. 죽도해변 도로 왼쪽에는 온갖 서핑 관련

상점들이 줄지어 있고 숙박업체도 서핑족들을 위해 상점과 게스트하우스가 함께 운영되고 있다.

코너를 돌아 해변 쪽으로 오니 북분솔밭캠핑장이 있는데 이처럼 비바람이 심한데도 텐트 치고 머물러 있다. 파도가 몰려오는 것도 위험해 보이고 무서운데 젊은이들은 파도와 밀고 당기는 놀이를 한다. 젊음의 패기인가보다.

두 시간 이상을 걸으니 빗방울은 내 바짓가랑이로 튀어서 무릎 아래가 이미 젖었고 방수 트래킹화도 도로에 고인 물을 밟고 빗방울이 끈 묶은 곳으로 튀어 양말이 축축이 젖어옴을 느끼다가 이제 질퍽해졌다. 우산을 들고 있는 손에 낀 장갑도 이제 축축해졌다. 내 등은 비옷 입어서 땀에 젖어 든다.

해파랑길과 국토 종주 자전거길이 같은 노선으로 이어질 때가 많다. 7번 국도 옆으로 지나는 자전거 도로에서 동해 바다의 출렁거림을 보면서 빗속을 생각 없이 걷는다. 7번 국도를 가로지르는 보도교를 건너 내려오는데 빗속의 흐린 시야에서 38선이란 커다란 글씨가 보인다. 6.25 한국전쟁이 발발하기 전에 38도선을 경계로 남과 북이 나뉘었는데 그 38선인 것이다. 처음 보는 38선. 그 자리에 우뚝 서 있는 38선 휴게소라는 큰 간판을 보는 순간 내 마음이 이상하고 야릇해진다. 6.25 한국전쟁이 없었다면 38선 이북은 갈 수 없는 땅이 되었을 텐데 많은 국민이 나라를 수호하겠다고 전쟁터로 나가 희생을 한 결과 우리나라 땅이 된 그 자리에 내가 지금 발을 디디고 있다. 그동안 강원도 북부를 방문했을 때는 38선이란 글자를 본 적이 없었기 때문에 한 번도 그런 생각을 해 본 적이 없었다.

38선 휴게소 바로 옆에 여러 개의 천막이 쳐져 있고 음악이 흘러나온다. 안을 들여다보니 옷이 많이 진열되어 있어 들어가서 바지를 하나 살까 하다가 비에 젖어 축축함이 나를 멈추게 한다.

쉬어 갈 겸 따뜻한 음료를 마시기 위해 38선 휴게소에 들어선다. 해파랑길 온라인 스탬프를 찍은 개수에 따라 발급된 쿠폰을 가지고 따뜻

38선 휴게소

한 캔 커피를 샀다. 커피는 그동안 내가 마시지 않았고 더구나 눈길조차 주지 않았던 캔 커피인데 오늘같이 비에 젖은 날은 달콤하고 따뜻한 것을 마시고 싶다. 또 내가 변한 것도 도보 여행하면서 현장에서 주어지는 음식과 음료수를 하나하나에 감사할 따름이라 가리지 않고 먹기로 했다. 도보여행이 내 식성과 취향도 변하게 하였다. 이 휴게소도 코로나 규정에 따라 하나씩 건너서 앉게 하였다. 나는 바다가 보이는 창가의 테이블에 앉는다. 바로 앞 테이블 위에는 송은이, 최화정, 장도연, 김숙, 이영자의 이름표가 붙어있다. 그들이 이 휴게소를 방문하여 음식을 주문하고 테이블에 앉아 먹는 모습의 사진을 액자에 넣어 벽에 붙여놓았다. 이렇게 홍보하는 것을 보면 연예인들이 지나간 발자취가 손님을 끌어 모으는데 효과가 많이 있는가 보다.

휴게소 창밖으로 해변을 보니 바다에는 서핑족들이 비가 내리는데도 신나게 서핑을 즐기고 있다. 한참을 바라보아도 바다에서 파도를 기다릴 뿐 파도 타는 모습은 한두 명인데 그것도 얼마 타지 못하고 바

**38해변 서퍼들**

로 물속으로 쓰러진다. 이런 것을 볼 때 대부분 초보자들인가 보다. 비는 쉬지 않고 내린다. 테이블마다 가득했던 손님들도 모두 나가고 혼자 남았다.

이제 하조대까지 남은 거리는 5km인데 하조대 근처 숙소를 정하기로 한다. 하조대 근처 숙소를 검색하니 대부분 민박과 콘도텔인데 나는 요리할 것이 아니라 동화비치모텔로 전화하여 방을 예약하였다.

짐을 챙기고 4시 30분 휴게소를 나선다. 38 해변에 많은 서핑족이 바다에서 파도를 기다리고 있는데 개 한 마리는 해변에서 비를 맞고 바다를 쳐다보는 모습이 파도를 감상하는 듯하다.

한 시간 정도 걸어서 하조대 예약한 모텔을 찾아 도착하였다. 모텔의 주인은 없고 창구 앞에 방 열쇠 하나 놓여있다. 일단 적혀있는 번호로 전화했다.

"지금 주문진에서 저녁 먹고 갈 건데 돌아가려면 두 시간 정도 걸리니까 창구 앞에 방 열쇠 놓았으니 그것 가지고 들어가세요."

여사장이 말한 대로 열쇠를 가지고 방으로 들어가 배낭을 놓고 하조대를 향하였다.

하조대에 와본 지 정말 오래되었다. 비가 내리는 날임에도 방문객이 몇 명 있다. 하조대 정자에서 멋진 바위 위에 소나무 모습을 담으려

하조대 소나무

는데 카메라는 습기를 머금어서인지 오류가 나서 핸드폰으로 찍는다. 예전에 정자에 앉아 바다를 바라보았는데 오늘은 잠깐 둘러보고 내일 아침에 다시 오기로 하고 돌아간다.

　오늘 완전 물에 빠진 생쥐가 되어 세면대에서 옷을 하나씩 모두 세탁하고, 물에 흠뻑 젖은 운동화까지 세탁하고 있는데 여사장님이 문을 두드린다. 방값을 지불하니 세탁하는 모습을 보시고 세탁한 티셔츠, 바지, 양말과 운동화를 보일러실에서 말려주시겠다고 하신다. 정말 고맙다. 운동화 말리는 일이 가장 큰 관건이었는데 걱정이 사라졌다. 여행하면서 나에게 도움을 주시는 분들이 많아 내가 도중에 포기하지 않고 이렇게 계속 걸을 힘이 생긴다.

## 가랑비 속을 걷는 것도 고맙다
43코스 하조대 ~ 45코스 대포항

**스물아홉째 날**
2021년 5월 17일(월) 가랑비 오다가 갬, 도보 거리 25.4㎞

하조대 소나무

어제보다 가늘고 약하게 가랑비가 내린다. 옷 말린 것을 찾아 입고 7시 40분경에 왕복 3㎞인 하조대로 가볍게 출발한다. 어제 비가 많이 내려서 아름다운 경관을 뚜렷이 볼 수도 없었고 사진을 제대로 찍지 못했다. 그래서 아침 식사 전에 갔다 오려고 숙소를 나선다. 하조대 해변에 있는 해파랑길 43코스 시작하는 스탬프도 찍는다. 하조대 누각을 먼저 가니 역광이라서 시진이 잘 찍히지 않는다. 바다 위 하조대 상징인 기암괴석 위에 멋들어지게 자란 소나무도 아름답게 카메라에 담는다. 셀카도 찍어본다. 20여 년 전에 혼자 와서 다른 사람에게 부탁해서 찍은 적이 있다.

  하조대 등대 있는 곳으로 가니 등대에서 바라보는 바위 위에 소나무는 힘차게 아름다운 모습을 뽐내고 있다. 가랑비 내리는 날인데도 바위에 부딪히며 하얀 거품을 만드는 파도 구경에 빠져 한동안 멍하니 변하는 파도의 모습을 구경한다. 주변의 바위 하나하나의 모습이 독특하고 자기만의 색깔을 뽐내고 있어 더욱 아름답다. 웅장하면서도

하조대의 기암괴석

부드럽고 남성적이면서 여성적인 면을 동시에 가지고 있어서 더 아름답다. 게다가 바위 틈새에서 꿋꿋하게 자라는 소나무가 초록을 빛내면서 바위와 정말 잘 어울려서 금상첨화이다. 더 오래 머물면서 구경하고 싶은 하조대 풍광이다. '나만 일찍 구경 왔나?' 생각했는데 3명의 중년 남성들도 나보다 먼저 와서 둘러보고 내려간다. 그들은 차를 타면서 하는 말이 "언제 우리가 여기를 또 와 보겠나?"라고 하면서 떠나는 것이다. 사람의 앞일은 모르는 것이다. 나도 예전에 방문했을 때에 '이 먼 곳에 다시는 못 올 수도 있어.'라고 생각했었는데 이번이 세 번째 방문이다.

하조대는 고려 말 조선 초 문신인 하륜과 조준 두 사람이 만났던 곳이라 이들의 성을 따서 이름 붙였다고 한다. 하조대 정자는 조선 정종 때 처음 세워졌는데 해방 후 파괴되어 1998년 육각정으로 해체 복원되었다. 2009년 국가지정문화재인 명승 제68호로 지정되었다. 하조대

하조대(국가 명승 제68호)

주변에 기암괴석과 바위섬으로 절경을 이룬다. 정자 맞은편에 무인 등대가 있고 하얗게 몰려오는 파도가 어우러져 최고의 아름다움을 보여주고 있다.

이슬비가 소리 없이 보슬보슬 내린다. 숙소 맞은편 다리 건너에 아침 식사 제공하는 식당이 있어서 순두부찌개로 아침을 먹는다. 아침인데도 직원들이 네 명이나 나와 있다. 식당 안을 둘러보니 2014년 「6시 내 고향」에 출연한 사진이 벽에 붙어있다.

"사장님, 「6시 내 고향」에 출연하셨네요." 내가 먼저 말을 하였다.

"2014년 「6시 내 고향」에서 가자미회 요리해 달라고 하여 식당 옆 마당에 펼쳐놓고 요리했지. 본래 회는 팔지도 않는 식당인데 PD가 생선을 가져와 하도 부탁해서 출연했어. 그런데 방송 나간 후에 가자미회 택배 주문 전화가 너무 자주 와서 나중에는 전화도 안 받았어. 출연했더니 선물로 화장품 같은 것을 받았지. 그 후에 여러 방송사에서 출연해 달라고 하는데 돈을 요구해서 모두 거절했지."

사장님은 그때 일을 회상하면서 신나게 쉬지 않고 이야기를 하신다. 사장님 이야기를 들으면서 밥을 먹는 사이에 다른 손님들이 들어온다. 사장님과 잘 아는 분 같은 중년의 남자 손님은 관광버스를 끌고 왔나 보다. 사장과 얘기하는 중에 "밥 먹고 75세 이상 코로나 예방주사 맞으실 분들 모시고 보건소로 가야 해요."라고 한다. 정부에서 시골 주민들을 위해 코로나 예방주사 맞을 수 있도록 교통편도 모두 제공하는가 보다.

숙소로 와서 짐을 챙겨 비옷을 입고 9시 50분경에 체크아웃한다. 사장님한테 옷을 말려주셔서 고맙다는 인사도 하였다. 어제에 비하면

이 비를 맞아도 될 정도의 가랑비인데 먼 길을 가야 하니 비옷 입고, 우산을 펼쳐 들고 해파랑길 43코스 하조대 해변길을 걷는다.

오늘 하조대에서 수산항까지 9.5km 걷고 44코스 수산항에서 해맞이공원까지 12.3km 걷고, 해맞이공원 근처에 숙박시설이 없으니 가까운 대포항까지 약 1.2km 걸어서 숙박하기로 한다. 모두 23km인데 아침 일찍 하조대 왕복 2.4km를 걸었으니 오늘의 거리도 25.4km 정도 걷는다.

하조대해수욕장은 아주 조용하다. 몇 사람만 우산을 들고 해변을 산책할 뿐이다. 바다와 하늘은 구별이 안 되어 마치 모래밭과 안개 낀 바다 둘로 구분되는 이분법 세계처럼 보인다.

해변을 제외한 해안가는 철조망과 부대의 초소들이 자리하고 있다. 북한과 인접해 있어서 해안에도 철망이 있으니 좀 안타까운 일이다. 자전거길이 7번 국도 근처에 별도로 만들어져서 해파랑길도 자전거도로와 같이 있으니 걸을 때 자동차 소음이나 빗방울 튕길까 걱정을 안 해도 된다.

강원도 해파랑길을 걸으면서 매일 아카시아 꽃향기를 원 없이 맡고 있다. 아카시아 꿀맛을 충분히 맛보는 것이다. 자전거 도로 옆 가로수가 아카시아 꽃으로 하얗게 물들어 마지막 향기를 가득 풍기고 있다. 어렸을 때 고향에 아카시아꽃이 많이 피어 꽃을 따가면 엄마가 꽃 버무리떡을 해주신 적이 있다. 그냥 꽃만 따서 먹어도 맛있었다.

나무가 없는 민둥산에 산림 녹화하기 위해 1960~1970년대 사방공사가 대대적으로 실시되었고 이때 녹화수로 아카시아, 오리나무, 리키다소나무를 식재하였다. 그래서인지 어린 시절 어디를 가나 아카시아 향기가 가득했었는데 아카시아나무가 연료림으로 벌목이 허용되면서 내 고향에는 아카시아나무가 많이 사라졌다. 요즘은 아카시아나무가 밀원

수로 각광을 받고 있어 양봉농가에 큰 도움을 주고, 특히 강원도에 많이 산재되어 있는 것 같다.

강원도는 역시 감자로 대신 말한다. 밭마다 녹색으로 물들었는데 모두 감자밭이다. 주변에 풀도 없이 잘 가꾸어놓은 감자밭에 감자꽃이 하얗게 피어있다.

멀리 양양국제공항이란 커다란 글자가 하얀색으로 언덕에 박혀있다. 그곳이 양양국제공항인 것 같다. 양양국제공항을 지나서 동호리 버스정류장에서 11시 20분경 앉아 쉬는데 동네 어르신이 30분에 양양 가는 버스 탄다면서 앉으신다. 내 배낭과 우비를 보시더니, "걷는 게 힘들지 않아?"라고 물으신다.

위 _ 아카시아꽃 터널   아래 _ 양양국제공항

"힘들어도 그것을 이겨내려고 걷는 거예요."라고 응답한다.

어르신은 30분에 온 버스를 타고 떠났다. 나는 오늘 가는 길을 다시 점검하고 약 30여 분 쉬다가 다시 4㎞ 남은 수산항을 향해 출발한다.

어느 해변인지 몇 사람이 서핑하는데 그 사람들이 모두 수준급으로 서핑을 즐긴다. 멋지게 파도를 타고 내려오는 모습에 한참 동안 바라본다.

12시 50분 수산항에 도착하니 배도 고프고 배낭을 멘 어깨가 아파서 쉬어야 할 것 같다. 수산항에서 식당을 찾아 둘러보다가 우미밥상 일반음식점이 있어서 들어간다. 점심 먹는 사람들도 꽤 많이 있다. 나처럼 우비 입고 배낭 여행객처럼 보이는 한 쌍의 커플도 있다. 섭국이 무엇인지 먹고 싶었는데 2인 이상이라서 해물뚝배기를 주문했다. 식당 안은 생선 구운 냄새와 찌개 끓는 냄새로 진동하여 내 눈도 아프다. 환기가 잘 안되나 보다. 해물뚝배기는 조개, 고동, 새우, 꽃게 반 마리가 들어 있어 매우 시원한 맛을 낸다. 여기에서 한 시간 정도 점심을 먹으며 쉬어서 2시경에 수산항을 출발한다. 큰 도로 버스정류장 옆에 해파랑길 43코스와 44코스 안내판과 나란히 스탬프 함이 있다. 스탬프를 찍고 다시 출발한다. 많은 비는 내리지 않지만 쉬지 않고 가랑비가 꾸준히 내린다. 트래킹화 바닥 앞쪽이 닳아서 도중에 집에 가서 트래킹화를 바꿔 신고 오려고 했다가 한 번에 해파랑길 완주에 목표를 두고 걷는다. 그랬더니 가끔은 도로 위 물 고인 곳을 밟게 되고 빗방울이 신발 끈 묶은 쪽으로 반복적으로 떨어지더니 이제 신발 속에 물이 스며드는 것 같다. 양말이 발가락 앞쪽 바닥과 발등이 젖어 축축해지는 것이 느껴진다.

　그래도 어제 장대비가 내리는 것보다는 지금의 가랑비는 아주 고마운 날씨이다. 도보여행하는 동안 비가 밤사이에 내리고 아침이 되면 해가 반짝 떠서 걷는 것이 불편하지 않았는데 어제와 오늘처럼 종일 쉬지 않고 내리는 비는 도보여행 중 처음 경험한다. 이것도 나에게 새로운 경험으로 나를 더 강하게 만드는 과정으로 생각한다. 또한 당연하게 생각한 날씨에 대해 새로운 생각을 하게 되고 중요성과 감사함을 새삼 느끼고 배운다.

JEEP CAMP 2021

　4차선 도로 옆을 걷는데 'JEEP CAMP 2021'이라고 써놓은 낯선 모습이 눈길을 끈다. 물웅덩이도 있고 흙으로 만든 언덕길과 외나무다리 같은 것도 있다. 두 대의 지프차들이 물웅덩이에도 들어갔다가 언덕으로 올라가기도 하고 노선을 따라 움직이는 것을 보니 시험 운전하는 것 같다. 모두 흙으로 된 도로를 달리고 지프차가 오르막에서 점프하는 코스도 있다. 해외에서 오프로드레이싱대회 하는 것처럼 여기 양양에 유사하게 조성해놓고 체험하는 캠프 장소인가보다.
　도로 한쪽 옆에는 붉은 해당화가 활짝 피고 반대쪽에는 이팝나무꽃이 하얗게 피어서 걷는 사람이 꽃을 즐길 수 있어서 좋다. 꽃구경하면서 걸으니 어느새 양양 낙산해변에 도착한다. 예전에 못 보았던 캠핑 시설이 가꾸어지고 해변 가장자리에 데크길을 설치하여 모래밭을 걷지 않고도 산책할 수 있다. 모래사장에 그네도 있고 산책로 옆에 독서하는 어른과 강아지 조형물도 있다. 어디를 가든지 인기 있는 그네 의자도 설치되어 있다. 그네 의자에 배낭을 내려놓고 앉아서 따뜻한 차를 마시면서 바다와 멀리 보이는 해수관음상을 바라본다.

어디서 잘까 검색을 한다. 본래 속초항 근처에서 숙박하려 했는데 출발이 한 시간 늦어졌고 가장 큰 문제가 발생하였다. 내 왼쪽 발등과 무릎이 시큰거려서 많이 걸으면 안될 것 같아서 대포항 근처에서 자기로 결정한다. 숙소를 검색하여 대포항에 있는 파도모텔에 전화하니 방도 있고 혼자라서 4만 원에 제공한단다.

해파랑길 코스는 아니지만, 시간적 여유가 충분하여 3년 전에 방문한 낙산사에 가려고 올라간다. 한참을 소나무가 많은 길을 올라갔는데 다리도 아프고 올라가는 사람보다 내려오는 사람이 많으니 갑자기 발길이 더 무거워진다. 다음 기회에 또 방문 가능하기에 위로하며 돌아선다.

낙산사가 있는 오봉산을 돌아서 걸으니 바로 설악해변이라고 간판이 있다. 설악해변을 지나 해파랑길 데크길을 걷는데 제빵소 문 앞에 사람들이 많이 서 있고 나오는 사람들은 빵 봉지를 하나, 둘씩 들고 있다. 그 제빵소가 매우 유명한 곳인가 보다. 계속 걷던 해안길을 걸으면서 앞쪽 멀리 보이는 곳이 대포항인가 쳐다보고 앞에 있는 사람에게 물어보고 싶었다. 앞에 걷던 분이 잠깐 뒤돌아섰는데 그 모습이 낯이 익었다. 혹시 실수하면 안 되니까 그분 앞쪽으로 가서 뒤돌아보니 내가 아는 분이라 인사를 했다. 마스크를 썼지만 서로 알아보았다. 내가 교사 시절 같은 학교에 근무했고 내가 마지막 근무했던 지역의 교육장을 역임하신 J교육장을 만난 것이다. J교육장은 처제 내외와 함께 여행을 왔고 처제가 빵을 산다고 제빵소에 들어가서 기다리는 중이란다. 이렇게 낯선 곳에서 아는 사람을 만나다니 정말 놀랍다. 하긴 1994년 해외 여행객이 많지 않은 시절에 미국 디즈니랜드에서 제자 두 명을 만난 적이 있는 것을 보면 2021년 국내 타지역에서 지인을 우연히 만나는 것은 크게 놀라운 일이 아닐 수도 있다.

내가 갈 길이 바빠 헤어져 몽돌해변인 정암해변을 걷는다. 데크길 위에 물고기 그림을 그려놓고 몽돌해변을 알리는 것을 많이 게시해 놓았다. 긴 몽돌해변을 걸으면서 파도가 밀려왔다가 쓸려갈 때에 몽돌이 구르는 소리가 정말 아름다운 자연의 소리를 감상하는 행복을 누린다. 한참을 멍하면서 몽돌이 파도와 함께 쓸려 내려가는 모습을 바라본다.

위_ 관음성지 낙산사    아래_ 세계명산 설악산

곧이어 물치항을 지나서 다리를 건너는데 멀리 보이는 설악산에 구름인지 물안개인지 산봉우리를 뒤덮고 걷히는 모습이 한 폭의 그림이다. 다리를 건너니 속초시를 알리는 표지판이 있다. 조각공원처럼 사랑의 길, 망향의 동산 등으로 꾸며놓았다. 설악해맞이공원과 이어져

**대포항**

서 스탬프를 찍고 설악산을 바라본다. 세계 명산 설악산이라는 아치 사이로 구름에 감싸인 설악산이 보인다. 해맞이공원을 지나 대포항을 향한다.

대포항에서 가장 먼저 눈에 띄는 것은 둥근 모양 대포항을 연결하는 현수교가 아름답게 빛난다. 대포항 주변은 번쩍이는 가게 간판과 코로나 시국인데 사람들이 북적거리는 식당 등이 있어서 다른 세상에 온 것 같았다. 나는 내가 머물 파도모텔을 찾아 체크인한다.

가랑비 오는 날에 우비를 입고 걸어오면서 장대비가 내리지 않은 것에 감사한다. 그동안 날씨에 대한 고마움을 특별히 생각해 보지 않았는데 당연하게 생각했던 많은 것들이 감사함으로 바뀐 하루이다.

## 속초해변과 영랑호 둘레길을 지나

### 45코스 대포항 ~ 46코스 천진항

서른째 날
2021년 5월 18일(월) 비 온 후 쾌청하나 쌀쌀한 바람, 도보 거리 21.8㎞

발등에 파스를 붙이고 잤지만 왼쪽 발등은 발을 디딜 때마다 시큰하고 발등의 마디마디가 가라앉을 것 같은 느낌이다. 꼭 10년 전에도 발등이 아파서 발바닥이 움푹 패인 용천혈 부근을 받쳐주는 실리콘을 사서 깔았던 경험이 있다. 그 실리콘을 대신할 수 있도록 휴지를 두툼하게 말았다. 발바닥이 움푹 패인 곳에 두툼한 휴지를 채우고 양말을 신었다. 예전에 발등이 시큰한 것을 막기 위해 발바닥 움푹 패인 곳에 넣는 실리콘을 사서 사용했던 경험에서 생각해낸 자구책이다.

어제 보아 둔 한양밥상 한식 뷔페 식당으로 8시경에 갔다. 카운터에 앉은 남자 사장이 20분 후에 오라고 한다. 테이블마다 칸막이가 되어 있고 4명만 식사하고 있는 상황이었다. 밖으로 나가다가 되돌아와서 식당 안에 사람도 가득 차지 않았고 나 한 명이 먹을 것인데도 20분 후에 와야 하느냐고 물었다. 그랬더니 그냥 앉아서 먹으란다. 회사 제복을 입은 사람들이 식사를 마치고 나가니까 다른 제복을 입은 사람들이 들어와서 먹는다. 한식 뷔페는 아침에도 고기와 상추쌈이 놓여 있었는데 이 식당은 달걀 후라이와 생선조림만 있다. 어찌 되었든 아침을 먹을 수 있어서 고맙다.

대포항을 9시 20분경에 떠나서 해안도로로 걷는데 해안도로를 공사하는 중이다. 해파랑길 따라 가는데 대나무 숲으로 데크길이 있어서 그 길로 올라간다. 두루누비 노선을 보았을 때는 해안 둘레길이었

**안보철책선**

는데 계속 오르막길이다. 해파랑길 따라가기에서도 이탈했다는 말이 안 나왔는데 오르막 마지막 계단을 올라서니 노선 이탈했다는 메시지가 나온다. 다시 내려가려면 까마득하다. 해안선 위에 바다향기로 데크 길로 가야 해파랑길 정코스인 것이다. 그 길로 가면 바다 경관을 즐기면서 걷고 오르막도 없어서 좋았을 텐데 가파른 계단 올라오느라 헐떡였다. 뒤돌아가지 않고 리조트 안을 지나서 바다향기로 내려왔다. 이 길에도 해안선은 안보철책선이 세워져 있다. 그 안보철책선에 6.25 한국전쟁과 관련된 장면들 중 6.25전쟁, 흥남철수, 아바이마을, 평화와 협력에 관한 내용을 철판에 실루엣으로 만들어 붙여 놓았는데 6.25 전쟁을 다시 한번 되새겨보며 나라의 고마움을 알게 한다. 그 옆에 사람들이 아크릴에 써 놓은 글을 보니 모두 사랑에 관한 내용으로 가득하다.

바다향기로 해안길은 속초해변과 이어진다. 속초해변은 무엇인가 설치하는 공사를 한다. 해변에 돌고래가 물 속에서부터 물 위로 뛰어오르는 조형물을 만들어 놓았는데 다른 곳에서 보지 못해서인지 독특하니 아름답게 보인다. 또 2♡2란 글자를 세워 놓아 저마다 창의적으로 글자 옆에 서서 사진을 찍는데 한 커플은 반듯하게 서서 2021이란 숫자를 만들고 사진을 찍는다. 해수욕장 입구에 거대한 두 남녀가 키스하는 조형물도 세워 놓고 모래밭이 좁게 느껴질 정도로 여러 조형물이 있다.

　나는 해변가에 있는 그네에 앉아서 파도 소리를 듣고 사람들 구경도 하며 시간을 보낸다. 고등학생으로 보이는 학생들이 선생님이라고 부르며 질문도 하고 선생님과 봉사활동을 왔는지 몇 명씩 모둠으로 움직이며 까만 봉지 하나씩 들고 지나가더니 단체 사진도 찍는다. 그동안 코로나로 인해 학생들의 학교 밖 활동을 거의 금지하여 체험학습도 중지한 것만 보아왔는데 학생들이 단체로 학교 밖 활동하는 모습을 보니 참으로 다행이다 싶다. 학생들도 매우 밝은 모습이다.

속초해수욕장

　어제 만난 J 교육장과 속초 해변 끝에서 만나기로 하고 길가에서 기다린다. 아바이마을에 가서 둘러보고 해파랑길인 영랑호수 둘레길을 걷기로 한다. 아바이마을에서 갯배를 타고 싶었는데 그냥 걸어서 일행과 함께 걷는다. 아바이마을은 가을동화 촬영지로 유명하고, 아바이마을 갯배는 1951년 1·4후퇴 후 실향민들이 아바이마을에서 시내 지역까지 수로를 오가는 유일한 교통수단으로 활용되었으며 출발지와 도착지를 쇠밧줄로 연결해 주민들이 직접 손으로 끌어당겨 배를

아바이마을 갯배

움직이고 있다. 지금은 속초를 찾는 관광객들에게 널리 알려져 관광 코스로 각광을 받는 등 지역의 명물로 자리잡고 있다.

영랑호 둘레길을 걷기 위해 차를 타고 영랑호로 간다. 영랑호는 이름부터 아름답다. 이 호수는 신라시대 화랑도들의 순례 장소였는데 '영랑호'라는 호수 이름도 화랑 영랑永郎이 이 호수의 경관에 매료되어 오래 머무르며 풍류를 즐겨서 유래되었다고 한다. 영랑호도 경포호처럼 바다의 일부가 사구砂丘, 사주砂洲 등에 의해 바다와 분리되어 형성된 자연 석호로 호수 둘레가 7.8㎞이다.

배낭을 벗어놓고 걸으니 발걸음이 한결 가볍고 빠르다. 호수 둘레길이 아주 아름다운 숲길이라 가끔 호수를 보고, 때로는 녹색으로 물든 커다란 나무숲 사이를 걷는다.

좌_ 영랑호   우_ 영랑호 둘레길

　아주 큰 바위 덩어리가 네 개 정도 큰 바위 위에 모여 있다. 영랑정 바로 위에 있어서 그곳을 네발로 올라선다. 그 바위 이름이 범바위라고 하는데 바위 형세는 호랑이의 모습을 찾아보기 어렵다. 범바위 위에서 영랑호를 보니 정말 호수가 넓고 멀리 설악산이 보이는데 울산바위가 아주 멋지게 뽐내고 있다. 초록 나무 사이에 까맣게 죽은 큰 나무들이 줄지어 있기도 하다. 어찌하여 군데군데 나무들이 죽어있는지 궁금하여 물어보니 2019년 4월 속초시에 발생한 산불로 인하여 모두 불탔다고 한다. 범바위를 지나서 호수 둘레길 주변에 있는 건물이 불에 타서 그을음에 탄 벽돌만 남아 폐허의 모습 그대로 남아있다. 건물 벽에는 '본 건물은 산불화재로 소실된 건물입니다, 안전을 위하여 관계자 외 출입을 금지합니다.'라는 현수막이 부착되어 있다. 나무들도 까맣게 탄 채 서 있기도 하고 쓰러져 있기도 하다. 심지어 먼 곳에 있는 나무들도 까맣게 탄 채로 서 있는 모습이 띠를 만들고 있다. 산불

좌_ 범바위와 영랑정    우_ 산불로 폐허가 된 건물

이 났다는 뉴스를 볼 때는 '빨리 화재 진압되어야 하는데'하고 걱정하는 마음만 있었는데 산불이 난 현장을 보니 산불이 발생한 지역의 주민들은 불꽃이 어디로 튈지 모르니 불안하고 가슴 조이며 피난하는 긴박함이 있었을 것 같다. 강원지역을 지나오면서 산불감시단을 여러 명 보았는데 모두 산불 나지 않게 어떠한 불씨도 만들지 않아야겠다.

  불에 타서 흉물스러운 건물이 호숫가에 늘어서 있는데 호수의 경관을 모두 해치고 있다. 그런데도 산불이 얼마나 무서운지 산불 조심하라는 경각심을 일깨워주려고 불에 탄 건물을 그대로 보존하는 것인지 의아스럽기도 하다. 이 폐허가 된 건물을 볼 때마다 현지인들은 2년 전 산불의 악몽을 다시 꺼내는 듯한 고통을 받을 것 같다. 산불의 화마가 이곳을 휩쓸고 간 것이 자랑일 수 없으니 폐허가 된 건물을 해체하고 숲으로 잘 가꾸어서 이 영랑호가 많은 사람의 사랑을 받고 오래 아름다운 숲과 호수로 이름을 떨쳤으면 좋겠다. 다시는 산불이 일어나

핵석

지 않길 바라는 마음으로 걷는다.

  영랑호 주변에 커다랗고 둥근 돌이 여러 개 있는데 핵석이다. 핵석은 양파껍질 벗겨지듯이 둥근 모양으로 풍화되어 알맹이가 남은 암석이다. 건물과 조경 시 영랑호와 어우러지는 특별한 조형공간으로 이 핵석을 자연 그대로 활용하고 있다. 자연 친화적으로 보이고 흥미로운 광경이다.

  오랜만에 중학생들의 시끌벅적한 소리가 들린다. 교복 입은 학생들이 현장학습을 온 것 같아서 물었더니 학교 이름까지 알려준다. 학생들은 과제해결 용지를 들고 이곳저곳을 뛰어다니기도 하고 앉아서 쉬기도 한다. 한 여학생에게 물어본다.

  "현장학습 와서 좋지요?"

  "아니요. 힘들어요." 대답하는데 신나는 표정이고 친구들과 장난도

바위 위 영금정에서 본 영금정

친다. 한정된 학교 공간을 벗어나 자연으로 오니 학생들은 마음껏 뛰어다니며 과제 수행하는 것이 힘들어도 재미있을 것이다. 학생들의 밝은 모습을 보니 내 마음이 기쁘다. 학생들이 선생님이 기다리는 자리에 모이니 선생님은 학생들에게 먹을 것을 하나씩 선물로 주고 학생들은 더위를 식히며 아이스바 하나씩 맛있게 먹는다.

영랑호 둘레길을 한 바퀴 걷는데 약 두 시간 걸렸다. 점심 먹으러 다시 아바이마을로 가서 생선구이 집으로 간다. 코로나도 무색할 정도로 테이블마다 사람들로 가득 차 있다. 생선을 즉석에서 구워주기 때문에 촉촉하니 부드럽고 아주 맛있다. 다음에 다시 또 오고 싶을 정도이다.

점심 식사 후 J 교육장님과 그 가족들과 헤어지고 나는 다시 배낭을 메고 장사항을 향해 출발한다. 속초항 근처에 영금정이 있다. 영금정은 등대 동쪽에 있는 넓은 암반에 붙여진 명칭이다. 파도가 석벽에 부딪힐 때 신비한 음곡이 들리는데 그 음곡이 거문고 소리와 같다고 하여 영금정이란 이름이 붙여졌다. 지금은 영금정 암반 위에 정자가 세워져 있다. 영금정이란 현판이 있는 영금정 정자에 올라가서 바다를 둘러보는데 바다에 또 다른 바위 위에 영금정이란 정자가 있다. 그 영금정 정자가 보기만 해도 아름답다. 몇 사람이 다리를 걸어 바다 영금정을 걸어가는데 나는 위에서 바라보는 것으로 만족한다. 파도가 밀려와 바위에 하얗게 부서지는 모습과 영금정 정자가 아름다운 한 폭의 그림을 만든다.

영랑호 둘레길을 오전에 완주했으니 영랑호로 들어가지 않고 다리를 건너 장사항으로 직접 걸어간다. 장사항 길가에 스탬프 함이 있어서 사진도 찍고 스탬프도 찍는다. 이제 46코스를 향한다. 봉포항에 모텔 하나 있으니 봉포항에서 머물기로 한다. 4차선으로 반듯하게 뻗은 도로를 걸어가니 속초시와 고성군의 경계에 '여기는 금강산입니다.'라는 표지를 보며 고성군의 땅을 밟는다.

해파랑길이 해변길로 안내하여 걸어가니 해안에 철책선이 세워져 있고 철조망 너머로 보이는 바닷물이 유난히 더 푸르고 빛난다. 남북이 통일되어 안보 철책선이 없다면 더 아름다운 바다를 감상할 수 있을 텐데 안타깝다. 해안가에 켄싱턴리조트 앞에 리조트 전용 해수욕장이라는 푯말이 있다. 이길 이름이 평화누리길이라고 붙어있다. 평화누리길은 DMZ 근처인 것으로 알고 있었는데 이곳에서 시작인가보다. 많은 사람이 환상적인 파란 바닷물과 하늘색이 어우러지는 해변에 텐트를 쳐놓고 모래밭에서 즐기고 있다. 멀리 섬 하나가 해변을 걸

좌_ 켄싱턴 해변    우_ 천진해변

는 내내 내가 가는 곳을 따라와서 섬과 함께 걷는다.

  새파란 바다를 바라보며 걷다 보니 어느새 봉포항에 도착한다. 시계를 보니 4시 30분경이라 조금 더 걷기로 한다. 천진항에 가면 숙소가 있을 것 같아서 천진항까지 걷는다. 그런데 천진항에 숙박업소 모텔이 없어서 봉포항으로 뒤돌아가고 싶은데 1㎞ 정도 뒤돌아가려니 발길이 떨어지지 않는다. 천진해변에 편의점과 민박집이 있어서 민박하기로 한다. 저녁은 속초관광수산시장에서 산 생활의 달인이 만든 6쪽 마늘빵으로 대신한다. 저녁 바다를 구경 나가니 파란 바다랑 파란 하늘, 그리고 구름이 새로운 그림을 만들어놓아 감탄한다.

  내일 일정을 검토해 본다. 46코스 천진항에서 삼포까지 약 9.7㎞, 47코스 삼포에서 가진항까지 9.7㎞, 가진항에서 남천까지 2.7㎞니까 총 22.1㎞ 걷고 숙소 찾아 간성읍으로 약 1㎞ 걸을 계획이다.

## 관동팔경 청간정에서 전통 왕곡마을로

46코스 천진항 ~ 48코스 남천

서른 첫째 날
2021년 5월 19일(수) 쾌청하나 초여름 더위, 도보 거리 23㎞

관동팔경 청간정

일찍 일어나서 일출 구경하려 했는데 새벽 4시 반경에 잠에서 깨어 한 시간 더 자야지 했는데 창문으로 들어온 밝은 햇살이 나를 깨운다. 고성군 바다가 유난히 새파랗게 빛나서 일출도 더 아름다울 것 같은 생각이 들어 민박 2층 옥탑방에서 일출을 보려고 했는데 실패했다. 문밖으로 나가 천진해변을 쳐다보니 태양은 이미 높이 올라와서 전 지구를 밝게 비추고 있다. 한 발짝 발을 디딜 때마다 발등이 시큰거리는 통증이 있어서 파스를 부착하고 휴지를 둘둘 말아 발바닥 패인 곳에 넣고 양말을 신는다.

오늘의 목적지는 간성읍까지 가는 것이니 여유 있는 여행을 할 수 있다. 오늘이 4월 초파일 부처님 오신 날이라 가능하면 해파랑길 근처에 절을 방문하기 위해 검색하고 상황을 보고 실행하기로 한다. 8시 50분경 민박집을 나서서 청간정을 향해 걷는다. 천지해변을 지나서 청간정을 가야 하는데 데크길이 태풍에 망가져 공사중이라는 안내표지가 있다. 7번 국도를 걸어서 청간정을 간다. 관동팔경의 하나인 청간정에 이미 관광객이 몇 명 와 있다.

청간정은 관동팔경의 하나로 강원도 유형문화재 제32호로 지정되었다. 창건연대는 미정이나 중수 기록에 의하면 1560년 명종 15년에 간성 군수 최천이 처음 수리하였고, 갑신정변 당시 불타 없어진 것을 1928년 다시 지었다는 기록이 있다. 청간정의 현판은 이승만대통령의 친필이고 최규하대통령의 글이 누각 내부에 붙어있다.

청간정에서 바라보는 바다와 설악산은 가장 아름다

아야진해변

운 모습을 자아낸다. 천진해변의 에메랄드빛의 바다를 보니 눈이 부실 정도이다. 설악산 쪽으로는 울산바위가 가장 앞쪽에 우뚝 서서 모든 사람의 시선을 사로잡는다. 딸과 같이 온 부부는 청간정 누각에서 모델이 되어 딸이 요구하는 대로 포즈를 취하면서 행복해한다.

청간정을 내려와 소나무 숲길과 아카시아꽃 향기를 맡으며 걷는다. 안보철책선을 지나서 청간해변을 지나고 아야진해변으로 간다.

아야진해변에 제주도 무지개 해안도로처럼 해변과 도로 사이 경계석을 세워 도로에 무지개색으로 예쁘게 칠해 놓았다. 제주도 무지개 해안도로는 인도에서 바다로 떨어지지 않게 보호 목적으로 세워진 경계석이지만 이곳은 인도에서 해변으로 내려가는 길목을 막으면서 아름다움을 만들기 위해 세워진 경계석이란 차이점이 있다. 그래도 색칠한 지 오래되지 않아서 색이 선명하여 아름답다. 또 해변이 없는 다른 바다 쪽에 경계석의 노란색을 회색으로 칠해 놓고 공사 중 안전띠를 설치해 놓았다. 그곳에 무지개색을 칠하면 파란 바다와 정말 잘 어울리는 무지개 도로가 될 것 같다. 아야진해변에도 많은 캠핑족이 텐트를 치고 바다를 즐기고 있다.

오늘 날씨가 맑아서인지 고성군의 바다가 맑아서인지 유난히 바다색이 새파랗게 빛이 난다. 해안으로 걷는 자체가 그저 행복한 여행이다. 해안을 지나 낮은 산길을 걸어 도착한 곳은 천학정이다. 천학정은 1층 누각으로 크지는 않은데 자연경관이 수려하여 고성 팔경으로 지정되었다. 주변에 기암괴석이 많아 앉아있으면 모든 생각을 잊을 것 같다. 이 정자에 앉아 쉬는데 동네 어르신이 올라와 이 주변에 대해 방문객들한테 설명해주곤 한다고 자랑하신다.

"저 바위에 손 모양이 있고 돌고래 모양이 있어."

바다에 있는 바위를 다시 살펴보니 정말 손을 펼친 모양이 있다. 또 돌고래 머리와 입 모양을 찾으니 바로 눈에 보인다. 무심코 바위가 특이하다고 생각했는데 설명을 들으니 쉽게 찾을 수 있어 좋다. 이곳에 바위 설명도 사진과 붙여놓으면 방문객들이 관심 있게 볼 것 같다.

문암대교를 건너서 뙤약볕 해변으로 걷는데 커다란 문어, 조개, 고

천학정 앞 돌고래 머리와 손바닥 바위

동이 조형물로 세워있다. 한 어른과 어린아이가 뜨거운 햇볕을 피해 문어 조형물 아래로 들어간다. 벌써 더위를 피해 그늘을 찾는 여름이구나 생각이 든다. 더위를 피할 수 있는 문어 조형물이 잠깐이지만 그늘을 제공해주는 착한 문어가 되었다.

고성문암리유적지에 특별한 것이 있는지 가보니 텅 비어있는 공터이다. 신석기시대 유적이 발굴되어 국가 사적 426호로 지정되어 보존되고 있을 뿐 별다른 설명도 없어 아쉽다. 삼포해변에 오니 몇몇 가족이 해변으로 나들이 와서 더위를 막기 위해 벌써 양산을 사용하고 있다. 바다의 돌섬도 무척 특이하고 아름답다. 자작도해변을 지나 반듯

백도해수욕장

한 해안길을 걸으니 삼포해변 길가에 해파랑길 46코스와 47코스 안내도와 스탬프 함이 있다. 스탬프를 찍고 인증 사진도 찍고 시계를 보니 12시경이다. 이곳에서 반야사까지 1.1㎞로 내가 도착하면 법회 시간은 지났을 것 같아 갈까 말까 한참을 망설이다가 '1년에 한 번이라도 제대로 불전에 참배하자.'라는 마음으로 방향을 반야사로 돌린다. 절로 가기로 하고 내비게이션을 따라간다. 관광안내도에 소개가 안되는 걸 보면 무척 작은 사찰인 것 같다. 도로 옆에 한국불교 반야사라고 돌로 안내판을 세워 놓았는데 종파가 적혀있지 않아서 약간 낯설었다. 그래도 600m 남았는데 도로 돌아갈 수가 없으니까 직진한다. 모르는 길을 찾아오는 길이라 약 30분 걸려서 반야사에 도착한다. 법당에 가서 해파랑길 걷는 긴 여정 동안 안전하게 체력 유지하면서 지금까지 걸어온 것에 대해 감사 기도를 한다. 그리고 발등이 아파서 어려움이 있지만, 마지막 코스까지 남은 여정을 안전하게 마칠 수 있길 기원한다. 코로나 때문인지 신도들도 몇 명밖에 없다. 신도들이 절 경내 이곳저곳에 앉아서 공양한다. 내가 법당 안에서 나오자 공양간의 보살님이 비빔밥 한 그릇과 수박

남과 북이 이어지길 바라는 송지호철교

두 쪽을 주신다. 몇 신도들이 앉아 있는 나무 밑에서 나도 앉아 비빔밥을 먹는다. 절밥은 특별한 재료가 들어가지 않는데 언제 먹어도 담백해서 맛있다. 공양간에 있는 보살이 떡도 가져다 주신다. 부처님 오신 날 불전에 참배할 수 있고 점심 공양도 할 수 있어서 너무 감사한다.

　반야사를 1시 10분경에 출발해서 47코스를 찾아 걸었다. 왔던 길을 돌아서 7번 국도 아래 지하도로 걸어가니 곧 47코스로 연결되어 곧이어 봉수대해수욕장이다. 이곳도 캠핑하는 차량과 천막들이 많이 있다.

　한여름도 아닌 5월인데도 이렇게 캠퍼들이 벌써 해변으로 몰려오는 것을 보면 요즘 캠핑이 절정인 시대인 것 같다. 송지호해변을 지날 때는 '왜 송지호해변일까? 누군가의 이름인가?' 궁금증이 생겼다.

　송지호해변을 지나니 송지호 호수가 있다. 호수이름을 딴 해수욕장 이름이었다. 송지호 철교가 북한 땅과 이었으면 하는 염원을 담아서 이 자리에 바람개비와 철교 공사를 하고 있다.

송지호는 경포호, 청초호. 영랑호 등과 같이 석호로써 염도가 5~15% 함유하고 있고 송지호 둘레는 6.5㎞이다. 송지호의 유래도 아주 재미있다.

　송지호에 내려오는 전설에 의하면 1500년대 전에는 이곳이 비옥한 땅이었는데 정거재라는 포악한 부자가 이곳에 살고 있었다. 어느 봄날 앞을 못 보는 떠돌이 부녀가 구걸하러 정부잣집 대문을 두드렸다가 정부자의 지시를 받은 종들에게 몰매를 맞고 쫓겨났다. 이때 이곳을 지나가던 고승이 이 사연을 듣고 정부잣집을 찾아가 목탁을 두드리며 시주를 청하였더니 이번에는 정부자가 시주걸망에 쇠똥을 가득 담게 하고 노승을 밖으로 내쫓았다. 그러자 고승이 문간에 놓여있던 쇠절구를 금방아 쪽으로 집어 던졌더니 그곳에서 물줄기가 치솟아 올라 삽시간에 정부자의 집과 문전옥답이 물에 잠기기 시작했다. 놀란 종들은 고승이 묶어놓고 간 두루마기 고름에 매달려 목숨을 건질 수 있었으나 정부자는 물귀신이 되고 말았다. 부자가 너무 악랄하여 스님이 물이 쉬지 않고 나오게 하여 그 부자의 집과 땅이 순식간에 물바다로 변하게 했다. 그래서 그 호수가 지금의 송지호가 되었단다.

　송지호는 7번 국도 옆에 있어 잠시 쉬어가기 좋은 곳이다. 넓은 주차장, 관망타워와 LED 장미정원이 있고 호수 주변 산책로를 잘 조성해놓아서 가족 단위 나들이객이 많이 왔다. 자전거를 대여받아 호수 둘레길에서 자전거를 타는 가족도 있고, 가족의 나들이 모습을 영상으로 촬영하는 가족도 만났다.

　송지호 관망타워 옆 등나무 아래 긴 의자에 앉아서 간식을 먹으면서 호수를 바라보고 시원한 바람에 땀을 식힌다. 2시 10분경 송지호 둘레길을 따라 걷는다. 해파랑길 안내대로 따라가니 송지호를 반 바

좌_ 송지호   우_ 왕곡마을

 퀴 정도 돌아서 왕곡마을 입구에 들어서자 깜짝 놀랐다.
 왕곡마을을 보는 순간 조선시대에 돌아온 것 같이 산 아래에 기와집과 초가집이 잘 어우러지게 마을이 있고 마을 앞에는 논과 밭이 있어서 전형적인 시골 마을이다. 왕곡마을은 고려말에서 조선 초기 사이에 고려에 충성하는 강릉 함씨가 이곳에 들어와 동족마을을 형성한 곳이다. 현재 있는 집들은 50년~180년 된 한옥이 모여 있는데 옛 것을 그대로 보존하고 있다는 사실에 이곳에 사는 주민들이 존경스럽다. 왕곡마을은 보여주는 마을이 아니라 현재 거주지를 그대로 보여주며 집집마다 사람이 살고 있는 마을이다. 어떤 집은 민박집으로 운영하는 집도 있다. 동네 한 가운데 냇물이 졸졸 흐르고 영화 촬영 장소로 이용된 정미소도 있는데 어려서 보았던 방앗간 그대로라 정감이 있다. 옛날 그네도 있어 한 번 그네타기를 하고 싶은데 한 쌍의 부부가 그네를 신나게 탄다. 조금 구경하다가 나는 그네타기는 포기하고 왕곡마을 위쪽으로 걸어서 마을 집집마다의 특색을 살펴본다.

왕곡마을을 벗어나니 저잣거리가 한옥으로 만들어져 있어 살펴보니 음식점, 놀이마당 등을 할 수 있는데 지금은 코로나로 인해서 모든 문이 굳게 닫혀있다. 빨리 일상으로 돌아가서 옛것을 즐기며 먹을 수 있다면 좋겠다.

들판길을 가로질러 공현진해변으로 간다. 공현진해변에 도착하니 3시 30분경이다. 공현진해변을 지나서 숲이 우거진 사이의 도로를 걷는다. 해변에는 안보철책선이 계속 이어져 철책선 옆을 따라 걸으면서 '이곳은 북한과 가까운 곳이구나' 다시 떠올린다. 가진항 삼거리 도롯가에 해파랑길 안내도와 스탬프함을 발견하고 반가움에 빨리 걷는다. 내 앞에 가던 도보 여행자도 그곳에서 스탬프를 찍고 있어서 나도 기다렸다가 스탬프를 찍는다. 가진항은 조그만 항구인데 주변에 마을이 형성되지 않고 항구 옆에 상가건물 하나만 있다.

스탬프를 찍고 48코스 일자로 쭉쭉 뻗은 2차선 도로를 함께 걸으면서 이야기를 나눈다.

"어디에서 오셨어요?" 내가 물었다.

"부산에서 시작하여 21일째 걷고 있어요."

"대단하세요. 난 31일째예요. 하루에 30㎞ 이상 걸으시겠네요?"

"하루에 30에서 40㎞ 걷지요."

"오늘 어디서 출발했어요?"

"속초에서 출발했는데 거진항까지 가서 자려고요."

"저는 천진항에서 출발했는데 간성읍까지 가려고요."

그런데 남천 근처에 왔을 때 앞서던 내가 뒤에서 걷게 되었다. 그런데 그분의 배낭이 열려있다.

"배낭이 열렸어요. 물건이 떨어졌는지 확인해 보세요."

뒤돌아보니 100m 정도 거리에 떨어진 옷가지가 보인다.

"저기에 떨어진 옷 보이네요."

"옷이 하나가 아니라 여러 개가 떨어진 것 같아요. 먼저 가세요."

그분은 떨어진 옷을 찾으러 왔던 길을 뒤돌아 간다.

나는 남천 하천길을 따라 천천히 걷는다. 간성읍내 높은 아파트가 보인다. 남천교를 건너 간성읍내로 가는 길목과 해파랑길 갈라지는 지역에서 돌에 앉아 그분과 인사하려고 기다린다. 기다리면서 간성읍에 있는 모텔을 검색하여 전화한다. 가

위 - 간성읍 남천    아래 - 간성읍내

장 좋을 것 같고 가까운 H모텔에 전화하니 여주인이 상냥하게 받으면서 "오늘 빈방이 없어요." 한다. 두 번째 D모텔로 전화하니 남주인이 젊은 음성인데 "지금 외지에 나와 있어서 조금 늦게 도착해요."한다. 마지막 남은 S모텔로 전화하니 여주인이 빈방이 있으니 오라고 한다. 여주인이 아주 친절하다 못해 빨리 전화를 끊고 싶은데 계속 이야기 한다. 그 사이에 부산에서 오신 분이 거진항 방향으로 가지 않고 간성

읍 방향으로 가면서 나를 못 보고 지나친다. 전화를 끊고 빨리 따라간다. 선생님이라고 불러도 알아채지 못해 내가 달리기를 하여 뒤쫓는다.

그분은 멀리까지 뒤돌아가서 떨어뜨린 옷을 모두 주웠다고 하니 참 다행이다. 숙소에 대하여 내가 알아본 상황을 이야기했더니 같은 모텔에서 묵기로 한다.

방이 있다고 하는 모텔을 찾아 간성전통시장 안으로 들어가니 S모텔이 있다. 2층 안내로 가서 방 두 개 달라고 했는데도 70대 초로 보이는 여주인은 우리 두 사람이 부부로 생각해서인지 잘 어울린다는 등 필요 없는 말을 하며 열쇠는 안 주고 자꾸 이야기를 쏟아낸다. 이야기할 사람이 없어서 그러는가 싶기도 하다. 다른 숙소를 찾아가서 자고 싶지만 갈 숙소가 없다.

방은 좁고 침대와 요즘 보기 어려운 브라운관 TV만 있는데 모텔이 아니라 여관이다. TV도 화면이 나오지 않아 수리공이 와서 고쳐주고 나갔다. 침구류도 깨끗하지 않아 침구류를 깨끗한 것으로 교체 요구했다.

부산에서 오신 분과 간성읍 큰 번화가로 나가 저녁 먹으며 이야기 나누고 통성명도 한다. 내일은 49코스 금강산콘도까지 가기로 한다.

아픈 발과 허리로 오늘도 24㎞ 정도 걸었다. 다리야, 오늘도 통증을 이겨내고 잘 걸어줘서 고맙다.

## 환상적인 화진포호수와 화진포해변
### 48코스 남천 ~ 49코스 통일안보공원

서른두째 날
2021년 5월 20일(목) 흐리다가 가랑비 한 시간 후 흐림, 도보 거리 26㎞

아침에 일어나 문을 연 식당이 어디인지 밖으로 나가 거리를 살펴본다. 여관 근처에 식당이 영업 중이라서 어제 만난 Y한테 전화하여 7시 40분경에 식당에서 만나 식사하기로 한다. 연세 많으신 세 어르신이 식당을 운영하는 것 같은데 음식 맛도 좋다. 김치찌개를 주문하니 달걀후라이, 생선구이 그리고 각종 밑반찬이 제공되었는데 짜지 않고 맛이 좋다.

오늘 48코스 남은 거리 13㎞와 49코스 12.3㎞를 걸을 계획이다. 모두 25.3㎞를 걸어야 하지만 간성읍에서 남천교까지 거리도 1㎞이니 26㎞ 정도 걸어야 한다. 이제 이틀만 고생하면 완주의 끝이 보인다. 발등 아픈 것 조금이라도 통증 완화를 위해 휴지를 둘둘 말아 발바닥 용천혈 부근에 대고 양말을 신는다. 모든 준비를 끝내고 Y와 함께 8시 30분경 체크아웃하고 남천교로 출발한다. 남천교를 따라 예쁜 가로수 길을 걷는다. 눈앞에 바다를 두고 해파랑길은 공원을 조성하고 있는 산 아래를 돌아서 안내한다. 모내기를 마친 논과 감자꽃이 하얗게 핀 감자밭이 펼쳐져 있다. 바다를 보며 동호리해변의 손가락 모양의 조형물이 눈길을 끈다. 동호리해변을 지나 북천을 따라 걷는다. 북천철교 평화누리길이라고 이름이 붙어있는데 옛날에 철교가 있었던 자리에 현재 평화누리길 보행자와 자전거 전용으로 설치한 다리가 아름다워 사진도 여러 번 찍는다.

좌_ 동호리해변    우_ 북천철교 평화 누리길

    북천철교에 대한 설명을 보면 1930년 일제강점기에 자원 수탈을 목적으로 원산안변에서 양양간 설치한 동해북부선철교로서 1950년 6.25 전쟁 당시 북한군이 이 철교를 이용하여 군수물자를 운반하기 시작하자 국군이 함포사격으로 폭파해야만 했던 비극적인 역사의 현장이다. 이후 이 철교는 60여 년간 철교 교각만 황량하게 방치되어 있었으나 행정안전부에서 평화통일을 염원하는 평화누리길로 지정함에 따라 고성군은 한국철도시설공단으로부터 폐철각을 기증받아 리모델링하고 상판을 설치해 2011년 북천철교가 보행자와 자전거를 위한 전용 교량으로 새롭게 만들어졌다고 한다.
    나무로 된 북천철교를 건너면서 북천이 바다로 흘러가는 것을 보니 한 폭의 그림이다. 몇 명의 자전거 동호인들도 이 북천철교에서 사진을 찍고 통일전망대쪽으로 국토종주 자전거를 달린다. 나도 언젠가는 자전거로 도전하고 싶은 생각도 든다.

북천철교를 건너서 다시 북천 하류로 따라 바다를 향해 걷는다. 북천의 끝지점에 평화누리길이라는 이름이 새겨진 정자 옆에 빨간색 국토종단 자전거 인증센터도 있다.

　반대편에서 걸어오는 세 남성을 만났는데 우리 두 사람에게 먼저 묻는다.

"어디서부터 걸어오세요?"

"부산에서부터 걸어와요."

"며칠째예요."

"나는 32일째이고 이분은 22일째래요." 그렇게 대답하니 가운데 있던 남성이, "나는 15일 만에 완주했어요. 하루에 50㎞씩 걸었죠."라고 대답한다.

　나는 그 얘기를 듣고 깜짝 놀랐다. 며칠 전에 만난 부산에서 온 B는 하루에 40㎞ 정도 걷는다고 했는데 그분은 3~4일 정도 걷고 시간 나면 또 와서 걷는다고 했다. 하루에 50㎞를 홍길동처럼 날아다니는 사람을 만나다니 정말 놀랍다.


　가까이에 울창한 솔숲이 보이고 솔밭길이라는 표찰을 보고 '솔밭으로 가는구나.' 좋아했는데 솔밭의 해안가는 철조망으로 막혀있고 해파랑길은 솔밭이 아닌 솔밭 옆 시멘트 포장길로 안내하여 솔밭은 눈으로만 즐긴다.

　솔밭이 매우 길어 반암해변까지 이어진다. 북한이 가까이 있는 이곳에서 해안에 안보철책선을 마주하는 것도 낯설지 않다. 남과 북이 하나로 통일된다면 이 해변의 철책선이 모두 무용지물이 되어 더 아름다운 해변에서 즐길 수 있을 텐데. 언젠가는 그런 날이 오길 바란

좌_ 안보철책선   우_ 거진항

다. 산에는 하얗게 핀 아카시아꽃이 고성에 온 것을 환영하는 것처럼 아카시아 향을 진하게 뿌려준다.

내 키보다 높은 안보철책선 옆으로 데크길을 따라간다. 멀리 보이는 거진항이 작은 항구로 생각했는데 근처에 높은 아파트도 있고 시골이 아닌 거진읍이다. 거진읍이 간성읍 이상으로 규모도 크고 항구가 있어서 그런지 매우 활기차다.

점심때가 되어서 거진항 번화가 함흥식당에서 백반을 먹는다. 백반이 아침에 먹었던 것처럼 똑같은 김치찌개가 나왔는데 맛은 아침보다 부족했다.

오후 1시 20분경에 식당을 나와 49코스 시작 스탬프를 찍고 거진항의 유래와 변천사를 사진으로 전시해 놓은 것을 보니 거진항은 일제강점기 때에도 무척 큰 항구였나 보다.

산으로 난 계단길을 올라가 전망대에서 거진항을 내려다보니 정말 큰 항구이다. 등대공원에 올라가니 이 높은 곳에 농구장을 설치해 놓았는데 자물쇠로 잠겨있고 풀들만 무성하다. 농구장은 동네 근처에 설치해야 손쉽게 접근할 수 있을 텐데 조금 아쉽다.

해파랑길 49코스가 12.3㎞인데 소요 시간은 5시간 걸리는 것으로 되었다. 그 이유를 조금 알 것 같다. 해안선을 따라 평평한 길을 걷는 게 아니라 산길을 오르락내리락 해야 하니 시간이 오래 걸릴 수밖에 없다. 강원도 명품길이란 이름이 부여된 이 숲길은 4.3㎞로 화진포해맞이 숲길, 응봉 숲길, 김일성별장길로 나뉜다.

화진포해맞이 숲길과 응봉 숲길을 연결해 주는 화진포해맞이교가 작은 현수교로 계곡을 연결해 준다. 숲길이 특별한 것은 없는데 아름답고 걷기에도 아주 편안하다. 가끔 소나무 숲 사이로 보이는 바다도 보면서 걷는다. 이정표에 응봉 정상 방향을 알리는데, 하나의 봉우리에 올라가도 응봉 정상이 아니고, 또 응봉 방향을 가리키는 이정표가 있다. 발등이 아프고 걸을 때마다 힘이 드니까 '도대체 응봉 정상은 언제 나오는 거야.' 생각하면서 걷는다. 혼자 이 길을 걸었다면 많이 힘이 드는 산행이었을 텐데 Y와 함께 걸으니까 언젠가는 응봉이 나오겠지 하면서 두려움 없이 걷는다.

드디어 3시에 '응봉 122m'라고 돌에 새겨진 정상에 도착하고 내려다본 경관이 나를 깜짝 놀라게 한다. 왼쪽에는 화진포호수가 있고 오른쪽에는 화진포해수욕장과 바다가 있는 모습이 어느 곳에서도 볼 수 없는 그런 명작 같은 절경이다.

멀리 금강산 비로봉도 보인다는데 흐린 날씨라서 희미하다.

화진포는 싱가폴 리센룽 총리 부부가 2015년 12월 14일 개인 휴가를 즐기러 고성군 통일전망대와 화진포 일대를 방문한 이후 더 유명

좌_ 응봉에서 본 화진포  우_ 김일성 별장

해졌다. 총리가 응봉 오르는 숲에서 찍은 사진과 '화진포는 아름다운 해변과 고요한 호수를 간직한 곳'이라고 설명을 덧붙여 SNS에 올린 후 싱가포르 단체 관광객이 많이 방문하는 계기가 되었다고 한다.

이처럼 아름다운 경관이 있어서 김일성 별장, 이승만대통령 별장, 이기붕부통령 별장이 화진포 주변에 있는가 보다.

김일성 별장길을 따라 걸어오니 산자락 아래이면서 바닷가 근처에 김일성 별장이 있다. 김일성별장의 현재 모습은 한국전쟁 때에 파손된 것을 2006년 원형 복구하여 지금은 고성군에서 관람객에게 입장료를 받고 운영하고 있다. 별장 내부를 구경하려고 했는데 표를 구매하려면 주차장 출입구까지 다녀와야 한다. 표를 사고 다시 관람하러 계단을 올라와야 하니 다리에 힘이 빠지고 불편한 생각이 들어 그냥 통과하기로 한다.

화진포호 금강소나무숲을 보고 감탄한다. 이 금강소나무숲에 청동

좌_ 화진포호와 갈대    우_ 화진포호 금강소나무숲

기시대의 고인돌도 있고 일제강점기 시대에 만든 미니골프장도 있다. 가장 아름다운 것은 쭉쭉 뻗은 금강소나무와 화진포호가 어우러진 모습이다. 화진포호 둘레에는 갈대가 아름다운 모습을 그대로 유지하고 있다.

 금강소나무 숲을 지나 화진포호로 나간다. 화진포호 둘레길을 걸으면서 화진포호의 독특한 아름다움을 구경한다. 화진포호를 가로지르는 화진포교를 건너면 이승만대통령 별장이 있다. 지금은 이승만대통령 화진포기념관으로 개방하고 있다. 화진포호 둘레길을 걸어서 화진포해변으로 온다. 어린 두 형제가 해안가에서 야구 공 던지는 놀이를 하는 모습이 그저 순수하게 보이다. 아무 걱정 없이 그저 이 순간을 즐기는 것이다. 나도 지금 아무 생각 없이 그저 한 발짝 옮기는 일에만 집중한다. 안보 철책선이 있는 해안길을 따라 한 발짝, 한 발짝 옮기는 이 순간이 가장 중요하다는 사실을 깨닫는다.

초도항에 오는 동안 새파란 바닷물의 매력에 흠뻑 빠져서 걷는다. 수심이 깊은 동해의 바닷물 색깔이 갯벌이 많은 서해보다 맑고 깨끗하다는 것은 누구나 아는 사실이다. 그런데 동해에서 이곳 고성의 바닷물 색은 형용하기 어려운 정도로 맑고 투명하며 새파랗다. 바라보고 있으면 내 마음이 파란 바닷물 속으로 빠져드는 것 같다. 초도해변에 앉아 쉬면서 오늘 숙소를 검색해본다. 조금이라도 재진검문소를 더 가까이 있는 곳에 예약하고 싶어 최전방에 있는 민박집으로 전화한다. 민박집 주인이 지금은 먼 곳에 가 있어서 오늘 돌아오지 않는다고 한다. 온라인으로 금강산콘도를 예약한다. Y도 그곳에 예약했다고 해서 함께 움직일 수 있으니 잘된 일이다.

대진항 근처에 시외버스터미널에 빨간색 버스가 서 있어서 내일 오후에 속초로 가는 버스 시간표를 알아보기 위해 들른다. 버스터미널에 70대 어르신이 비로 바닥을 쓸고 계신다. Y가 어르신께 묻는다.

"속초로 가는 버스가 있어요?"

"코로나 이전에 속초 가는 버스가 있었지. 근데 다 없어졌어."

"저기 있는 버스는 어디 가는 거예요?" 내가 묻는다.

"그건 동서울 가는 버스여. 지금은 동서울 가는 버스만 다녀. 속초 가려면 시내버스 타고 가야 해."라며 친절하게 알려주신다.

숙소 예약을 해 놓았으니 걱정이 없다. 대진항에 식당이 많이 있는데 대부분 회를 전문으로 하는 식당이다. 그중에 서윤이 돌솥밥이 눈에 띄어 들어간다. 식당 안에는 단체 손님이 테이블 여러 개를 차지하고 있다. 그들이 이야기하는 것을 보면 감독님, 작가님 등의 용어로 부르는 것을 보면 무엇인가 촬영하는 팀인 것도 같다. 곤드레돌솥밥은

2인 이상일 때 주문이 가능하다. Y와 함께 있어서 곤드레돌솥밥을 주문한다. 혼자 여행할 때 식당에서 먹고 싶은 음식이 있어도 2인 이상 주문 가능한 메뉴가 많아서 주문하지 못한 경우가 매우 많다. 동행자가 있으니 오늘처럼 먹고 싶은 음식을 거침없이 주문할 수 있어서 좋다.

마차진 버스 종점

대진항 근처에 해상공원 설치공사가 진행되고 있다. 바다 스카이워크도 세워 놓았고 조형물도 세워 놓는 중이다. 대진항에서 금강산 콘도까지의 거리는 멀지 않아 발등이 아파도 힘을 내서 걷는다. 금강산 콘도 근처에 마지막 버스 종점인 마차진정류장이 보인다. 속초 갈 때 이곳에서 버스 타면 될 것 같다. 금강산콘도는 금강산을 방문하는 관광객이 없어서 투숙객이 없을 것으로 생각했는데 관광객은 여전히 많아 투숙객이 매우 많은 것 같다. 주차장에 차량도 많고 식당도 운영하고 있다.

로비에서 외국인 젊은 투숙객을 만났는데 여러 명이 자전거 타고 내일 통일전망대까지 간다고 한다. 통일전망대는 차량으로만 이동이 가능한 것으로 알고 있었는데 허락을 받았다고 하면서 같은 일행과 자리를 떠난다. 통일전망대에 가는 방법은 차량과 자전거로 갈 수 있나 보다. 본인 차량이 없으면 콜택시를 불러서 가는 방법이 있는데 콜택시값은 6만 원이고 콘도 안내데스크에 콜택시 기사 명함이 놓여있

**초도항 근처 안보철책선**

다. 여러 명이 동행하면 괜찮을 것 같다. 택시로 함께 갈 도보 여행자를 찾아보려 했는데 쉽지 않아서 포기한다.

  며칠째 왼쪽 발등이 무너질 것처럼 매우 아픈데도 오늘도 목적지인 마차진까지 잘 걸어준 발이 정말 고마울 뿐이다. 내일 하루면 완전 해파랑길 종주가 끝난다. 내일 하루 마무리 잘하여 완주의 기쁨을 누려야겠다.

## 최북단 재진검문소까지 걷다

### 50코스: 통일안보공원 ~ 재진검문소

서른셋째 날
2021년 5월 21일(금) 흐린 후 오후 장대비, 도보 거리 5.7㎞

　금강산콘도 지하에 한식당이 있어서 그곳에서 Y와 산채비빔밥을 아침으로 먹는다. 오늘 일정에 대해 마차진해변까지 걸은 후 통일전망대까지 콜택시를 불러서 갈 것인지 상의한다. 아침부터 빗방울이 떨어지고 흐린 날은 북한 땅을 제대로 쳐다볼 수 없으니까 해파랑길을 걸어서 갈 수 있는 최북단 재진검문소까지 걸어서 가기로 한다. 그리고 자동차로만 통행이 가능한 통일전망대까지는 다음 기회에 가기로 한다.

　밤새 비가 내려 땅이 축축이 젖어있다. 지금 비가 내리지 않아 정말 고맙다. 콘도에서 700m 떨어진 통일안보공원에 있는 통일전망대출입신고소에서 코로나 체온 측정하고 DMZ 평화관광을 신청하여 손목에 띠지를 끼었다. 그러나 손목에 띠지는 자동차로 갈 때만 필요한데 한 번 접수하여 손목에 출입 허가증을 받아 끼우고 싶었다. 통일안보공원 내에 통일전망대 스탬프 함이 있어서 50코스 스탬프를 찍고 사진도 찍는다. 두루누비 앱을 켜도 따라가기 기능이 작동하지 않는다. 코로나로 인해 통일전망대 가는 것을 막아서 정지한다는 메시지만 있다. 지금은 통일전망대 관광객을 받아주는데 앱은 변화를 따라가지 못하고 있다. Y가 다른 앱을 켜서 해파랑길 따라가기를 한다. 지나가다 보니 내가 예약하려고 했던 민박집이 보인다. 지도상에서는 먼 거리에 있는 줄 알았는데 콘도와 겨우 몇백 미터밖에 떨어지지 않았다.

좌_ 통일전망대 출입신고소    우_ 이정표와 경고판

    해파랑길이 산으로 안내하는데 보통 동네 산을 오르는 것처럼 가파르지 않아서 걷기에 편안하다. 명파해변으로 가는 이정표가 다른 곳 산을 지날 때보다 매우 자주 세워져 있다. 그래서 길 찾기가 아주 쉽다. 산 중심부에 임도 같은 도로가 있는데 군부대 차량 두 대가 우리 뒤에서 따라온다. 아무 잘못도 없는데 갑자기 나타난 군용차량을 보니 옆에 동행자가 있는데도 깜짝 놀랍고 두렵기도 했다. 그 군용차량은 훈련 중인지 산속 큰 도로로 이동하고 우리는 다시 오솔길로 걷는다.

    해파랑길 이정표가 있는 근처에 가끔 다른 지역에서 볼 수 없는 경고판이 있다. 이 지역이 군 작전지역이라는 내용과 개방 시간이 명시된 경고판이 관할 부대장의 명으로 붙어있다. 그것을 보니 이곳은 전방에 가까운 곳이구나 하는 생각이 든다.

좌_ 명파초등학교    우_ 금강산, 통일전망대로 가는 7번 국도

　산길을 벗어나니 명파마을과 통일전망대로 가는 7번 국도가 모두 보이는데 차 한 대 지나가지 않는다. 명파마을에서 가장 큰 집은 명파초등학교이다. 논에 물이 가득 차고 모내기를 마친 논도 보인다.
　산에서 데크 계단으로 내려오니 명파해변 0.2km 이정표가 있고 해파랑길 화살표는 반대 방향으로 있다. 여기까지 왔는데 최북단에 있는 명파해변을 한 번 보려고 해변으로 향한다. 명파해변 가는 중에 어제 대진항 근처 식당에서 만난 단체 손님 중에서 감독을 만났다. 우리한테 아트호텔 구경하고 가라고 하며 직원한테 이야기해 놓겠다고 한다. 명파해변 구경 먼저 한 후 들르겠다고 얘기하고 최북단에 있는 명파해변으로 향한다. 해변에서 포크레인이 무엇인가 한참 공사 중이고 해안가에는 녹슨 안보 철책선이 아주 높게 세워져 있다. 해변 근처에 오토캠핑장도 있고 아트호텔도 있다. 명파해변 종점이란 이정표와 사진을 찍는다. 해변을 마음대로 드나들지 못하는데 놀러 오는 사람들

위 좌_ 명파해변종점    위 우_ 아트호텔 DMZ를 구현한 거실    아래 좌_ 재진검문소 진입로
아래 우_ 명파리 해파랑길 이정표

이 있을까 궁금해진다. 군사 접경지역에서 최북단에 있는 명파아트호텔을 구경하러 들어간다. 우리가 들어가니 감독이 부탁해 놓아서 한 직원이 우리를 각 방으로 안내하며 설명해준다. 아트호텔은 2층으로 된 건물에 방은 8개이고 8명의 작가가 구현해 놓은 특색있는 호텔이다. 객실마다 침실과 거실이 있고 특색있는 테마로 꾸며있어 마치 그 공간에 들어온 느낌이 든다. DMZ 안보철책선으로 꾸민 방, 설치미술 작품으로 꾸며놓은 방, 한옥 풍의 객실도 있다. 마치 미술관 전시회를 관람한 것 같은 느낌이다. 완공되면 7월부터 객실 손님을 받을 것이라고 한다.

다시 해파랑길로 접어들어 1㎞ 남은 재진검문소를 향해 걷는다. 아름다운 현수교를 건너서 마을 앞을 지나 검문소 근처까지 다가간다. 통일전망대에 가는 차량은 U턴하라는 안내판을 세워 놓았다. 차량은 못 지나가도 보행자는 지나갈 수 있어서 재진검문소를 볼 수 있다는 생각에 흥분된다. 그런데 한 군인이 우리를 향해 달려온다. 무슨 일인가 하였는데 그 군인이 우리에게 묻는다.

"검문소 사진 찍었습니까?"

"아니요, 저기 유턴하라는 안내판 찍었는데요."

"이쪽으로는 더 이상 들어갈 수 없습니다."

재진검문소에 '여기서부터 민통선입니다'라는 문구가 아치로 된 입구에 적혀있다. 그 재진검문소 앞에서 사진 찍으려고 했는데 재진검문소를 10m 정도 남겨놓고 발길을 돌리는 순간 허탈감이 온다. 도보로 재진검문소를 지나서 통일전망대까지 갈 수 있었다면 더욱 가슴 벅찬 순간이었을 텐데 그럴 수 없는 우리나라 상황이 안타깝다. 사진에서 길의 막다른 곳이 재진검문소라는 것을 알 수 있다.

차량으로 이동해야 하는 통일 전망대에 가기 위해 다음 기회에 다시 방문하기로 하고 왔던 곳으로 돌아간다. 최북단에 있는 명파초등학교 정류장에서 버스가 있으면 타고 그렇지 않으면 차도 옆으로 걸어가기로 한다.

그런데 승용차 한 대가 내려오고 있어서 금강산콘도까지 히치하이킹 하려고 손을 들었다. 기대하지 않았는데 승용차가 우리 옆에 멈추고 창문을 연다.

"금강산콘도까지 태워주시겠어요?" 내가 말한다. 운전석에 앉은 남성은 금강산콘도가 어디인지 잘 모르는 것 같다. 조수석에 앉은 예쁜

여성이,

"가까워. 내가 가는 길을 알아." 하면서 "타세요." 한다.

"고맙습니다." Y와 함께 승용차 뒷좌석에 탄다.

승용차는 명파해변 입구를 지나고 구불구불 우리가 조금 전에 걸었던 낮은 산허리를 여러 번 휘감고서 우리가 지나온 길을 역방향으로 달린다. 출입신고소를 지나 숙소인 금강산콘도에 도착한다. 젊은 남자 운전자가 금강산 콘도 앞에 내려주었다. 걸어오려면 한 시간은 걸리는데 10여 분만에 도착하였다. 빗방울이 떨어지기 시작한다.

해파랑길 완보 축하 파티를 할 시간도 없이 콘도에서 짐을 챙기고 마차진 버스정류장에 가니 12시 49분 속초행 시내버스가 대기하고 있다. 우리가 버스에 올라타니 버스는 속초를 향해 곧 출발한다. 빗방울이 버스 창을 두드리기 시작한다. 속초행 시내버스는 내가 걸어왔던 길을 필름 되감기 방식으로 하나씩 보여주는 것 같았다. 대진항, 화진포 해변, 솔밭길. 평화누리길 다리, 그리고 숙박을 위해 코스를 이탈하여 갔던 간성읍 간성전통시장 모습까지 모두가 낯익은 모습들이다. 재진검문소에서 걸어왔다면 지금쯤 비 맞으면서 걸어오고 있을 우리인데 좋은 분들 덕에 비 맞지 않고 돌아와 속초행 시내버스를 타고 있으니 정말 감사하다.

어느덧 버스가 속초에 도착하여 버스 기사님이 우리를 위해 속초시외버스터미널 입구에서 내리라고 큰소리로 알려주신다. 부산에서 오신 Y는 친구와의 약속으로 속초에서 머물기로 해 버스에서 헤어지고, 나는 버스에서 내려 시외버스터미널을 찾아간다.

속초에서 강릉 가는 버스를 타고 다시 내가 걸어온 해파랑길을 역

방향으로 되짚어간다. 대포항, 설악해맞이공원을 지나 속초시 경계인 다리 물치항, 정암해변, 설악해변 옆을 달린다. 어느덧 해 돋는 양양 땅을 달린다. 나는 여러 날을 걸려서 걸었던 이 길을 버스를 타고 한순간에 스쳐 지나간다. 버스가 순간 이동하는 듯 지나치지만 내 발로 걸었던 이 지역에 어떤 아름다움이 있는지 나는 머릿속에서 멋진 풍경을 담아 영상으로 돌리고 있다.

창밖을 보니 우비를 입고 해파랑길 자전거 타는 사람들이 보인다. 나도 1주일 전에 장대비가 내리는데도 걷기를 지속했던 일들이 떠오른다. 무슨 사명감이라도 가지고 완수해야 할 대단한 일이 있는 것처럼. 해파랑길을 걷는 사람과 자전거 타는 사람들을 위해 비가 멈추고 밤에 비가 내리면 좋겠다는 생각이 든다.

강릉에서 대전 가는 버스를 타고 달리는데 빗줄기가 거세게 창문을 내리친다. 내가 해파랑길 완보를 마치고 돌아가는 버스에 장대비가 내린다. 나의 완보를 축하해 주는 비라고 생각하니 날씨까지 나를 도와주는 것 같아 정말 고맙다.

오늘로써 나의 해파랑길 완보하기 프로젝트인 부산에서 고성까지 도보로 걸을 수 있는 최북단 재진검문소까지 750㎞를 배낭 메고 33일간의 대장정을 무사히 완수하였다. 해파랑길을 걸으면서 한 발짝 한 발짝 발을 디디는 현재 이 순간이 가장 집중해야 하는 중요한 순간이라는 것을 깨닫게 되었다. 처음 출발하고 며칠간은 힘이 들어 포기하고 싶었던 순간이 있었는데, 서서히 당연하게 내가 할 일처럼 매일 하니 나도 모르게 적응되어 갔다. 뜨거운 햇볕에 옷이 땀에 젖기도 하고, 장대비가 내리는 날에도 비옷 입고 걷기를 지속했던 것은 나와의 약속인데 무슨 사명을 띠고 움직이는 것 같았다. 마지막 1주일 정도는 발등이 다시 아파서 휴지를 발바닥에 대고 걸어야 하는 어려움이 있었다. 발등이 무너질 것처럼 아파도 도중에 포기할 수 없는 이유가 나와의 약속이면서 나 자신과의 도전에서 이기고 싶었을 뿐이었다. 오늘 마지막 종점에 발을 디디다니 정말 행복하고 가슴 벅찬 순간이다. 도중에 포기하지 않고 끝까지 완보해 준 나 자신을 칭찬해 준다. 나태해진 나를 새로 만들기 위한 나와의 약속을 완수한 것이다. 내가 해파랑길을 걷는 동안 만난 모든 분이 나에게 도움을 주었고 그분들에게 감사 인사를 한다.

## 통일전망대에서 해금강을 보다

50코스: 통일안보공원 ~ 통일전망대

서른넷째 날
2021년 6월 24일(목) 쾌청함, 자동차로 이동 12.7㎞

자동차로 가야 하는 통일전망대를 가기로 하고 언니와 함께 떠난다. 해파랑길에서 아름다운 명소 중 몇 군데를 다시 방문한다. 속초해변에서 바다 멍하고 아바이마을에서 지난 도보여행 때 타보지 못한 갯배도 탄다. 송지호와 왕곡마을 특히 내가 꼭 다시 가고 싶었던 곳은, 응봉에 올라가 화진포호와 화진포해변을 바라보는 것이다. 1시간 산행하여 응봉에 올라가 화진포를 내려다보니 환상적인 절경에 다시 한번 감탄한다. 다음날 통일전망대에 가기 위해 금강산콘도에 머물고 마차진 해변을 맨발로 걸어보기도 한다.

좌 - 6.25전쟁 체험전시관    우 - 청양칠갑산대장군 고성금강산여장군 부부

　　최종 목적지 통일전망대에 가기 위해 일찍 출발하여 통일안보공원 출입신고소에 가서 차량 등록하고 출입증을 받는다. 운전석 앞에 출입증을 올려놓고 7번 국도를 달려 재진검문소에서 차량 검사를 받고 지나간다. 이 7번 국도를 계속 달리면 금강산까지 가는 도로인데 지금은 막혀있으니 안타깝다.

　　DMZ박물관이 왼쪽에 있는데 돌아오는 길에 방문하기로 하고 통일전망대를 먼저 방문한다.

　　통일전망대 화장실 옆에 해파랑길 50코스 마지막 스탬프 함이 있어 기념사진도 찍는다. 관광버스 두 대가 들어오고 학생들이 버스에서 내린다. 강원도 모 초등학생들이 현장체험학습을 왔다. 그 학생들은 줄지어 6.25 전쟁 체험 전시장으로 들어간다. 그 동안 코로나19로 학생들이 현장체험학습을 떠나지 못하여 안타까웠는데 강원도 학생들은 이처럼 현장체험학습을 다니는 것을 보니 행복해 보인다.

좌 - 고성통일전망타워　우 - 통일전망대에서 본 해금강

　　통일전망대를 올라가는 입구에 커다란 장승이 서 있다. 예로부터 장승은 마을 어귀에 세워서 재앙과 악귀를 막고 소망을 하늘에 전하려 했던 우리 고유의 민속신앙이자 마을공동체를 지켜온 수호신으로 여겼다. 2019년 4월 14일 청양칠갑산 장승축제에서 청양칠갑산대장군과 고성금강산여장군의 장승 혼례를 진행하고 2019년 10월 31일 고성통일전망대에서 통일기원장승대제로 진행하였다고 두 장승에 관한 이야기를 적어 놓았다. 이 통일전망대에 세워진 장승 부부는 우리나라 평화통일을 염원하는 의미로 세워졌다.

　　6.25 전쟁 당시 351고지 전투에서 전몰장병의 전공을 기리는 351고지 전투전적비가 있고, 고성지역전투 충혼탑도 이곳에 있다. 통일전망대 주변에는 통일을 기원할 수 있도록 교회와 불상이 있다.

　　통일전망타워 안에 들어가서 북한으로 연결되는 해안을 바라보니 군사분계선 근처에서 군인들이 줄지어 오가며 무엇인가 일을 한다.

대북방송 하던 스피커

북한 땅을 바라보았지만, 사람의 움직임은 보이지 않는다. 오늘따라 유난히 날씨가 쾌청하여 하늘과 바다가 하나로 연결된 듯 파란 수평선에 닿아있다. 구름만 없었다면 하늘과 바다의 색이 똑같아 하나로 연결된 듯 구분하기 어려울 것 같다. 금강산 비로봉도 보이고 군사분계선 너머에 있는 해금강을 바라보니 정말 아름답다. 만일 남과 북이 분단되지 않았다면 마음대로 저 멀리 보이는 해금강과 금강산을 갈 수 있을 텐데.

아쉬운 마음을 달래면서 이렇게 바라볼 수 있는 것만으로도 감사하다. 많은 방문객이 통일전망대를 찾아와서 갈 수 없는 북한 땅을 멀리서 바라보는 것으로 아쉬움을 달래는 것 같다.

통일전망대에서 내려와 6.25 전쟁체험전시관에 들어간다. 전쟁을 직접 겪어보지는 않았지만, 전쟁 당시의 상황을 재현해 놓은 것을 보니 열악한 환경 속에서 나라를 지키겠다는 애국심과 투지 하나로 오늘날 대한민국이 존재하게 해준 것에 대해 감사하는 마음이 생긴다.

DMZ박물관으로 향한다. 가장 먼저 눈에 띄는 것은 뉴스 시간에 보았던 수많은 대북 방송용 스피커가 세워져 있는 것이다. 지금은 서로 방송을 중단하기로 하여 이제는 필요 없지만 그대로 보존되어 있다.

DMZ박물관 입구에 베를린장벽의 한 부분이었던 시멘트 장벽이 전

베를린장벽

시되어 있다. 세계 2차대전에서 패한 독일은 1945년 얄타 회담에서 이루어진 합의에 따라 프랑스, 영국, 미국의 점령지역은 독일연방공화국서독이 되었고, 소비에트 연방의 점령지역은 독일민주공화국동독으로 분단되었다. 동독 정부는 국경을 넘어 다른 나라로 가는 것을 금지하고, 1961년 베를린장벽을 세워 베를린 도시를 동쪽과 서쪽을 분리하는 콘크리트 장벽을 쌓았다. 또한 베를린장벽을 넘으려는 동독 탈출자들에게 총격으로 사살하였다. 1989년 11월 4일 동베를린에서 100만 명 이상의 동독 국민들이 자유를 요구하며 시위를 벌였다. 1989년 11월 9일 당지도부에서 결정한 정책을 제대로 숙지하지 못한 총서기인 샤보프스키는 기자회견에서 여행자유화정책을 발표하였다. '언제부터 국경이 개방되는가?' 기자의 질문에 "지연 없이 즉시"라고 대답하는 치명적인 실수를 하였다. 사실 시행은 다음날 11월10일부터 예정되었는데. 세계 언론은 "베를린장벽이 무너졌다."라고 전송하여 전 세계로 퍼져나가 순식간에 동서독인들이 베를린장벽으로 몰려들었고 공구와 불도저로 장벽을 부수었다.

　1989년 11월 9일 베를린장벽이 무너지고 동독과 서독을 자유롭게 오갈 수 있게 되자 수많은 동독 사람들이 서독으로 이주하였다. 제2

차 세계대전 후의 냉전체제 아래서 연합국에 의해 강제로 분단되었던 독일이 1990년 10월 3일 하나의 국가로 통일이 되었다. 샤보프스키의 말실수가 독일의 역사를 바꾸었다.

베를린장벽 일부를 보면서 북한 주민들도 자유에 대한 갈망이 커져 시위를 벌이고 최종 북한이 붕괴된다면 얼마나 좋을까? 우리나라도 자유민주주의로 통일이 되어 휴전선 철조망이 모두 철거되고 그 일부는 박물관에 전시될 날을 손꼽아 기대해 본다.

이로써 막연하게 '해파랑길'이란 이름만 알고 시작한 도보여행의 막을 내린다. 걷기를 시작하고 '과연 750㎞를 완보할 수 있을까?', '750㎞를 완보해야지.'라는 생각은 하지 않았다. 오늘 목적지만 알고 그날그날 목적지를 정하여 한 발짝, 한 발짝 내디디고 목적지에 도착하면 하루의 성취감과 행복함으로 감사했다.

해파랑길 이정표가 없어 노선을 이탈하고, 식당이 없거나 문을 닫아서 끼니를 굶고, 숙소가 없어서 고생하는 현실적인 문제에 부딪혀도 그것을 극복하고 목적지까지 도착하면, 나는 여행자로서 한 뼘 더 성장해갔다. 다음 여정에는 그런 일이 발생하지 않도록 준비를 하고 매일 그날의 일정을 완수하다 보니 어느새 열흘, 한 달 그리고 33일 동안 까마득했던 거리 750㎞를 배낭 메고 혼자 걸어서 완보하였다. 마지막 자동차로 가는 12.7㎞ 통일전망대까지 방문하고 나니 부산에서 강원도 고성까지 두 발로 뚜벅뚜벅 걸어서 국토종단을 했다는 사실이 믿어지지 않을 정도이다. '천 리 길도 한 걸음부터'라는 속담처럼 처음 시작하는 것이 중요한 것 같다. 한 걸음, 한 걸음 시작하였는데 어느새 750㎞를 완보한 것처럼.

통일전망대 해파랑길 50코스 종점 스탬프

　모든 일정을 마치고 나니 나 자신이 뿌듯하고 어려운 일을 마주하더라도 차근차근 조금씩 헤쳐나갈 수 있는 준비성이 내 몸에서 시나브로 싹트고 있는 것 같다. 해파랑길을 걸으면서 나를 되돌아보는 계기가 되고 지금 내가 한 발짝 디디는 이 순간이 가장 중요하다는 사실을 알게 해주었다.

# 에필로그
## 해파랑길이 나를 일깨워 준 것들

통일전망대에서 본 해금강

우연히 듣게 된 해파랑길이란 단어에 '언젠가는 도전해 보고 싶다' 라고 막연히 생각하였다. 나태해진 나 자신에게 해파랑길 750㎞ 걸어 서 도전하기 과제를 주고 이 도전을 통해 나 자신을 새롭게 변화를 주 고 싶었다. 아무런 정보도 없이 해파랑길 여권스탬프북 하나를 사고 이를 토대로 해파랑길 1코스에서 50코스 출발점과 도착점, 그리고 거리를 기록한 종이를 준비하고, 코리아둘레길 두루누비 앱을 다운받고 출발 하였다.

　이 도전에서 '무식하면 용감하다'라는 말이 나에게 딱 어울리는 말 인 것 같다.

　이런 무지 때문에 첫날부터 체력적으로 난관에 봉착하게 되고 도중 에 포기하고 싶은 마음도 있었다. 한 걸음씩 옮기다 보니 한 코스를 완 주하게 되고, 다음 날 또 한 걸음으로 시작하여 또 한 코스 완주하면서 조금씩 해낼 수 있겠다는 작은 성취감에서 희망을 얻고 자신감도 서 서히 자라났다.

　해파랑길을 걸으면서 우리나라에 이렇게 아름다운 자연환경이 있 다는 사실에 다시 한번 놀랐고 감탄하였다. 같은 명소에서 만난 여러 관광객이 한 말 중에 "꼭 해외에 온 것 같다.", "구경하러 꼭 해외에 갈 필요가 없네."라는 말을 여러 번 들었다. 그만큼 우리나라의 아름다운 경관이 많으니 이제 해외에서 우리나라 자연을 구경하러 오도록 자랑 하고 싶다. 실은 도보여행 중 SNS에 사진을 여러 번 올렸는데 스웨덴, 필리핀 페친이 한국이 참 아름다운 곳이 많아 꼭 가보고 싶다는 메시 지를 받았다.

　그동안 돈이 있으면 무엇이든 할 수 있다고 생각하였다. 이번 도보 여행에서도 한국 내에서 카드 한 장 있으면 여행하는 데 아무런 불편

함이 없으리라 생각하였다. 하지만 세상은 내 생각처럼 호락호락하지 않았다. 코로나 유행으로 많은 식당이 문을 닫았고 식당을 찾아갔어도 외지인이 코로나바이러스를 번지게 할까 봐 식당 입구에서 거절당하였다. 숙박업소가 없어서 더 많이 걸어야 하는 일 등을 겪으면서 돈이 있다고 모든 것을 할 수 있을 것이라는 내 생각은 얼마나 교만한 생각이었는지 알게 되었다. 또한 내가 돈을 내고 받는 서비스를 당연하게 생각하였던 것들이 당연한 것이 아니라 얼마나 고마운 일인지 깨닫게 되었다.

지금은 21세기에 여행하면서 히치하이킹했다고 하면 모두 놀랄 것이다. 위험한 세상인데 여자 혼자서 어떻게 다른 사람 차를 타고 이동하느냐고 걱정할 것이다. 하지만 세상은 위험한 것이 아니라 누군가를 도와주려는 사람이 더 많아 따뜻하고 아름다운 세상이다. 그래서 낯선 여행객이 히치하이킹 신호를 보냈을 때 선뜻 태워주신 분들, 잠깐의 동행자였음에도 불구하고 앞서가면서 중요한 정보를 전해주신 부산 도보 여행자 B님, 초면에 배낭여행자에게 차를 태워주겠다고 제안한 L님, 강릉에서 친절을 베풀어주신 C교장, 해파랑길을 걸을 때 짧게는 한 시간, 길게는 나흘간 이야기 벗하며 동행자가 되어주신 C님, Y님, O선생님 모든 분들과 소중한 인연에 감사한다. 또한 내가 필요할 때 편안히 쉴 수 있게 숙소를 제공해주신 모든 분, 맛있는 음식을 제공해주신 모든 분 이처럼 많은 사람의 도움으로 나는 매일매일 한 발씩 앞으로 나아갈 수 있었고 힘을 내서 걸을 수 있었다.

우리나라가 분단되었다는 사실도 까마득히 잊은 채 하루하루 살다가 해파랑길에서 장사상륙작전 전승기념관과 공원을 둘러보고 많은 학도병과 국군장병들이 6.25 전쟁 때 나라를 사수하겠다고 전쟁터로 뛰어들어 고귀한 희생을 하신 분들에 대해 저절로 머리가 숙여지고 감사한 마음이 들었다. 해파랑길 걸으면서 우연히 마주하거나 지나치게 된 국군장병 아저씨들의 수고에도 감사한다. 북한과 가까운 지역에 갈수록 군인들의 수시로 순찰하는 모습을 자주 목격하고 우리의 안전이 저절로 이루어지는 것이 아니라는 것을 실감하였다. 이처럼 나라를 위해 희생하신 분들과 국군들의 여러 활동으로 평안하고 자유로운 나라를 유지하고 그래서 내가 이처럼 대한민국에서 도보여행을 할 수 있으니 감사한다.

　퇴직하기 전에 내가 존경하는 K교장이 산티아고 길을 함께 걷자고 제안하였다. "우선 우리나라 제주 올레길부터 걷고 싶어요. 아직 산티아고 길을 걷는 것은 생각해 보지 않았어요."라며 그 제안을 거절하였다. 그렇게 하여 시작한 제주올레길 425㎞를 완주하고 해파랑길이 있다는 이야기를 듣고 해파랑길을 도전하였다. 해파랑길 750㎞를 33일간 쉬지 않고 두 발로 걸었다는 사실은 나 자신이 대단하다는 생각도 들었다. 그보다 나 자신이 더 성장하는 계기가 된 것 같다. 작은 일에도 감사하는 마음을 배우고 세상에 당연하다는 것은 없고 감사한 일들이 있다는 사실을 깨닫게 해준 여행이었다. 이제 또 다른 도전을 시작하고 싶다. 도전한다는 것은 내가 살아있다는 것을 말해준다. 삶은 도전의 연속이다.

## 해파랑길을 완보하고

해파랑길 완보 인증서

전자스탬프

해파랑길 10구간 배지 기념품

완주 배지

부산에서 통일전망대까지 33일간의 도보여행기

**민경랑** 도보여행기
# 해파랑길을 여자 혼자 완보하다

**펴낸날** 2022년 04월 19일 초판 1쇄
           2022년 11월 19일 2쇄
**지은이** 민경랑
**펴낸이** 李憲錫
**편집장** 이현경
**펴낸곳** 오늘의문학사
**출판등록** 제55호(1993년 6월 23일)
**주소** 대전광역시 동구 대전로867번길 52(한밭오피스텔 401호)
**대표전화** (042)624-2980
**팩시밀리** (042)628-2983
**전자우편** hs2980@hanmail.net
**카페** cafe.daum.net/gljang(문학사랑 글짱들)
       cafe.daum.net/art-i-ma(월간 충청예술문화)

**공급처** 한국출판협동조합
**주문전화** (02)716-5616
**팩시밀리** (02)716-2999

ISBN 979-11-6493-195-8 (03810)
값 20,000원

ⓒ 민경랑 2022

* 이 책은 ㈜교보문고에서 eBook(전자책)으로 제작하여 판매합니다.
* 잘못 제작된 책은 바꾸어 드립니다.